Allitera Verlag

AF272981

edition monacensia
Herausgeber: Monacensia
Literaturarchiv und Bibliothek
Dr. Elisabeth Tworek

ULRIKE LEUTHEUSSER studierte Geschichte, Geografie und Latein in Köln und Berlin. Sie verantwortete fünfzehn Jahre den Programmbereich Wissenschaft-Bildung-Geschichte im Bayerischen Fernsehen und wurde für ihre journalistische Arbeit mehrfach ausgezeichnet.

HERMANN RUMSCHÖTTEL war von 1997 bis zu seiner Pensionierung im Jahr 2008 Generaldirektor der Staatlichen Archive Bayerns. Bis 2013 war er Zweiter Vorsitzender der Kommission für bayerische Landesgeschichte bei der Bayerischen Akademie der Wissenschaften. Er lehrt als Honorarprofessor an der Universität der Bundeswehr München.

Von Ulrike Leutheusser und Hermann Rumschöttel ist im Allitera Verlag bereits der Band »Prinzregent Luitpold von Bayern. Ein Wittelsbacher zwischen Tradition und Moderne« (2012) erschienen.

König Ludwig III.

und das Ende der Monarchie in Bayern

Herausgegeben von Ulrike Leutheusser
und Hermann Rumschöttel

Allitera Verlag

Weitere Informationen über den Verlag und sein Programm unter:
www.allitera.de

Dezember 2014
Allitera Verlag
Ein Verlag der Buch&media GmbH, München
© 2014 Monacensia Literaturarchiv und Bibliothek
Leitung: Dr. Elisabeth Tworek
und Buch&media GmbH, München
Titelabbildung: König Ludwig III., um 1912 (Postkarte Privatbesitz)
Druck: printingsolutions.pl
Printed in Europe · ISBN 978-3-86906-619-6

Inhalt

Grußwort
S. K. H. Herzog Franz von Bayern

Vor 100 Jahren begann der Erste Weltkrieg. Er kostete Millionen Menschen das Leben und führte zum Untergang des Alten Europa. Am Ende herrschten Not und Elend, und große politische Umwälzungen nahmen ihren Anfang.

Die Regierungszeit von König Ludwig III. (1913–1918) war von diesem Krieg geprägt. Zuletzt waren Kriegsmüdigkeit und die mangelnde Unterstützung der Monarchie Ursache für die Revolution am 7. November 1918 in München und die Flucht des bayerischen Königs ins Exil. Mit Ludwig III. endet nach 738 Jahren die Regierung der Wittelsbacher.

Dieser letzte bayerische König, mein Urgroßvater, ist heute weitgehend unbekannt. Ludwigs Verdienste um die Entwicklung und Förderung von Wirtschaft, Industrie, Verkehr sowie des technischen Fortschritts in Bayern drohen in Vergessenheit zu geraten. Mit seinem Namen verbindet man heute eher den Untergang des Königreiches Bayern.

Dem nüchternen, bürgerlich bescheiden auftretenden Ludwig lag nicht viel an königlichem Glanz und die Ausstrahlung seiner Vorgänger auf dem bayerischen Thron fehlte ihm, besonders im Vergleich mit König Ludwig II., seinem ebenfalls im Jahr 1845 geborenen Vetter.

Der 170. Geburtstag von König Ludwig III., der am 7. Januar 2015 ansteht, ist für die Herausgeber Ulrike Leutheusser und Hermann Rumschöttel Anlass, an den letzten Wittelsbacher auf dem bayerischen Thron zu erinnern. Gemeinsam mit renommierten Autorinnen und Autoren schildern sie in kenntnisreichen Beiträgen Persönlichkeit und Politik des Königs, die Revolution am Ende des Ersten Weltkrieges und die Folgen für Bayern.

Möge das Buch dazu beitragen, Ludwig III. von Bayern und seine Zeit jenseits aller Klischees dem Leser näherzubringen.

Schloss Nymphenburg, im Herbst 2014

WALTHER·FIRLE·

LUDWIG III KÖNIG v BAYERN

Einführung

In der historischen Erinnerung hat König Ludwig III., der letzte Wittelsbacher auf dem bayerischen Thron, im Vergleich zu seinen Vorgängern einen schwierigen Stand. Sein Vater, der populäre Prinzregent Luitpold, wurde Namensgeber für »die gute alte Zeit« Bayerns, die Prinzregentenzeit. Leben und Sterben seines Vetters Ludwig II. wurden bald nach seinem Tod zum Mythos, die Schlösser des »Märchenkönigs« zur weltweiten touristischen Attraktion. Sein Onkel König Maximilian II. förderte die Wissenschaften in Bayern und holte die besten Professoren, die sogenannten »Nordlichter«, nach München. Sein Großvater König Ludwig I. wird bis heute gerühmt als Förderer der Künste und Schöpfer der nach antikem Vorbild gebauten Architektur, der München seinen Titel »Isar-Athen« verdankt.

König Ludwig III. wiederum gilt als glückloser Monarch, der vor der Revolution aus München floh, seinen Thron verlor und 1921 im Exil im ungarischen Sárvár starb. Dort beklagt er sich ein Jahr vor seinem Tod, enttäuscht über die mangelnde Unterstützung durch sein Volk: »Alle haben mich in jener Unglücksnacht verlassen, alle liefen davon! Ich kann das nicht begreifen. (…) Ich bin in ehrlicher Arbeit für das Volk alt geworden, habe immer das Beste für das Volk gewollt und alles mir Mögliche für das Volk getan. Man hat mich aber doch verjagt! Ich weiß nicht warum.«[1]

Nach seinem Tod wurden die Särge mit den sterblichen Überresten des Königspaars – Ludwigs Frau Marie Therese war bereits im Februar 1919 verstorben – mit königlichem Pomp und unter großer Anteilnahme der Münchner Bevölkerung zur letzten Ruhestätte in den Liebfrauendom überführt. Die Trauer galt aber auch einer Epoche, die endgültig vergangen war.

Verglichen mit der Rezeption seiner Vorgänger gibt es über Ludwig III. ausgesprochen wenig Literatur. Erst über 65 Jahre nach seinem Tod erschien eine erste Biografie über Bayerns letzten König. Der Autor Alfons Beckenbauer wählte für sein Buch einen Untertitel, der Ludwig nicht als Handelnden, sondern als Suchenden beschrieb: »Ein König auf der Suche nach seinem Volk«. Der Grund für das »Versagen« des Regenten liege, so das Fazit am Ende des Buches, in seiner Persönlichkeit, in seiner mangelnden Tatkraft: »Es fehlte

---

[1]   Zit. nach Alfons Beckenbauer: Ludwig III. von Bayern 1845–1921. Ein König auf der Suche nach seinem Volk, Regensburg 1987, S. 317.

Ludwig nie an der rechten Gesinnung, öfter aber an der Energie, diese Ziele durchzusetzen.«[2]

Zum 150. Geburtstag Ludwigs im Jahr 1995 veranstaltete der Verkehrsverband Chiemsee e. V. eine Ausstellung auf Schloss Wildenwart, das seit 1875 im Besitz von Marie Therese war. Nach Ausbruch der Revolution wurde es erste Zuflucht für die Familie und blieb bis zum Tod des Königs sein Wohnsitz. Im Katalog zur Ausstellung werden das Leben und die kurze Regierungszeit Ludwigs im historischen Kontext beschrieben, die politischen Chancen und Versäumnisse des Regenten im Weltkriegsdrama analysiert. Hubert Glaser gelingt in seinem Essay ein eindrucksvolles Porträt des Politikers und Familienoberhauptes, das den Leser heute noch in den Bann zieht, und bedauert das Fehlen einer abschließenden wissenschaftlichen Biografie des Königs.[3]

Der nahende 170. Geburtstag Ludwigs am 7. Januar 2015 und vor allem das hundertjährige Gedenken an den Ausbruch des Ersten Weltkrieges waren für uns als Herausgeber Anlass, mit Beiträgen renommierter Autorinnen und Autoren an den »vergessenen« Wittelsbacher zu erinnern. Ludwigs Regentschaft – 1912 erst als Prinzregent, von 1913 bis 1918 als König – fiel in eine Zeitenwende, die vom ersten globalen Krieg, Revolutionen und schließlich vom Ende der Monarchien in Ost- und Mitteleuropa geprägt war. Ludwig III. musste, anders als seine Vorgänger auf dem bayerischen Thron, nie dagewesene außerordentliche Krisen in Staat und Gesellschaft bewältigen.

Wie fällt die Bilanz über seine Regierung aus, warum scheiterte er? Welche Handlungsspielräume gab es für ihn überhaupt? Von welchen Interessen und Zielen war seine Politik bestimmt? Sind seine Verdienste um Bayern vergessen, weil allein die erzwungene Abdankung und das tragische Ende im Gedächtnis geblieben sind?

In ihren Beiträgen gehen die Autorinnen und Autoren auf Spurensuche. Durch die Auswertung zum Teil neuer Archivalien erfahren wir unter anderem, dass der König nicht nur den rasanten Entwicklungen von Technik, Wirtschaft und Verkehr gegenüber besonders aufgeschlossen war, sondern auch den hohen Stellenwert von Forschung und Bildung erkannte. Dank der politischen Unterstützung des Prinzen Ludwig wurde am 10. Januar 1901 der Technischen Hochschule München das Promotionsrecht verliehen. Anders als im restlichen Deutschland konnten in Bayern damit nicht nur Chemiker und Ingenieure, sondern auch

---

[2]   Beckenbauer, Ludwig III., S. 318.
[3]   Vgl. Hubert Glaser: Ludwig III. König von Bayern. Skizzen aus seiner Lebensgeschichte, in: Katalog zur Ausstellung in Wildenwart, hrsg. von Max Oppel, Prien am Chiemsee 1995, S. 13–58.

Mathematiker, Physiker und Studierende anderer Fachrichtungen promovieren. Zum Dank verlieh die TH ihm den Titel Dr.-Ing. ehrenhalber.[4]

Von Anfang an unterstützte er tatkräftig die Gründung des Deutschen Museums. Ludwig III. hatte, wie kein Regent vor ihm, die Bedeutung von Technik und Wirtschaft für die Entwicklung Bayerns vom Agrarland zum Industriestaat erkannt.

Unser herzlicher Dank gilt den Autorinnen und Autoren, die trotz ihrer vielen Verpflichtungen informative und anschauliche Aufsätze für den historisch interessierten Leser geschrieben haben.

Martha Schad schreibt ein einfühlsames Porträt über Ludwigs Frau, Erzherzogin Marie Therese von Österreich-Este, die erste und einzige katholische Königin auf Bayerns Thron. In ihrem Leben spielte die Familie – dreizehn Kinder hatte sie geboren – die größte Rolle. Während des Ersten Weltkrieges richtete Marie Therese in den Nibelungensälen der Residenz die »größte Nähstube Deutschlands« ein, in der Pakete mit Kleidungsstücken und Nahrungsmitteln für Soldaten und Verwundete angefertigt wurden.

Luitgard Sofie Löw berichtet über das Goldene Hochzeitsjubiläum des Königspaares zu Beginn des letzten Kriegsjahres. Das Fest am 20. Februar 1918 fand angesichts der angespannten Lage, der Kriegsmüdigkeit und des Elends im Volk in gedrückter Stimmung statt, auch wenn ein zentrales Festelement in der Errichtung von Stiftungen und Einrichtungen für soziale Zwecke bestand und das Königspaar selbst insgesamt zehn Millionen Mark spendete. Zur Hochzeit erhielt das Paar von der Familie ein goldenes Porzellanservice, das heute im Museum der bayerischen Könige in Hohenschwangau ausgestellt ist.

Dieter J. Weiß porträtiert Kronprinz Rupprecht, eine der herausragenden Persönlichkeiten der Monarchie und Heerführer im Krieg. Angesichts der drohenden Niederlage versuchte er vergeblich, seinen Vater für einen Friedensschluss zu gewinnen. Auch nach 1918 und nach 1945 blieb er eine Identifikationsfigur für Bayern und genießt bis heute hohes Ansehen.

Dietmar Willoweit stellt nach grundsätzlichen Ausführungen zum Königtum im Deutschen Reich die Frage, welche Bedeutung dem bayerischen Königtum unter dem letzten Träger der Krone noch zukommen konnte und wie Ludwig III. sein Amt im Staat verstand.

Dirk Götschmann schildert die wirtschaftliche Entwicklung und die Wirtschaftspolitik in der Regierungszeit Ludwigs III. Schon als Kronprinz und Mitglied der Kammer der Reichsräte griff er aktiv in die Politik ein. In der Wirtschaftspolitik waren der Bau der Wasserstraßen und die Elektrifizierung zwei Themen, die ihm wohl am wichtigsten waren.

---

4 Schriftlicher Hinweis von Stefan März vom 18.12.2014.

Mathias Röschner geht der Rolle Ludwigs III. in der schwierigen Aufbauphase des Deutschen Museums bis zum Ende des Ersten Weltkrieges nach. Wegen seines großen Interesses an Naturwissenschaft und Technik nahm Ludwig als Förderer und Protektor des Museums regen Anteil an der Entwicklung des ersten und größten Technikmuseums der Welt.

Katharina Weigand porträtiert den Politiker Georg von Hertling. Mit der Berufung eines der führenden Katholiken Deutschlands zum Vorsitzenden im Ministerrat begann eine neue Ära im Königreich Bayern. Allerdings gab er schon 1917 sein Amt wieder auf, um in Berlin die Stelle des Reichskanzlers und preußischen Ministerpräsidenten zu übernehmen.

Hans-Michael Körner analysiert die staatskirchlichen Beziehungen im ausgehenden 19. und beginnenden 20. Jahrhundert in Bayern und stellt die Allianz von Kirche und Staat unter dem Einfluss Ludwigs III. dar.

Andreas Strobl interpretiert die politischen Karikaturen, die Ludwig als Prinz und König betreffen. Allerdings wurde er erst mit 51 Jahren zur Zielscheibe, weil er erst ab diesem Zeitpunkt eine politische Rolle spielte und für die Karikaturisten von Interesse war.

Bernhard Grau geht in seinem Beitrag der Frage nach, ob außer den kriegsbedingten auch längerfristige Entwicklungen für den Erfolg der Revolutionäre um Kurt Eisner verantwortlich waren und welche staatsrechtlichen Auswirkungen die Revolution hatte.

Stefan März schildert nach einer Bestandsaufnahme der Monarchie am Vorabend des Ersten Weltkrieges die dramatische Zuspitzung der Lage im Krieg, den Weg der Revolution und die Folgen. Die Frage, ob der Untergang des Hauses Wittelsbach am Ende des Weltkrieges unausweichlich war, wird am Schluss des Beitrages beantwortet.

Mein besonderer Dank gilt *Hermann Rumschöttel* für den kreativen Dialog, der immer wieder zu neuen Erkenntnissen führte. Sein Aufsatz widmet sich Politik und Persönlichkeit des letzten bayerischen Königs.

Grünwald, im Herbst 2014

Ulrike Leutheusser

Hermann Rumschöttel
»Ein neuer Typ bayerischen Herrschertums«
König Ludwig III. von Bayern: Persönlichkeit und Politik

Bayerns unbekannter König

Wenn der Historiker die mehr als 100 Jahre währende Epoche des Königreiches Bayern (1806–1918) nach den Herrschern gliedert, so ist das nicht höfisch-monarchische und damit überholte Geschichtsschreibung. Die unterschiedlichen Persönlichkeiten und die ausgeprägt individuelle Politik der Regenten sowie die ihnen von der Verfassung übertragenen Gestaltungsspielräume legen es vielmehr nahe, ihre jeweilige Regierungszeit als Einheit zu verstehen.

Max I. Joseph ist als Kurfürst (ab 1799) und dann als erster König (ab 1806) untrennbar verbunden mit der äußeren Staatsgründung des in der napoleonischen Umbruchzeit entstehenden »Neuen Bayern«. König Ludwig I. (1825–1848) geht es in erster Linie um die innere Stabilisierung seines »Reiches«. Tradition und Geschichte sollen das bayerische Identitäts- und Staatsgefühl ebenso stärken wie der Glanz der Kunst oder das stolze Erscheinungsbild der Haupt- und Residenzstadt München. Sein Sohn Maximilian II. (1848–1864) stellt die wirtschaftlichen, sozialen und außenpolitischen Zukunftsperspektiven in den Mittelpunkt seines politischen Handelns, vor allem durch eine beispiellose Förderung der Geistes-, Natur- und Ingenieurwissenschaften. Das vielfach geradezu verklärte Kunstkönigtum Ludwigs II. (1864–1886) ist verbunden mit der oft übersehenen Regierungsleistung in einer durch Reichsgründung und Kulturkampf, sozialer Frage und wirtschaftlichem Umbruch ungemein schwierigen Phase der bayerischen Geschichte.

Dass die Herrschaftsjahre des Prinzregenten Luitpold (1886–1912) von dessen Persönlichkeit und Politik geprägt worden sind, kommt allein dadurch zum Ausdruck, dass seine Regierungszeit in der historischen Erinnerung einer breiten Öffentlichkeit, aber auch von der Geschichtswissenschaft die Bezeichnung »Prinzregentenzeit« erhielt. Diesen Namen verwenden dabei nicht nur jene, die Luitpolds Regierungszeit als eine der glücklichsten Abschnitte der bayerischen Geschichte verstehen; auch Historiker, die in den Jahrzehnten vor dem Ersten Weltkrieg eine Inkubationszeit des Untergangs der wittelsbachischen Monarchie zu erkennen glauben, zweifeln nicht am Prinzregenten als Signum der Zeit.

Beim letzten bayerischen Herrscher, bei Prinzregent Ludwig bzw. König Ludwig III. (1912/1913–1918) wird es schwieriger, denn auch viele, denen die bayerische Geschichte der letzten 100 Jahre nicht fremd ist, verbinden kaum etwas mit diesem Herrschernamen. Er ist geradezu eine Art unbekannter König, dessen Persönlichkeit und Politik als Annex, als Anhang der Prinzregentenzeit wenig Beachtung finden. Das ist auch deshalb bemerkenswert, weil schon Karl Bosl darauf hingewiesen hat, dass mit Ludwig III. »ein neuer Typ bayerischen Herrschertums« die Geschicke der Monarchie lenkt. Ist das vielleicht der Grund, warum er nie richtig Teil der historischen Erinnerung geworden ist? Oder sind es seine nur wenigen Jahre an der Spitze des Königreiches – eineinhalb Jahre im Frieden und viereinhalb Jahre im Krieg –, die eine nachhaltige Profilierung Ludwigs im historischen Gedächtnis Bayerns und der Bayern verhindert haben?

Jedenfalls liegt nach Bosls Diktum von 1956 die Frage nahe, ob Persönlichkeit und Politik König Ludwigs III. seiner kurzen Regierungszeit einen charakteristischen Stempel aufgedrückt haben, sodass man von einer »Ludwig III.-Zeit« sprechen könnte, oder ob es ein Kennzeichen dieses neuen Typs bayerischen Herrschertums ist, dass die Signatur der Zeit weniger vom Monarchen als von politischen, gesellschaftlichen, wirtschaftlichen und kulturellen Entwicklungen bestimmt wird.

Ludwig wurde als erster Sohn des Prinzen und späteren Prinzregenten Luitpold (1821–1912) und dessen Frau Auguste Ferdinande (1825–1864), einer toskanischen Habsburgerin, am 7. Januar 1845 geboren. Die Kindheits- und Jugendjahre fasst Hubert Glaser stringent zusammen: »Ein Erziehungsprogramm, das auf Frömmigkeit und Ergebung in Gottes Willen, auf kirchliche Gesinnung, auf christliche und bürgerliche Tugenden, auf Gehorsam, Bescheidenheit und Sparsamkeit ausgerichtet war: wenig Freizeit, streng reglementierte Stundenpläne, Hauslehrer, Fachunterricht durch abgeordnete Gymnasial- und Universitätsprofessoren, Urlaubswochen mit der königlichen Familie in Hohenschwangau, mit der luitpoldinischen Familie in der Villa Amsee bei Lindau.«

Prinz Ludwig, nachmaliger König Ludwig III. von Bayern, um 1852.

Als Brüder seines Vaters waren König Maximilian II. von Bayern und König Otto von Griechenland seine Onkel, der einige Monate nach ihm geborene König Ludwig II. von Bayern sein Vetter. Der Vater Prinz Luitpold übernahm nach Entmachtung und Tod des kinderlosen Ludwigs II. im Sommer 1886 und wegen der gesundheitsbedingten Regierungsunfähigkeit von dessen Bruder König Otto von Bayern (1848–1916) die Regentschaft, die »Reichs-Verwesung«, im Königreich Bayern. Sein ältester Sohn Ludwig wurde dadurch gleichzeitig zwar nicht rechtlich, aber doch faktisch »Kronprinz« mit der Aussicht auf ein Herrscheramt mit allerdings eingeschränkten monarchischen Rechten.

Es dauerte mehr als 26 Jahre, bis diese Perspektive Wirklichkeit wurde. Prinz Ludwig von Bayern war mit fast 68 Jahren im fortgeschrittenen Alter, als er nach dem Tod seines 91-jährigen Vaters am 12. Dezember 1912 im Königreich Bayern die Regentschaft übernehmen konnte. Nur knapp sechs Jahre später, mehr als vier davon waren ganz vom Ersten Weltkrieg geprägt, floh der 1913 zum König proklamierte Ludwig III. vor der Revolution aus seiner Haupt- und Residenzstadt München, in die er erst nach seinem Tod im Jahr 1921 zurückkehren sollte. Ein Urteil über seine Persönlichkeit und sein politisches Wirken muss vor allem deshalb mehr in den Blick nehmen als die sechs kurzen Jahre seiner Regierung, weil Prinz Ludwig bereits jahrzehntelang vor seinem Herrschaftsantritt eine ungewöhnlich eigenständige politische Rolle in Bayern gespielt hatte.

Nichts macht das deutlicher als eine oft zitierte Äußerung des Führers der deutschen Sozialdemokratie August Bebel aus dem Jahr 1906. In einer Berliner Wahlversammlung und im Reichstag stellte er mit Blick auf Ludwigs Einsatz für ein modernes demokratisches Wahlrecht in Bayern fest: »Wenn wir eine Reichsverfassung hätten, nach der der Kaiser vom Volk gewählt würde und in der die Vorschrift enthalten wäre, der Kaiser müsste aus einem der regierenden Fürstenhäuser gewählt werden – ich gebe Ihnen mein Wort, Prinz Ludwig hätte die größte Aussicht, Deutscher Kaiser zu werden. Ich glaube, meine Parteigenossen, so wenig sie monarchistisch gesinnt sind, stimmten einstimmig für ihn.«

Diese Äußerung ist auch deshalb bemerkenswert, weil Ludwigs dynastische Orientierung auf Österreich und die Habsburger und nicht auf Preußen-Deutschland und die Hohenzollern gerichtet war. Am 20. Februar 1868 hatte der 23-jährige Prinz in der Wiener Hofburg die 19-jährige Erzherzogin Marie Therese, Tochter des Erzherzogs Ferdinand von Österreich-Este und der Erzherzogin Elisabeth von Österreich, geheiratet. Zunächst stand nicht Politik, sondern Liebe auf den ersten Blick hinter dieser Heirat, die freilich als bayerisch-österreichische Verbindung in einer Zeit sich verstärkender preußisch-deutscher Tendenzen auch als politische Demonstration verstanden werden musste.

Für die Habsburger Seite war eine Voraussetzung der Eheschließung, dass Ludwig schriftlich erklärte, weder selbst die griechisch-orthodoxe Religion anzunehmen noch seine Kinder darin taufen und erziehen zu lassen. Grund hierfür war Ludwigs rechtliche Anwartschaft auf den griechischen Thron – in der Nachfolge seines am 26. Juli 1867 im Bamberger Exil verstorbenen Onkels Otto, König von und in Griechenland von 1832 bis 1862. Mit einer Urkunde vom 1. Dezember 1867 verzichtete Ludwig für sich und seine Erben förmlich und feierlich auf alle seine griechischen Thronrechte, die daraufhin zunächst auf seinen jüngeren Bruder Leopold übergingen.

Das Prinzenpaar lebte nach der Vermählung im Leuchtenberg-Palais am Münchner Odeonsplatz, das Ludwigs Vater gekauft hatte. Seit der zweiten Hälfte der 1880er-Jahre bis 1918 wurde der Wittelsbacher Palast als Münchner Stadtwohnsitz genutzt. Lediglich 1916/17 wohnten beide für kurze Zeit in der Residenz. Aus dem Vermögen der Erzherzogin Marie Therese kamen die Landgüter Sárvár (Ungarn) und Eywanowitz (Mähren) an die Familie; zudem konnte 1875 Gut Leutstetten unweit Starnberg erworben werden. In der harmonischen Ehe brachte Marie Therese zwischen 1869 (Kronprinz Rupprecht) und 1891 (Prinzessin Gundelinde) nicht weniger als 13 Kinder zur Welt.

Ein zeitgemäßer Prinz und Herrscher im Spannungsfeld von Pragmatismus und Legitimität

Mit dem Königreich Bayern, knapp 7 Millionen Einwohnern auf 76000 Quadratkilometern, übernahm Prinzregent Ludwig im Dezember 1912 einen Staat, der sich seit Jahrzehnten in einem politischen, gesellschaftlichen und wirtschaftlichen Wandel, vielleicht sogar im Umbruch befand. Eine zeitgemäße Modernisierung der Verfassung und der Ständeversammlung, die fortschreitende Emanzipation der Gesellschaft vom Staat, eine Politisierung des öffentlichen Lebens bis zur unteren kommunalen Ebene, Probleme mit den Resten einer spätfeudalen Privilegiengesellschaft, die ökonomischen Strukturen in Landwirtschaft, Handel, Gewerbe und Industrie, Landflucht, Urbanisierung und Auswanderung, die soziale Frage, die Technisierung, das Verhältnis von Staat und Kirche, das Hineinwachsen Bayerns in das Deutsche Reich von 1871, soziale und politische Militarisierungstendenzen – eine Vielzahl von Baustellen, auf denen gearbeitet wurde. Und das nicht ohne Erfolge.

Bayern im Jahr 1912: Die Monarchie hatte in der langen Regierungszeit des Prinzregenten Luitpold einen konstitutionell-parlamentarisch-repräsentativen Charakter angenommen, verfügte über ein fortschrittliches Wahlrecht, die Handlungsmöglichkeiten der kommunalen Selbstverwaltungskörperschaften waren groß und es herrschte allgemein eine Reformmentalität bis weit in die Arbeiterbewegung hinein. Der mit den Namen Georg von Vollmar oder Karl

Grillenberger verbundene »reformistische« bayerische Weg der Sozialdemo-kratie, von der Berliner Parteispitze höchst kritisch beurteilt, war Teil eines staatlichen Gesamtsystems, dem trotz aller unübersehbarer politischer und gesellschaftlicher Spannungen, Verwerfungen und Umbrüche eine deutliche Option auf die Zukunft, auch die Zukunft der Monarchie, eignete.

Besonderes Kennzeichen der Veränderungen und Reformen im Königreich Bayern war eine komplizierte Mischung traditioneller und modernisierender Elemente. Ludwig hatte als Prinz, Prinzregent und König nicht nur ein bemer-kenswertes Verständnis für diese Wandlungen, die einen Epochenübergang bewirkten. Die Entwicklungen spiegeln sich geradezu in seiner politischen Biografie. Der Wandel war Teil seines Denkens und seiner Regierungspraxis. Fleißig, pragmatisch und pflichtbewusst hat er die Modernisierung in der Kür-ze der ihm zur Verfügung stehenden Zeit freilich mehr verwaltet als gestaltet. Die Chance, in Fortsetzung der Arbeit seines Vaters einen Systemwandel der bayerischen Monarchie voranzubringen und womöglich abzuschließen und dadurch zu einem Herrscher des Übergangs zu werden, konnte er aus mehreren Gründen nicht nützen, vor allem deshalb, weil die konstitutionelle Monarchie im Zuge dieses Übergangs selbst unterging. Vielleicht war es eine Konsequenz dieser besonderen bayerischen Chance, dass Ludwig III. von Bayern der erste deutsche Monarch gewesen ist, der im November 1918 seinen Thron verlor.

Blicken wir zurück auf seine politischen Anfänge. Das große politische In-teresse des jungen Prinzen dokumentieren schon seine nach der breiten und anspruchsvollen Prinzenausbildung begonnenen juristischen, historischen, na-tur- und vor allem volkswirtschaftlichen Studienschwerpunkte an der Münch-ner Universität. Er setzte diese ganz aus persönlichem Interesse und ohne Blick auf eine spätere Regierungsverantwortung, denn als Neffe König Maximili-ans II. und Vetter König Ludwigs II. hatte er zu dieser Zeit praktisch keine Aussicht auf den Thron. Eine Militärlaufbahn in der Bayerischen Armee, bei der ihm sein soldatisch geprägter Vater, seit 1876 mit dem Rang eines General-feldmarschalls ausgezeichnet, Vorbild und Mentor hätte sein können, fand er nicht erstrebenswert. Die vornehmlich von Preußen ausgehende, auch in Bay-ern spürbare und zunehmend stärker werdende Militarisierung des Zeitgeistes war seine Sache nicht. Hinzu kam, dass er als Ordonnanzoffizier seines Vaters 1866 im Krieg des Deutschen Bundes gegen Preußen bei Helmstadt schwer verwundet worden war. Eine preußische Gewehrkugel, die er ein Leben lang in seinem Bein trug, war gleichsam eine ständige Warnung vor einer unange-messenen Hochschätzung des Militärischen.

Bayerns parlamentarische Vertretung, die Ständeversammlung, bestand, den Festlegungen der Verfassungsurkunde von 1818 entsprechend, aus zwei gleichberechtigten und nur gemeinsam handlungsfähigen Kammern. Für die soziale Führungsschicht des Königreiches gab es die ständisch geprägte Kammer der Reichsräte. Die zweite Kammer, die Kammer der Abgeordneten, ging aus allgemeinen, zugleich jedoch das Besitz- und Bildungsbürgertum privilegierenden Wahlen hervor und wurde je länger je mehr die wichtigste Plattform der zunehmend an Einfluss gewinnenden politischen Parteien. Mit Ludwigs Unterstützung erhielt das Königreich 1906 für seine zweite Kammer ein fortschrittliches Wahlrecht, vor allem durch die gesetzliche Einteilung der Wahlkreise. Das traditionelle Zweiparteiensystem in der Kammer der Abgeordneten – der konservativ-katholischen, bäuerlichen, föderalistisch bis partikularistischen und antiliberalen Patriotenpartei (ab 1887 Bayerische Zentrumspartei) standen die liberalen Gruppierungen, insbesondere die Fortschrittspartei gegenüber – hatte sich in der frühen Prinzregentenzeit vor allem mit dem Bauernbund und der Sozialdemokratischen Partei aufgefächert. Beide waren seit 1893 in der Kammer der Abgeordneten vertreten.

Als königlicher Prinz war Ludwig mit 18 Jahren (1863) geborenes Mitglied der Kammer der Reichsräte geworden. Er verstand dieses Amt, das er fast 50 Jahre lang engagiert ausübte, von Anfang an nicht als bloße Repräsentationsaufgabe eines Mitglieds der Herrscherfamilie, sondern als konkrete politische Herausforderung und als praktisches, zwischen Staat und Gesellschaft liegendes Handlungsfeld.

Ein hochaktuelles Problem, die Zukunft des Deutschen Bundes und die weitere gesamtstaatliche Entwicklung Deutschlands, wurde ein erstes Thema, mit dem er sich schon sehr früh intensiv auseinanderzusetzen hatte. Trotz erheblicher Bedenken wegen der Hegemonie Preußens und der Schwächung der bayerischen Eigenstaatlichkeit und trotz seiner großdeutschen und österreichfreundlichen Grundeinstellung fand die Reichsgründung letztlich seine Zustimmung. Aufmerksam und sensibel sorgte er sich ein Leben lang um Deutschlands föderative Ordnung und um die Stellung Bayerns im Reich.

Um hier auch unmittelbar Einfluss nehmen zu können, bewarb er sich bei der ersten Wahl zum neuen Reichstag im Jahr 1871 für die Patriotenpartei als Abgeordneter. Diese ungewöhnliche Reichstagskandidatur war zwar nicht von Erfolg gekrönt, aber sie war innerbayerisch ein starkes Signal für eine deutliche Distanzierung des Prinzen vom liberal-konservativen, insbesondere staatskirchlichen Kurs der offiziellen bayerischen Politik in der Regierungszeit König Ludwigs II. Der »Kulturkampf« hatte soeben begonnen.

Sein aufgeschlossenes Verhältnis zur Rolle von Landtag und Parteien wurde durch die geistig-politische Nähe zur Patriotenpartei bzw. zum Bayerischen Zentrum, der Mehrheitskraft in der Kammer der Abgeordneten, gefördert. Schon während der Regierungskrise 1903, die zur Entlassung des liberalen

Prinz Ludwig von Bayern in Generalsuniform zu Pferd, Manöverszene, 1887
(Gemälde von Ludwig Behringer).

Ministerpräsidenten Friedrich Krafft von Crailsheim führte, vor allem aber im Jahr 1912 als sein Vater den Zentrumspolitiker Georg von Hertling zum Vorsitzenden im Ministerrat, also zum Regierungschef ernannte, trat er pragmatisch für eine stärkere Parlamentarisierung des bayerischen Regierungssystems ein.

Bei seiner Eidesleistung als König nach der Beendigung der Regentschaft für den kranken König Otto I. formulierte er am 8. November 1913 programmatisch: »Möge es mir beschieden sein, die erfreuliche kulturelle und wirtschaftliche Entwicklung, die Bayern in den letzten Jahrzehnten genommen hat, in gemeinsamer Arbeit mit der Volksvertretung fortzuführen.« Als Georg von Hertling 1917 in Berlin die Funktion des Reichskanzlers übernahm, berief Ludwig den parteilosen Chef seines Geheimkabinetts Otto von Dandl (1868–1942) erst nach Beratungen mit den Landtagsfraktionen in das Amt des bayerischen »Ministerpräsidenten«. Verfassungsrechtlich freilich hat er der Parlamentarisierung der Monarchie erst kurz vor deren Ende, sozusagen in letzter Sekunde und damit viel zu spät, die Tür geöffnet.

Die Wahlrechtsreform von 1906, mit der Bayern das fortschrittliche Reichstagswahlrecht einführte, wurde von Prinz Ludwig auch deshalb vorangebracht, weil sie zunächst hauptsächlich der Zentrumspartei diente; seine persönliche Leistung hierbei war, dass er die Kammer der Reichsräte von der Notwendigkeit der Reform überzeugte.

Sein innen-, sozial- und kirchenpolitisches Engagement mit der Annäherung an die patriotisch-konservativ-konfessionelle Landtagsmehrheit wurde wesentlich von einer starken Bindung an die katholische Kirche bestimmt und getragen. Seine Distanz zum staatskonservativ-nationalliberalen und reichsfreundlichen Ministerium, das permanent gegen die Mehrheit in der Kammer der Abgeordneten regierte, war ein grundsätzlicher Paradigmenwechsel, der mit der bereits angesprochenen Berufung Georg von Hertlings als eines herausragenden Vertreters der katholischen Gesellschafts- und Soziallehre zum Vorsitzenden im Ministerrat 1912 endgültig vollzogen wurde. Noch regierte Prinzregent Luitpold, aber die treibende Kraft im Hintergrund war Ludwig.

Föderalismus im Deutschen Reich, die Akzeptanz und Förderung konkreter Mitwirkungsmöglichkeiten der gesellschaftlichen Kräfte und ein einvernehmliches Verhältnis zwischen Staat und Kirche waren Politikfelder, die auch seinem Vater am Herzen lagen, auf denen dieser Regierungsaktivitäten akzeptierte, unterstützte, auch entwickelte. Hier ging Ludwig also Wege der politischen Landkarte des Prinzregenten Luitpold. Neu, ungewöhnlich und besonders zukunftsweisend dagegen war sein großes Interesse für Fragen und Problemlösungen der Wirtschafts-, Sozial-, Verkehrs-, Agrar- und Energiepolitik sowie der Entwicklung der modernen Technik. Karl Bosls zitierter Charakterisierung Ludwigs als neuen Typ bayerischen Herrschertums liegen diese politischen Vorlieben des Wittelsbachers zugrunde.

Die Errichtung des Deutschen Museums in der Haupt- und Residenzstadt, der Ankauf des Ausstellungsgeländes an der Theresienwiese durch die Stadt München, die Nutzung der Wasserkräfte, die Gründung des Bayerischen Kanalvereins zur Förderung des Rhein-Main-Donau-Kanals und die Arbeit des Landwirtschaftlichen Vereins sind unmittelbar mit seiner Person und seinen speziellen Interessen für modernisierende Entwicklungen verbunden. Dem Verkehr, der Energie und dem Agrarsektor, aber auch der volkswirtschaftlichen Gesamtentwicklung galt seine besondere Aufmerksamkeit – und er befand sich damit trotz seiner »naturgemäßen« hochkonservativen Grundhaltung in einem gewissen Sinne an der Spitze des Fortschritts.

Auch die praktische Landwirtschaft betrieb er hochprofessionell. Aus dem 1875 erworbenen Leutstetten am Starnberger See, das er als Privatschloss nutzte, machte er ein Mustergut. Diese persönlichen und praktischen Aktivitäten waren einerseits eine Konsequenz seiner pragmatischen Politik- und Lebenssicht, andererseits kollidierten sie nicht ohne Folgen mit einem ausgeprägten traditionell-konservativen monarchischen Herrschafts- und Repräsentationsverständnis, das in weiten Kreisen der Bevölkerung auch akzeptiert, ja erwartet wurde. Die ökonomischen Erfolge des Musterguts Leutstetten etwa führten zu öffentlicher Kritik, vor allem in der großstädtischen Bevölkerung, die Ludwig wenig liebevoll als »Millibauern« bezeichnete.

Die Anfang November 1913 erfolgte Proklamation des bisherigen Prinzregenten zum König – obwohl König Otto I. von Bayern noch lebte – geriet ebenfalls zu einem Konflikt von »modernem« Pragmatismus und überkommener Legitimität. Die in erster Linie von der Regierung Hertling betriebene Beendigung der Regentschaft durch eine Verfassungsänderung aus Gründen der Staatsräson, der bundesstaatlichen Repräsentation Bayerns durch einen König, aber eben auch wegen des finanziellen Bedarfs des Regenten und seiner großen Familie wurde allgemein nicht nur positiv beurteilt. Zu gut hatte man noch in Erinnerung, dass sein Vater Prinzregent Luitpold eine solche »praktische Lösung« des Königsproblems immer abgelehnt hatte, weil das für ihn – mit den Worten seiner Tochter Therese – die Verletzung eines Fundamentalprinzips der Legitimität gewesen wäre. Die Krone müsse heilig und unantastbar bleiben und nicht etwas »von Volkes Gnaden« werden.

Dass die Krone durch eine ihrer Meinung nach illegitime Absetzung des rechtmäßigen Königs Otto antastbar wurde, sah Prinzessin Therese schon sehr früh in Zusammenhang mit dem Ende der Monarchie in Bayern: »Nachträglich nämlich verübelte man diesen Schritt meinem Bruder sehr und trug er bei, den Thron zu stürzen. Ich betone ›trug er bei‹, denn da alle übrigen

Throne ohne solche Ursache stürzten, wäre die Katastrophe bei uns vermutlich auch eingetreten, nur hätte man sich nicht Solches sagen, keinen solchen Vorwurf machen lassen brauchen.«

Zeitgemäß auch im Versagen: König Ludwig III. und der Erste Weltkrieg

Das bayerische Heer bildete im Deutschen Reich einen in sich geschlossenen Bestandteil des »Bundesheeres« mit selbstständiger Verwaltung unter der Militärhoheit des Königs, »im Kriege – und zwar mit Beginn der Mobilmachung – unter dem Befehle des Bundesfeldherrn«, also des deutschen Kaisers. Zu den wesentlichen Reservatrechten des bayerischen Königs auf dem militärischen Sektor gehörten die Einstellung, Ernennung, Beförderung und Entlassung der Offiziere. Bis zum Ende des Deutschen Reiches wurde der Novembervertrag von Preußen und Bayern uneinheitlich interpretiert. Gerade im Weltkrieg hat das Münchner Kriegsministerium stark die »Selbstständigkeit« der bayerischen Armee betont und der ausschließlichen Militärhoheit des Königs dem Oberbefehl des Kaisers über den mobilen Teil der bayerischen Truppen gegenübergestellt. Das Kriegsministerium verstand sich als nur dem König, nicht aber dem Kaiser oder der Obersten Heeresleitung verantwortlich. Bayerisch-preußische Geheimabkommen von 1874 und 1889 sicherten der bayerischen Armee auch nach der Mobilmachung ein eigenes Armeeoberkommando.

Dennoch ist die bayerische Armee im Laufe der Jahrzehnte nach 1870/71 kräftig in die von ihrer Größe, ihrem Ansehen und ihrem Standard her dominante preußisch-deutsche Armee hineingewachsen. Die allgemeine Wehrpflicht mit ihrer drei- bzw. zweijährigen Präsenzzeit hatte für die männliche Bevölkerung Bayerns eine das Reichsbewusstsein stärkende Wirkung. Während der gesamten Zeit des Kaiserreiches beharrte Bayern aber auf Errungenschaften, die es den preußischen überlegen erachtete – etwa die höheren Bildungsanforderungen für den Eintritt in die Offizierlaufbahn. Bedingungslose Nachahmung gab es nicht. »Hierdurch bewahrte die bayerische Armee, bei aller von preußischer Seite mit Nachdruck betriebenen Angleichung, in bestimmtem Ausmaß ihren eigenen Charakter.« (Dieter Albrecht)

In den Jahren vor 1914 gliederte sich die bayerische Armee in die drei Armeekorps in München, Würzburg und Nürnberg mit jeweils zwei Divisionen sowie eine Fußartilleriebrigade. Jede Division setzte sich aus vier Infanterie-, zwei Kavallerie- und zwei Feldartillerieregimentern zusammen. Kurz vor Kriegsausbruch betrug die Friedensstärke 4089 Offiziere, Ärzte, Veterinäre und Beamte, 83 125 Unteroffiziere und Mannschaften sowie 16 918 Pferde.

Zu den besonderen Rechten Bayerns, die Bismarck und Preußen im Novembervertrag 1870 eingeräumt hatten, gehörte neben der Militärhoheit auch der Vorsitz eines beim Bundesrat, dem wichtigsten deutschen Verfassungsorgan gebildeten Ausschusses für die auswärtigen Angelegenheiten. Neben Bayern gehörten die Königreiche Sachsen und Württemberg und zwei weitere, vom Bundesrat zu wählende Bevollmächtigte anderer Bundesstaaten diesem Ausschuss an, mit dem Bismarck vor allem Bayern eine gewisse Mitwirkung an der Außenpolitik des Reiches einräumen wollte. Die Aufgaben des Ausschusses auf dem Gebiet der auswärtigen Politik wurden aber nicht näher umschrieben, eine besondere Wirksamkeit konnte er nie entfalten. Sieht man von den Sitzungen im Jahr 1871 ab, ist er zwischen 1871 und 1900 nur einmal zusammengetreten. Es folgten einige wenige Sitzungen bis 1913.

Während der Julikrise 1914, also der Wochen nach der Ermordung des österreichisch-ungarischen Thronfolgers Franz Ferdinand und seiner Gattin Sophie Chotek, Herzogin von Hohenberg im bosnischen Sarajewo am 28. Juni 1914, in der die schwankende, widersprüchliche, zu hohem Risiko bereite deutsche diplomatische Strategie zur Lokalisierung des Konflikts auf einen Krieg gegen Serbien scheiterte, sind vom bayerischen König oder der bayerischen Regierung keine Initiativen zur Einberufung des unter bayerischer Leitung stehenden diplomatischen Ausschusses ausgegangen.

Die von Bismarck von Anfang an angestrebte außenpolitische Domestizierung Bayerns war im Deutschen Reich lange schon Realität, außenpolitische Beratungen im Bundesrat kaum mehr als Garnierung und die öfter zum Ausdruck kommende Sorge Bayerns und insbesondere auch des Prinzen und Prinzregenten Ludwig – seit 1913 König Ludwig III. – um Deutschlands föderative Ordnung und die Stellung Bayerns im Reich hatte starke Züge eines nur mehr verbalen Föderalismus angenommen. Auf den Gedanken, im Juli 1914 den diplomatischen Ausschuss des Bundesrates einzuberufen, um an der Bewältigung der immer virulenter werdenden Krise mitzuwirken, ist in München ganz offensichtlich niemand gekommen. Das stieß nach Kriegsende in dem zur Suche nach Verantwortlichen für die Ereignisse und Entscheidungen im Sommer 1914 von der Deutschen Nationalversammlung eingesetzten parlamentarischen Untersuchungsausschuss auf Erstaunen.

Dem Unterausschuss »Zur Vorgeschichte des Krieges« teilte beispielsweise Reichskanzler a. D. Theobald von Bethmann Hollweg Ende 1919 mit: »Daß der bayerische Ministerpräsident, dem die Zusammenberufung des Ausschusses obgelegen hätte, mir einen dahingehenden Wunsch geäußert hat, ist mir nicht erinnerlich. Einem solchen Wunsch, wenn er an mich herangetragen worden wäre, entgegenzuarbeiten, würde ich keine Veranlassung gehabt haben.« Auch die ausführliche Äußerung des bayerischen Staatsrates Sigmund von Lößl, seit 1912 Stellvertreter Georg von Hertlings – dieser war am 4. Januar 1919 verstorben –, macht deutlich, dass von Bayern aus kein Versuch unternommen worden ist, auf die Reichspolitik einzuwirken. »Ich glaube«, so Lößl 1919, »Graf Hertling war davon überzeugt, daß die Reichsleitung – bei aller

23

Unterstützung unserer Bundesgenossen – sich die erdenklichste Mühe geben würde, Deutschland vor den Schrecken eines Krieges zu bewahren.« Der bayerische Gesandte in Berlin, Graf Lerchenfeld, hatte noch am 29. Juli, also nach der österreichischen Kriegserklärung an Serbien, berichtet: »Die Politik des Deutschen Reiches ist darauf gerichtet, daß der Alliierte mit einem Gewinn an Prestige aus der Sache hervorgeht, aber der Weltfriede erhalten bleibt.« Den bayerischen König mit seiner österreichfreundlichen Grundeinstellung hat das vielleicht beruhigt. Der Bundesrat jedenfalls gab am 1. August seine Zustimmung zur Kriegserklärung des Deutschen Reiches an Russland, ohne vorher den von Bayern geführten auswärtigen Ausschuss einberufen zu haben. Auch Bayerns Zustimmung war eine reine Formalität.

Man darf davon ausgehen, dass der bayerische König, Hertling und die Regierung in München bewusst darauf verzichtet haben, im Juli 1914 auf die Reichspolitik einzuwirken. Die fieberhaften diplomatischen Aktivitäten und die enorme Gefahr einer europaweiten Eskalation des lokalen österreichisch-serbischen Balkankonflikts waren in München durch die Berichte der Gesandten selbstverständlich bekannt. Wenige Monate später, im Herbst 1914, wurde dann die Frage eines Zusammentritts des diplomatischen Ausschusses in München ventiliert und in den nächsten Jahren fanden mehrere Sitzungen statt, auf denen zentrale Kriegsthemen wie die Politik Bethmann Hollwegs, der U-Boot-Krieg, die Friedensinitiativen oder der Friede von Brest-Litowsk erörtert wurden. Ernst Deuerlein, der dem Ausschuss eine umfangreiche Studie gewidmet hat, kommt zu dem zusammenfassenden, auch die Situation im Juli 1914 in den Blick nehmenden Urteil:

»Auch bei Berücksichtigung der verfassungsrechtlichen Gegebenheiten und der politischen Schwierigkeiten ist der Gedanke nicht zur Seite zu schieben, die Bayern für den nicht ohne Widerstreben hingenommenen Verzicht auf Mitsprache und Mitwirkung in der Außenpolitik zugebilligte Verfassungseinrichtung hätte bei sinnvoller Entwicklung und regelmäßiger Betätigung politisches Gewicht kraft der ihr angehörenden Persönlichkeiten erhalten können, um in der schicksalhaften Epoche des kaiserlichen Deutschlands zu ermutigen, wo Mut notwendig, und zu beruhigen, wo im Interesse des Friedens vor allem Europas Beruhigung angezeigt gewesen wäre.«

Am Tag der Veröffentlichung des österreichischen Ultimatums an Serbien, ab 25. Juli 1914, trat Hertling einen Erholungsurlaub auf seinem Sommersitz in Ruhpolding an. Auf die erstaunte Frage seines Sohnes, ob er in dieser Krisenzeit München verlassen könne, antwortete er, dass die Leitung der auswärtigen Politik ja in Berlin liege und es ein Telefon gebe. Am nächsten Tag fuhr er dann allerdings, von seinem Vertreter im Ministerium gerufen, nach München zurück.

So inaktiv Regierung und König außenpolitisch vor Kriegsbeginn waren,

so aktiv betätigte sich Ludwig III. nach dem 1. August 1914 als Kriegsziel-
und Annexionspolitiker. Schon nach kurzer Kriegszeit machte sich bei dem
zwar routinemäßig zum Generalfeldmarschall aufgestiegenen bürgerlich-zivi-
len König mangelnder politisch-militärischer Sachverstand fast bis zu einem
gewissen Realitätsverlust hin schmerzlich bemerkbar. Bereits Mitte August
forderte er eine deutliche territoriale Vergrößerung Bayerns nach einem Friedensschluss. Der 1894 in Königsberg geborene Münchner Student und spätere
Redakteur der »Süddeutschen Zeitung« Immanuel Birnbaum erinnerte sich:
»Es war August 1914, ich hatte mich kriegsfreiwillig gemeldet, hauptsächlich
unter dem Eindruck des Einfalls der Russen in meine ostpreußische Heimat.
Eben von einem bayrischen Infanterieregiment angenommen, hörte ich auf der
Straße, der König werde gleich von seiner Residenz im Türkenpalais aus eine
Ansprache halten. Ich lief voller Spannung hin. Ludwig III. erschien tatsächlich
auf dem Balkon und sprach zur versammelten Menge von der Verteidigung der
bedrohten Heimat und von der Hoffnung auf einen ehrenvollen Frieden. Dann
aber deutete er noch ein weiteres Kriegsziel an: ›Die Wiedervereinigung aller Wittelsbacher Länder unter Unserer Krone.‹ Das verstand ich als Zugereister nicht
sofort, aber ein einheimischer Zuhörer neben mir erklärte es: ›Er will halt Heidelberg wiederhaben, weil das doch die Hauptstadt der Pfalz war.‹ Dafür wollte
ich eigentlich nicht in den Krieg ziehen, und ich ging etwas bedrückt heim.«

Es waren aber vor allem wirtschaftliche und politisch-föderalistische Motive,
die den König bis in den Sommer 1918 hinein hartnäckig an seinen Kriegszie-
len festhalten ließen: Das Reichsland Elsaß-Lothringen müsse an Bayern angeschlossen werden, vielleicht auch Belgien, wenn Preußen auf dem Elsaß beharren
würde. Außerdem müsse die Rheinmündung deutsch werden. Die Elsaßpläne
verprellten die anderen süddeutschen Staaten, insbesondere Württemberg, die
annexionistische Kriegszielpolitik insgesamt wurde zu einem nationalen und
internationalen Störfaktor (etwa bei den deutsch-belgischen Sonderverhand-
lungen 1915/1916 mit dem Ziel einer Rückkehr Belgiens zur Neutralität) und
konterkarierte auch die beachtlichen, unter anderen von Hertling ausgehenden
bayerischen Aktivitäten, zur Herbeiführung eines allgemeinen Friedens. An der
Vorbereitung des Friedensangebots der Mittelmächte vom Dezember 1916 und
des Friedensappells Papst Benedikts XV. war Hertling aktiv beteiligt.
Der König blieb in dieser Frage ebenso wie bei seiner Sympathie für die
gegen Bethmann Hollweg gerichteten Kanzlersturzbewegung beratungsresis-
tent – vorübergehend gab er 1916 den Wunsch nach einer deutschen Annexion
Belgiens zwar preis, aber nach Beginn der Frühjahrsoffensive 1918 hielt er
einen Erwerb von Holland, Belgien und Nordfrankreich wieder für möglich –
auch gegenüber seinem kriegserfahrenen ältesten Sohn Rupprecht. Kronprinz
Rupprecht, 1869 geboren, bayerischer und preußischer Generalfeldmarschall,

König Ludwig III. bei einem Truppenbesuch an der Westfront im Ersten Weltkrieg.

war zunächst ebenfalls Verfechter eines Annexionsfriedens, setzte sich aber seit dem Jahreswechsel 1915/1916 intensiv für die Beendigung des Krieges auf der Grundlage eines Verständigungsfriedens ein. Seine wirklichkeitsnahe Beurteilung der Kriegslage wich häufig von der der obersten Heeresleitung ab, und auf vielen Wegen versuchte der vom Primat der Politik überzeugte Soldat, seine Überlegungen zum Tragen zu bringen.

Auch in einem regen Briefwechsel mit seinem königlichen Vater bemühte er sich, freilich ohne jeden Erfolg, diesen dazu zu bringen, eine entsprechende deutsche Friedensinitiative anzuregen und zu fördern. Aber der König blieb dabei: »Wir wollen keinen Frieden, der uns nicht eine bessere Stellung gibt, als wir sie jetzt haben.« Oder: »Wir wünschen nur dann einen Frieden, wenn er uns für viele Jahre unsere Stellung in der Welt sichert.« Kronprinz Rupprecht schrieb ihm am 9. Oktober 1916: »(…) ist es nicht möglich, die Russen durch weitestgehendes Entgegenkommen zum Frieden zu bewegen, sieht die Zukunft sehr trübe aus; denn ich glaube nicht, dass wir über den nächsten Sommer mit unseren Mitteln werden durchkommen können – was dann kommen mag, ist nicht auszudenken.«

Erst nach der mit großen deutschen Verlusten verbundenen britisch-französischen Offensive bei Amiens Anfang August 1918 fasste der bayerische Ministerrat auf Anregung von Kriegsminister Hellingrath am 15. August den Beschluss, von der Reichsleitung einen raschen Verständigungsfrieden zu fordern. Das war nun auch die Ansicht des Königs, aber Hertling, inzwischen Reichskanzler geworden, reagierte lediglich verzögernd. Ende Oktober 1918 lehnte es Ludwig III. ab, dem amerikanischen Vorschlag und dem Wunsch des Reichskanzlers Prinz Max von Baden zu folgen und dem Kaiser die Abdankung nahezulegen.

Werfen wir noch einen Blick auf die Armee und auf einige Entwicklungen an der Heimatfront zwischen 1914 und 1918: Die planmäßige Kriegsstärke des bayerischen Heeres von 12 753 Offizieren, Beamten und Veterinären sowie von 406 000 Unteroffizieren und Mannschaften wurde schon in der zweiten Augusthälfte 1914 überschritten, um in den nächsten Jahren auf mehr als das Zehnfache des Friedensstandes anzuwachsen: Anfang 1918 waren in der bayerischen Armee 910 000 Mannschaften und Unteroffiziere aktiv, davon 550 000 im Felde und 360 000 beim Heimat- bzw. Besatzungsheer. Insgesamt wurden in Bayern von den 6,9 Millionen Einwohnern im Laufe des Krieges rund 1,4 Millionen Männer zum Militärdienst eingezogen, von denen freilich nur ein geringer Prozentsatz den gesamten Krieg über im Felde stand. Knapp 200 000 bayerische Soldaten sind aus dem Krieg nicht mehr zurückgekehrt, Hunderttausende wurden verwundet, viele starben in der Nachkriegszeit als Kriegsopfer oder mussten verkrüppelt oder behindert ihr Leben fristen. Die Kriegsteilnahme war Erfahrung einer ganzen Generation, der Krieg und seine Folgen Erfahrung eines großen Teils der bayerischen Bevölkerung.

Unter dem Oberbefehlshaber Kronprinz Rupprecht von Bayern und Konrad Krafft von Dellmensingen als Generalstabschef wurde das mobile bayerische Heer nach Kriegsbeginn als 6. Armee, verstärkt durch das XXI. preuß. Armeekorps und zwei preußische Kavalleriedivisionen am linken, also dem defensiven Flügel des deutschen Westheeres eingesetzt, dessen starker, aus fünf Armeen bestehender rechter Flügel – dem Schlieffenplan entsprechend – das französische Gesamtheer umfassen und vernichten sollte. Militärischer Auftrag Rupprechts war die Abwehr eines französischen Angriffs durch Lothringen gegen den Oberrhein. Auch die im Ober-Elsaß operierende 7. Armee wurde dem Armeeoberkommando Rupprechts unterstellt. Bei der am 20. August beginnenden Schlacht in Lothringen und der am 8. September abgebrochenen Schlacht vor Nancy kämpfte das bayerische Heer zum letzten Mal als geschlossener Großverband mit einem bayerischen Oberbefehlshaber.

Nach dem Scheitern des deutschen Vormarsches an der Marne und dem Beginn des Stellungskrieges wurde der größte Teil der 6. Armee nach Nordfrankreich und Flandern verlegt. Zug um Zug wurden in den folgenden Monaten und Jahren die bayerischen Verbände, bis hinunter zur Bataillonsebene, mit anderen deutschen Kontingenten vermischt und »über sämtliche Kriegsschauplätze verteilt. Zunächst hatten bayerische Truppen ausschließlich an der Westfront, mit Schwerpunkt in den nördlichen Vogesen, im Maastal bei Verdun und in Nordfrankreich, gekämpft. Vom Frühjahr 1915 an befanden sich bayerische Verbände auch im Osten, zuerst die bayerische Kavalleriedivision in Litauen und Kurland, dann die 11. bayerische Infanteriedivision unter Mackensen bei den Durchbruchschlachten in Galizien (Gorlice-Tarnow), später weitere Divisionen auf den Kriegsschauplätzen in Italien und Serbien. (...) 1918 standen bayerische Soldaten von Finnland bis zum Kaukasus und von Flandern bis Mesopotamien.« (Dieter Albrecht)

Kronprinz Rupprecht führte zunächst die 6. Armee in Lothringen und Nordfrankreich, dann von 1916 bis 1918 eine eigene, nach ihm benannte Heeresgruppe. An der Ostfront stand seit 1915 der Bruder des Königs, Generalfeldmarschall Prinz Leopold von Bayern, an der Spitze der 9. Armee, ehe er Ende August 1916 als Oberbefehlshaber das Oberkommando Ost übernahm, dem bis Kriegsende alle Truppen der Ostfront von Kurland bis zu den Karpaten unterstanden.

In der Heimat setzten, nachdem sich die erste Kriegsbegeisterung gelegt hatte und die Hoffnungen auf einen schnellen Sieg zerstoben waren, bereits 1915 destabilisierende Entwicklungen in Politik, Gesellschaft und im Denken, in der Mentalität der Menschen ein. Auslöser waren unter anderem erhebliche Versorgungs-, insbesondere Ernährungsprobleme, die zentralistischen kriegswirtschaftlichen Maßnahmen, die nicht nur der bayerischen Landwirtschaft Schwierigkeiten bereiteten, der Arbeitskräftemangel, die Wut über Kriegsgewinnler, oft aus anderen deutschen Staaten, die Zunahme einer protestbereiten Industriearbeiterschaft. Fehlende Fortschritte bei der Verfassungsreform (Einführung des Verhältniswahlrechts, Parlamentarisierung, Neugestaltung der hochkonservativen und seit 1818 strukturell unveränderten Reichsrätekammer) taten ein Übriges. Am 28. September 1917 beantragte die sozialdemokratische Landtagsfraktion innenpolitische Reformen mit dem Ziel einer Umwandlung des konstitutionellen Staates in eine parlamentarische Demokratie mit monarchischer Spitze.

Je länger der Krieg dauerte, umso mehr verbreitete sich eine allgemeine Krisenstimmung, wuchsen Kriegsmüdigkeit und Friedenssehnsucht, sank der Glaube an die Fähigkeit von König und Regierung, die militärischen, politischen und wirtschaftlichen Probleme lösen zu können, stieg geradezu sprungartig die Kritik an der preußisch-deutschen Reichsregierung. Preußenhass und Zweifel an der Autorität der traditionellen Eliten vereinten die unterschiedlichsten politischen Richtungen und gesellschaftlichen Gruppen. Die Durchhalteparolen König Ludwigs III. erreichten immer weniger die Köpfe und Herzen der Menschen. Die Systemkrise spitzte sich entscheidend zu.

Ruft man sich an dieser Stelle den späten Nachmittag des 1. August 1914 am Wittelsbacher Palais in München in Erinnerung, so sieht man König Ludwig III. von Bayern, wie er vom Balkon des Gebäudes herab die Mobilmachung seiner Armee einer großen Menschenmenge mitteilt. Es sprach ein vom gerechten Krieg überzeugter Herrscher, dem die gesellschaftlichen und wirtschaftlichen Wandlungs- und Umbruchsprozesse im Bayern der letzten Jahrzehnte durchaus bewusst waren und der von dem bevorstehenden Krieg vermutlich erwartete, dass er nicht nur international, sondern auch im Inneren Deutschlands und Bayerns akute Spannungen und Probleme löste. Zu ihm hinauf jubelte ein städtisches Publikum, das vom Krieg ebenfalls die Befreiung von einem Druck erwartete, der seit Wochen, seit Monaten, ja seit Jahren auf vielen und vielem lastete, ein Publikum, das der Autorität, der Handlungsfähigkeit, der Kompetenz der Herrschenden vertraute oder zumindest viel von ihnen erwartete. Vom 1. August 1914 aus führt eine direkte Verbindungslinie zum 7. November 1918, dem Tag, an dem Ludwig III. als erster deutscher Monarch seinen Thron verlor, weil in Bayern wie auch sonst im Reich die Monarchie für Krieg und Kriegsverlauf verantwortlich gemacht wurde.

An Meine Bayern!

Wider unsere Hoffnung geht auch das vierte Kriegsjahr zu Ende, ohne uns den Frieden gebracht zu haben.

Deutschlands Heere haben in beispielloser Tapferkeit den feindlichen Anstürmen standgehalten, uns im Osten rückenfrei gemacht, im Westen den Feind in siegreichen Kämpfen geschlagen und die deutschen Lande vor Verwüstung und Elend bewahrt.

Aber nicht an uns liegt es, wenn wir nunmehr in das fünfte Kriegsjahr eintreten. Noch sind die Gegner trotz aller Mißerfolge nicht zum Friedenswillen bereit, noch betrachten sie Deutschlands Zerschmetterung als ihr Ziel.

Kein Deutscher denkt aber an einen schimpflichen Frieden!

Da gilt es denn weiterzukämpfen, alle Mühsale und Entbehrungen auch fernerhin auf uns zu nehmen in der sicheren Zuversicht, daß Gott unsere gerechte Sache zum Siege führen wird. Dafür bürgt nicht nur die unvergleichliche Tapferkeit und Widerstandskraft unserer Heere, sondern in gleichem Maße der unbeugsame Wille zum Durchhalten in der Heimat.

Daß Heer und Volk sich bisher so mutig die Treue gehalten, die draußen ihr Blut und Leben, die drinnen ihr Gut und ihre Kraft so opferfreudig dem Vaterlande geweiht haben, dafür danke Ich in dieser ernsten Stunde von tiefstem Herzen. Ich weiß Mich eins mit Meinem Volke, daß es König und Vaterland nicht verlassen, daß es durchhalten wird bis zum glücklichen Frieden. Das walte Gott!

München, den 28. Juli 1918.

Ludwig.

»An meine Bayern!«: Ludwigs Appell an die Bevölkerung vom 28. Juli 1918.

In der Nacht vom 7. zum 8. November 1918 floh König Ludwig von Bayern mit seiner Familie und einigen Bediensteten zunächst in das 1914 geerbte Privatschloss Wildenwart am Chiemsee, dann nach Hintersee (Berchtesgadener Land) und schließlich über die bayerisch-österreichische Grenze nach Schloss Anif bei Salzburg. Von dort aus entband er am 13. November 1918 die Beamten, Offiziere und Soldaten vom persönlichen Treueid: »Zeit meines Lebens habe ich mit dem Volk und für das Volk gearbeitet. Die Sorge für das Wohl meines geliebten Bayern war stets mein höchstes Streben. Nachdem ich infolge der Ereignisse der letzten Tage nicht mehr in der Lage bin, die Regierung weiterzuführen, stelle ich allen Beamten, Offizieren und Soldaten die Weiterarbeit unter den gegebenen Verhältnissen frei und entbinde sie des mir geleisteten Treueides.«

Das war keine Abdankung, kein Thronverzicht, auch wenn Kurt Eisner und der »Ministerrat des Volksstaates Bayern« Ludwigs Erklärung so interpretierten: »Der Ministerrat des Volksstaates Bayern nimmt den Thronverzicht Ludwigs III. zur Kenntnis. Es steht dem ehemaligen König und seiner Familie nichts im Wege, sich wie jeder andere Staatsbürger frei und unangetastet in Bayern zu bewegen, sofern er und seine Angehörigen sich verbürgen, nichts gegen den Bestand des Volksstaates Bayern zu unternehmen.«

Ludwig und seine Frau Marie Therese kehrten am 18. November 1918 nach Schloss Wildenwart zurück, wo Bayerns letzte Königin am 3. Februar 1919 verstarb. Sie wurde zunächst in der Schlosskapelle beigesetzt. Der König lebte zurückgezogen auf Schloss Wildenwart und auf dem Landgut Sárvár in

Das Schreibzimmer in Schloss Anif, in dem König Ludwig III. von Bayern die Entbindung aller Offiziere und Beamte von ihrem Eid vornahm.

Ungarn, wo er am 18. Oktober 1921 starb. Am 5. November 1921 wurden die Särge des Königspaares in der Münchner Ludwigskirche aufgebahrt und anschließend in der Frauenkirche beigesetzt.

Es war Ludwigs Schicksal, dass auf eine lange und aktive Vorbereitungszeit eine viel zu kurze Regierungszeit mit einem den 70-jährigen König überfordernden Weltkrieg folgte. Ludwig III. war weder der Totengräber der Monarchie in Bayern noch deren erfolgloser Retter. Er ist einen zeitgemäßen Weg gegangen und hat dabei die Optionen des sich im Wandel befindenden repräsentativ-konstitutionellen Königreiches zunächst offen gehalten. Aber wie alle anderen deutschen Monarchen, die zum Teil sehr unterschiedliche Wege eingeschlagen hatten, musste er scheitern, weil die Wege der Monarchie überall endeten. Kriegsmüdigkeit und Friedenssehnsucht führten zu einer radikalen Erosion der für Krieg und Kriegsverlauf verantwortlich gemachten überkommenen Staatsform.

Bei der auch mithilfe von Kardinal Faulhaber monarchistisch aufgeladenen Beisetzung des letzten bayerischen Königspaares im Jahr 1921 in München waren die erwähnten staatsrechtlichen Optionen der Prinzregenten- und Vorkriegszeit eine wichtige Voraussetzung des großen öffentlichen Interesses. In der überwältigenden Anteilnahme der Bevölkerung – am mehrstündigen Trauerzug nahmen etwa einhunderttausend Personen teil – kam aber auch ein schlechtes Gewissen vieler Menschen zum Ausdruck, im November 1918 nichts zur Rettung der Monarchie in Bayern getan zu haben.

Literatur

Albrecht, Dieter: Von der Reichsgründung bis zum Ende des Ersten Weltkrieges (1871–1918), in: Schmid, Alois (Hrsg.): Handbuch der bayerischen Geschichte, Bd. 4: Das Neue Bayern. Von 1800 bis zur Gegenwart, Teilbd. 1: Staat und Politik, München ²2003, S. 318–438.

Albrecht, Willy: Landtag und Regierung in Bayern am Vorabend der Revolution von 1918, Berlin 1968.

Beckenbauer, Alfons: Ludwig III. von Bayern 1845–1921. Ein König auf der Suche nach seinem Volk, Regensburg 1987.

Bosl, Karl: Der moderne bayerische Staat von 1806–1956, in: Bayerische Landeszentrale für Heimatdienst (Hrsg.): Bayern. Ein Land verändert sein Gesicht, München 1956, S. 11–32 (Titelzitat: S. 29).

Bosl, Karl (Hrsg.): Bayern im Umbruch. Die Revolution von 1918, ihre Voraussetzungen, ihr Verlauf und ihre Folgen, München 1969.

Bußmann, Hadumod: »Ich habe mich vor nichts im Leben gefürchtet«. Die ungewöhnliche Geschichte der Therese Prinzessin von Bayern, München ⁵2013.

Deuerlein, Ernst: Der Bundesratsausschuss für die auswärtigen Angelegenheiten 1870–1918, Regensburg 1955.

Glaser, Hubert: Ludwig III. König von Bayern. Skizzen aus seiner Lebensgeschichte. Katalog zur Ausstellung in Wildenwart, Prien am Chiemsee 1995.

Glaser, Hubert: Ludwig II. und Ludwig III. – Kontraste und Kontinuitäten, in: Zeitschrift für bayerische Landesgeschichte 59 (1996), S. 1–14.

Jansen, Karl-Heinz: Macht und Verblendung. Kriegszielpolitik der deutschen Bundesstaaten 1914–1918, Göttingen 1963.

Körner, Hans-Michael: Ludwig III. von Bayern (1913–1918), in: Schwaiger, Georg (Hrsg.): Christenleben im Wandel der Zeit, Bd. 2: Lebensbilder aus der Geschichte des Erzbistums München und Freising, München 1987, S. 215–231.

Körner, Hans-Michael: Ludwig III. Totengräber der Monarchie?, in: Schmid, Alois (Hrsg.): Die Herrscher Bayerns. 25 historische Portraits von Tassilo III. bis Ludwig III., München 2001, S. 376–388.

Körner, Hans-Michael: Geschichte des Königreichs Bayern, München 2006.

Krenn, Dorit-Maria: Otto von Dandl – Der letzte Ministerpräsident des Königs, in: Jahresbericht des Historischen Vereins für Straubing und Umgebung 94 (1992), S. 451–466.

Leutheusser, Ulrike / Rumschöttel, Hermann (Hrsg.): Prinzregent Luitpold von Bayern. Ein Wittelsbacher zwischen Tradition und Moderne, München ³2014.

Liebhart, Wilhelm: Bayerns Könige, Königtum und Politik in Bayern, Frankfurt am Main ²1997.

Löffler, Bernhard: Die bayerische Kammer der Reichsräte 1848 bis 1918. Grundlagen, Zusammensetzung, Politik, München 1996.

März, Stefan: Das Haus Wittelsbach im Ersten Weltkrieg. Chance und Zusammenbruch monarchischer Herrschaft, Regensburg 2013.

März, Stefan: Ludwig III. Bayerns letzter König, Regensburg 2014.

Möckl, Karl: Die Prinzregentenzeit. Gesellschaft und Politik während der Ära des Prinzregenten Luitpold von Bayern, München 1972.

Riedner, Otto: Ludwig III. König von Bayern, in: Deutsches biographisches Jahrbuch, Bd. 4–1922, Stuttgart 1929, S. 318–341.

Rumschöttel, Hermann: Bayern und Griechenland nach Ottos Tod. Anmerkungen zur Verzichturkunde des Prinzen Ludwig von Bayern auf den griechischen Thron aus dem Jahre 1867, in: Heydenreuter, Reinhard u.a. (Hrsg.): Die erträumte Nation. Griechenlands Wiedergeburt im 19. Jahrhundert, München ²1995, S. 213–219.

Rumschöttel, Hermann: 1. August 1914. Der Mobilmachungsbefehl für das bayerische Heer, in: Schmid, Alois/Weigand, Katharina (Hrsg.): Bayern nach Jahr und Tag. 24 Tage aus der bayerischen Geschichte, München 2007, S. 368–384.

Schrott, Ludwig, Die Herrscher Bayerns. Vom ersten Herzog bis zum letzten König, München ²1967, S. 226–235.

Ursel, Ernst: Die bayerischen Herrscher von Ludwig I. bis Ludwig III. im Urteil der Presse nach ihrem Tode, Berlin 1974.

Weiß, Dieter J.: Zwischen Revolution und Restauration. Zum Tod und zu den Beisetzungsfeierlichkeiten für König Ludwig III. von Bayern, in: Gietl, Petronilla (Hrsg.): Vom Wiener Kongreß bis zur Wiedervereinigung Deutschlands, Festschrift für Hubert Rumpel, München 1997, S. 183–206.

Weiß, Dieter J.: Kronprinz Rupprecht von Bayern (1869–1955). Eine politische Biografie, Regensburg 2007.

Martha Schad
»Verehrt und geliebt von allen treuen Bayern«
Die lang ersehnte katholische Landesmutter: Königin Marie Therese

Bayerns Königinnen (1806–1918) stammten aus den führenden Herrscherhäusern Europas. Die letzte Königin Bayerns Marie Therese (1849–1919) war ihrer Abstammung nach gleich mehrfache Habsburgerin und sie sollte die erste und einzige katholische Königin auf dem bayerischen Thron werden, den sie allerdings erst im Alter von vierundsechzig Jahren bestieg.[1]

Marie Therese Henriette Dorothea, Erzherzogin von Österreich-Este und Prinzessin von Modena, Prinzessin von Ungarn und Böhmen, war das einzige Kind von Elisabeth Franziska Maria (1831–1903), Erzherzogin von Österreich, aus deren am 4. Oktober 1847 geschlossenen Ehe mit Ferdinand Karl Viktor, Erzherzog von Österreich-Este, Prinz von Modena (1821–1849). Die am 2. Juli 1849 in Brünn geborene Marie Therese verlor ihren Vater im November des gleichen Jahres; er fiel einer Typhusepidemie zum Opfer. Erzherzogin Marie Therese galt als die schöne Tochter einer wegen ihrer Eleganz berühmten Mutter, in deren Haus Künstler wie Johannes Brahms auftraten. Durch die zweite Vermählung ihrer verwitweten Mutter mit dem verwitweten, kinderlosen Erzherzog Karl Ferdinand (1818–1874) bekam Marie Therese die Halbgeschwister Christine, die spätere Königin von Spanien, und die Erzherzöge Friedrich, Karl Stephan und Eugen.

Als Mädchen nannte man Marie Therese »Erzherzogin Dada«. Sie wollte von hemmender Hofetikette nicht viel wissen, hatte das Herz auf dem richtigen Fleck und wurde in Wien zum Liebling des Hofes. König Ludwig I. (1786–1868) bezeichnete die zwölfjährige Marie Therese als »schelmisch und lebhaft wie Quecksilber«.[2]

Liebe auf den ersten Blick

Zu Pfingsten 1867 reiste der zweiundzwanzigjährige Prinz Ludwig von Bayern, Sohn des späteren Prinzregenten Luitpold (1821–1912), in Vertretung von König Ludwig II. zur Leichenfeier seiner Cousine Erzherzogin Mathilde[3] nach

---

[1]   Siehe dazu allgemein: Martha Schad: Bayerns Königinnen, Regensburg ⁴2006.
[2]   Schad, Bayerns Königinnen, S. 273.
[3]   Mathilde war die Tochter von Prinzessin Hildegard (1825–1864), einer Schwester von König Maximilian II. von Bayern (1811–1864).

Wien. Mathilde war auf tragische Weise ums Leben gekommen: Sie hatte sich schwerste Verbrennungen zugezogen, die zum Tode führten. Es gab zwei Versionen über die Todesursache. Die junge Frau habe beim Siegeln eines Briefes brennendes Wachs auf ihr Seidenkleid geträufelt, das dadurch hellauf brannte; oder die Prinzessin habe beim Ondulieren ihrer Haare ihr Seidenkleid in Brand gesetzt. Mathilde starb nach fünf Tagen schrecklicher Qualen.

Bei dieser Beerdigung in Wien begegneten sich Prinz Ludwig und Erzherzogin Marie Therese, eine enge Freundin der Verstorbenen, zum ersten Mal. Die sprichwörtliche Liebe auf den ersten Blick sollte das Leben der neunzehnjährigen Erzherzogin insofern verändern, als sie von ihrem Vormund, Franz V., dem letzten kinderlosen Herzog von Modena (1819–1875), Gemahl der bayerischen Prinzessin Adelgunde, längst dazu bestimmt war, die Frau des vierzehn Jahre älteren Witwers Ferdinand IV., Großherzog von Toskana (1835–1908), zu werden. Der Onkel war darüber derart aufgebracht, dass Prinz Luitpold, Marie Thereses zukünftiger Schwiegervater, Ende August 1867 zu einem Gespräch mit diesem nach Salzburg zu reisen hatte. Gegen alle Widerstände verlobten sich die jungen Fürstenkinder bereits am 22. Oktober 1867 auf Schloss Seelowitz in Mähren (heute: Židlochovicko in Tschechien).

Nach der Verlobung blieb der Bräutigam bis zum 20. November noch mit seiner Braut in Wien und wohnte im Palais Modena, ehe er nach München zurückkehrte. Die »verlassene« Braut war untröstlich. »Mein lieber, guter Ludwig, ich glaube Ihnen noch zu wenig gesagt zu haben, wie innig ich Sie liebe und achte, wie sehr ich Ihnen für Ihre Liebe dankbar bin und wie fest ich mir vornehme, Ihnen stets nur Freude zu bereiten!«[4]

Marie Therese, die ihre Briefe nur mit »Therese« unterzeichnete und von Ludwig zeitlebens auch nur so angeredet wurde, nahm sich vor, ihrem Bräutigam täglich zu schreiben, was sie dann auch in die Tat umsetzte. Über Prinz Ludwig hört man immer wieder, dass ihm Briefeschreiben zuwider gewesen sei, doch an seine Braut schrieb er ausführlichst, oft bis zu acht Seiten. Selbst als Marie Therese Ende November 1867 mit ihrer Mutter eine Reise nach Prag und Brünn unternahm, erhielt sie täglich einen Brief von ihrem Verlobten. In Brünn waren so viele Menschen zu ihrer Begrüßung am Bahnhof erschienen, dass sie sich am liebsten verkrochen hätte. Die Sehnsucht nach ihrem »Herzens-Ludwig«, so Marie Therese, überfiel sie.

Prinz Ludwig beschrieb seiner Braut in seinen Briefen, wie er die Abende in München verbrachte. Er gehe gerne ins Residenztheater, von dem er berichtete, dass es »wie gewöhnlich leer« sei. Öfter besuchte er auch den Herrenclub oder Ver-

---

4   BayHStA, Abt. III: GHA, Nachlass König Ludwig III., Königin Marie Therese I.

wandte. Beim Lesen der Briefe fällt auf, dass der junge Prinz Ludwig oft bei seinem Vetter Otto, dem Bruder von König Ludwig II. (1845–1886), war oder mit ihm zusammen etwas unternahm. Der Bräutigam teilte seiner Braut mit, sehr viel mit der »nötigen Einrichtung für unseren künftigen Haushalt« zu tun zu haben.

Den 28. November 1867 nannte Ludwig seiner Braut gegenüber als einen besonders schweren Tag, der ihm bevorstehe. An diesem Tag hatte er über die ministeriellen »Rechnungsnachweisungen« der Jahre 1861/62 und 1862/63 im Reichsrat zu referieren. Seinen Vortrag bezeichnete er als seine »Jungfern-Rede«. Doch da »das Reden weder meine besondere Liebhaberei noch meine Stärke ist, so werden Sie begreifen, daß ich mich nicht sonderlich darauf freue. Indessen mit Gottes Hilfe und wenn ich mich in der kurzen mir noch übrigen Zeit gehörig darauf vorbereite, wird es hoffentlich nicht zu schlecht gehen.«[5] Als die Rede ohne »Steckenbleiben« vorüber war, teilte Prinz Ludwig dies seiner Braut sogleich telegrafisch mit, die ob seiner Leistung sehr stolz war.

Die spätere bayerische Königin Marie Therese als Verlobte, 1867.

Vom ersten bis zum fünfzigsten Brief in den acht Monaten des Brautstandes zieht sich das Wort »Skrupel« durch. Marie Therese wünschte sich in diesen Briefen ständig, dass Ludwig von seinen Skrupeln befreit werden möge: »Es tut mir leid, daß Sie sich wieder mit S. Plagen, deren Grund nur in einer zu großen Selbstquälerei liegt. Sie sollten hier in Wien (als Beichtvater) den Abt Othmar Helfersdorfer, den Schotten, nehmen (…) Er unterrichtete mich und Mathilde. (…) Er würde Ihnen gewiß auch alle Ihre S. vertreiben.«

In München hatte auch Ludwig Freiherr von Malsen, Zeremonienmeister und Obersthofmarschall, dem Prinzen eine Vorlesung darüber gehalten, dass er seine Unentschlossenheit bekämpfen müsse. Ludwig hoffte, durch die gütige Hilfe seiner zukünftigen Frau von seinen Skrupeln befreit zu werden.

Der Schluss des letzten Briefes der Braut an den Bräutigam ist besonders liebevoll: »Bald bin ich mit Ihnen vereint, und dieser Gedanke macht mich bald

5   GHA, Nachlass Königin Marie Therese 1.

lachend aus Glück, bald weinend aus – ja aus was denn? ›Ich weiß nicht‹ diese drei Worte kennen Sie schon; bald werden Sie sie aber nicht mehr hören. Denn ich werde Ihnen alles sagen und Sie mir auch, nicht wahr?! Nun, adieu. Es umarmt Sie mit innigster Liebe Ihre glückliche dumme Therese – Ich schicke Ihnen 1000 Küsse entgegen, auf jeder Station harren Ihrer ebensoviele. Wien, den 14. Februar 1868.«[6]

Vermählung am Wiener Hof und Ankunft in München

Prinz Ludwig und Prinzessin Marie Therese wurden am 20. Februar 1868 in der Wiener Hofburg mit gebührendem Glanz vermählt. Anton Ernst Graf Schaffgotsch, Bischof von Brünn, der schon der Braut die Taufe, die erste Kommunion und die Firmung gespendet hatte, segnete auch ihre Ehe. Die Festlichkeiten begannen bereits acht Tage vor der Vermählungsfeier. Ganz Wien pilgerte zum Palais des Erzherzogs Albrecht auf der Augustinerbastei, wo der Brautstaat öffentlich ausgestellt war.

Mit dem Bräutigam waren aus München dessen Vater Prinz Luitpold und Ludwigs Bruder Leopold (1846–1930) nach Wien gekommen. Bei der Trauung anwesend war auch Kaiser Franz Joseph von Österreich (1830–1916). Kaiserin Elisabeth (1838–1898) erschien nicht zur Hochzeit, da sie kurz vor der Niederkunft mit ihrer Tochter Marie Valerie stand.

Marie Therese hatte eine strenge Erziehung erfahren. Ihre Erzieherin übergab sie ihrem Bräutigam mit den Worten: »Der Prinz wird mit ihr zufrieden sein, denn ich habe ihr den Willen gebrochen.«[7] Diese Wittelsbach-Habsburger-Allianz wurde hinreichend gefestigt, als Ludwigs Bruder Prinz Leopold fünf Jahre später die österreichische Kaisertochter Erzherzogin Gisela ehelichte. Weder Prinz Ludwig noch sein Bruder Prinz Leopold galten in Wien aus finanzieller Sicht als gute Partie.[8]

Das Heiratsgut der Erzherzogin Marie Therese war beträchtlich: Sie brachte Schloss Seelowitz – dort war die Verlobung – ein, dazu Schloss Sárvár an der Raab, gelegen in Westungarn zwischen Neusiedler- und Plattensee. Um das Schloss gruppierten sich siebzehn Meierhöfe. Es gehörten neuntausend Hektar Grundbesitz dazu, mehr als die Hälfte waren Waldungen. Neben großzügigen Geldmitteln als Heiratsgut brachte Marie Therese auch eine Mühle in Pornopat ein. Als Erbe kam später noch Schloss Wildenwart im Chiemgau in ihren Besitz.

---

6   GHA, Nachlass König Ludwig III. 1.
7   Dieter J. Weiß: Kronprinz Rupprecht von Bayern (1869–1955). Eine politische Biografie, Regensburg 2007, S. 35.
8   Siehe dazu Martha Schad: Kaiserin Elisabeth und ihre Töchter, München 2012.

Ankunft in München

Bei der Ankunft des glücklichen Paares am 22. Februar 1868 auf dem Münchner Hauptbahnhof fand der Vorsitzende des Ministerrates Chlodwig Fürst von Hohenlohe-Schillingsfürst die junge Prinzessin »sehr nett und graziös«.[9]

Der Einzug des neu vermählten Prinzenpaares in die Residenzstadt München vollzog sich unter keinem Glücksstern. König Ludwig II. galt als krank, die Königinmutter Marie war ebenfalls erkrankt; ihr galt der erste Besuch des jungen Ehepaars. Erzherzogin Marie Therese, die nun offiziell Prinzessin Ludwig hieß, wurde besonders von ihrem Schwiegervater, dem späteren Prinzregenten Luitpold, mit offenen Armen empfangen. Prinz Adalbert, Sohn von Ludwig I., war ebenfalls begeistert: »Sie sah ganz italienisch aus mit ihrem dunklen Haar und Teint. Eine sehr warmherzige und sympathische Frau. Daß sich meine Mutter mit ihr besonders gut verstand, hatte als besonderen Grund noch den, daß sie eine Stiefschwester der Königinwitwe von Spanien, Maria Christine, war.«[10]

Neun Tage nach der Vermählung starb König Ludwig I. am 29. Februar 1868 in Nizza. Am 9. März wurde er in das Hochgrab der Kirche Sankt Bonifaz in München überführt.

Reicher Kindersegen

Das junge Paar zog in das Palais Leuchtenberg am Odeonsplatz, den von Leo von Klenze (1784–1864) errichteten klassizistischen Bau. Nach dem Tod von König Ludwig I. konnte das Paar in das Wittelsbacher Palais umziehen. Als Sommersitz kam bald die Villa am Bodensee dazu.

Da sich nach sechs Monaten Ehe noch keine Schwangerschaft ankündigte, unterzog sich die Prinzessin einer gynäkologischen Untersuchung. Der behandelnde Arzt Ludwig Buhl, erster Ordinarius des neu begründeten Lehrstuhls für pathologische Anatomie an der Universität München, versicherte ihr, dass sie bestimmt Kinder haben werde. Allerdings schlug er eine Kur in einem Seebad vor, damit sich der Kindersegen rascher einstelle, die Marie Therese jedoch gar nicht mehr antreten musste, denn es kündigte sich Nachwuchs an. Am 18. Mai 1869 erblickte Rupprecht, der spätere Kronprinz (1869–1955), das Licht der Welt. Erzherzogin Elisabeth hatte ihrer Tochter Marie Therese für die Geburt eine Hebamme in das Palais Leuchtenberg vermittelt. Zur Taufe des Kindes, die der Münchner Erzbischof Gregor von Scherr am 20. Mai mit Jordanwasser vollzog, erschienen König Ludwig II., der auch die Patenschaft übernahm, mit der Königinmutter Marie.

---

[9]   Beckenbauer, Ludwig III., S. 39.
[10]   Adalbert Prinz von Bayern: Erinnerungen 1900–1956, München 1991, S. 20.

Nach der von Dieter J. Weiß verfassten Biografie über Rupprecht steht fest, dass Prinz Ludwig ein äußerst strenger Familienvater war. Rupprecht fürchtete den Jähzorn seines Vaters, den er zudem als reizbar empfand. Mit seiner Mutter Marie Therese ging alles gut, bis auch bei seinen Brüdern die Pubertät einsetzte. Da neigte auch sie zu Überreaktionen.[11]

Wenn sich Rupprecht an seine Kindheit und Jugend erinnerte, dann sah er als das einzig positive Element seine Mutter, die ihm in inniger Liebe zugetan war. Er schildert sie »als lebhaft, heiter und witzig, als die Natürlichkeit und Einfachheit selbst«[12]. Zwischen Mutter und Sohn gab es zeitlebens einen regen Briefwechsel.[13] Natürlich wollte die Mutter hin und wieder auf die Entwicklung ihres Sohnes Einfluss nehmen.

Rupprecht hatte es seiner Mutter zu verdanken, dass er die Frau heiraten durfte, die er liebte. Als die Szenen zwischen Vater und Sohn wegen der aus finanzieller Sicht wenig erwünschten Schwiegertochter Herzogin Marie Gabrielle in Bayern immer heftiger wurden, ergriff die Mutter Partei für den Sohn. Sie wollte die Launen und Ungerechtigkeiten ihres Mannes den Kindern und Heranwachsenden gegenüber nicht mehr länger dulden.[14] Niemand konnte ahnen, welche durch Krankheiten bedingte Tragödie die Ehe von Marie Gabrielle und Kronprinz Rupprecht werden würde.

Nach Rupprecht folgten die Geschwister Adelgunde (1870–1958), Maria (1872–1954), Karl (1874–1927), Franz (1875–1957) und Mathilde (1877–1906). Letztere war eine literarisch sehr begabte Prinzessin, die im Alter von neunundzwanzig Jahren einem Lungenleiden erlag. Prinzessin Irmingard von Bayerns Meinung zur unglücklichen Mathilde, ihrer Tante: »Sie hatte den etwas verrückten alten Herzog von Coburg [Ludwig Prinz von Sachsen-Coburg-Gotha 1870–1942] geheiratet und ihre Kinder schlugen dem verrückten Vater nach.«[15] Mathilde starb in den Armen ihrer Mutter, mit der sie sich nicht immer gut verstand.

Am 2. Juli 1879 wurde dem Prinzenpaar Sohn Wolfgang (1879–1895) geboren, der im Alter von fünfzehn Jahren an einer Nierenerkrankung verstarb. Als achtes Kind kam Hildegard (1881–1948) zur Welt, gefolgt von fünf weiteren Schwestern: Notburga (*/† 1883), die nur fünf Tage alt wurde, Wiltrud (1884–1975), Helmtrud (1886–1977), Dietlinde (1888–1889), die nur knapp ein Jahr alt wurde, und Gundelinde (1891–1983).

---

[11] Vgl. Weiß, Kronprinz Rupprecht, S. 36.
[12] Weiß, Kronprinz Rupprecht, S. 36.
[13] GHA, Nachlass Kronprinz Rupprecht 4–6 – Briefe von Kronprinz Rupprecht: GHA, Nachlass Marie Therese 83–97.
[14] Weiß, Kronprinz Rupprecht, S. 37.
[15] Prinzessin Irmingard von Bayern: Jugend-Erinnerungen 1923–1950. Mit einem Vorwort von Andreas Kraus, St. Ottilien 2000, S. 169.

Prinzessin Marie Therese mit ihren Kindern (v. l.): Rupprecht, Adelgunde, Maria, Karl, Franz, Mathilde, Wolfgang, Hildegard, Wiltrud, Helmtrud und Dietlinde, 1888.

Marie Therese war eine fromme Frau, die sich selbst um die Erziehung der jüngeren Kinder kümmerte. Vom Morgen- und Abendgebet bis zur Vorbereitung zur ersten Beichte und Kommunion engagierte sie sich und las den Kindern das jeweilige Evangelium vor.

Für den Schulunterricht waren Lernzimmer nötig, Unterricht gab es täglich außer sonntags. Im Schloss herrschte stets ein Gewimmel von Kindern, Erzieherinnen, Kinderfrauen, Lehrern, und fast das ganze Jahr war ein Arzt zu Gast im Schloss, da der Nachwuchs sich gegenseitig mit Kinderkrankheiten ansteckte.

Die Eltern sahen die größeren Kinder regelmäßig nur bei den Mahlzeiten. Prinz Rupprecht erinnerte sich nicht gerne an das gemeinsame Mittagessen, bei dem in zwanzig Minuten fünf Gänge bewältigt werden mussten. Die Kinder mussten selbst fette Kost aufessen.[16]

---

[16] Weiß, Kronprinz Rupprecht, S. 40.

Prinzessin Marie-Therese und ihren Kindern wurden nicht nur Bücher und Artikel gewidmet, sondern es wurden auch eigens welche für sie verfasst. Zu nennen sind hier die Jugendschriftstellerin Auguste Meixner (1860–1934), die Kinderbuchautorin Emmy Giehrl (1837–1915) und die Schriftstellerin Isabella Braun (1815–1886), die die Kinder »Tante Isabella« nannten. Sie schrieb für die »Jugendblätter« und übernahm auch die Redaktion. Sie verfasste 40 Bücher und gilt heute als bedeutendste Jugendschriftstellerin des 19. Jahrhunderts. Der bis heute gerne gelesene Autor Karl May (1842–1912) war besonders bei den Schwestern Helmtrud, Wiltrud und Gundelinde beliebt.[17] Es existiert der Briefwechsel zwischen der dreizehnjährigen Wiltrud und Karl May, der Anfang März 1898 nach München gekommen war und von der späteren Königin und ihren Kindern empfangen wurde. In seinem Dankesschreiben steht zu lesen: »Es war für mich ein Tag des Sonnenscheines, der letzte schöne Tag, den mir die Erde gab. Ich habe mit ihr abgerechnet.« Im September 1906 erhielt Marie Therese von Karl May ein nicht enden wollendes Schreiben, in dem er berichtet, dass er sich als »verdienstloser Sohn sehr armer Bürgersleute« von dem schönen und reinen Familienglück in München ergriffen gefühlt habe, »dessen tiefste Quelle wohl im Herzen der Mutter liegt. Einer solchen Mutter ist es auch gegeben, die Mutter eines ganzen Volkes zu sein!« Wie aus einer Bleistiftnotiz auf dem Brief hervorgeht, hat Marie Therese diesen Brief ihrer Tochter Wiltrud weitergegeben. Karl May wünschte sich, dass sein »Königstöchterlein« Wiltrud die ganz für die Königskinder geschriebene Erzählung »Der Mir von Dschinnistan« im »Deutschen Hausschatz« lesen möge.

Nicht unerwähnt soll bleiben, dass sowohl die Städtische Töchterschule in Augsburg, die Realschule in München im Stadtteil Au und die Städtische Höhere Töchterschule in Maria-Theresia-Schule bzw. -Gymnasium umbenannt worden waren.

Leutstetten: Kinder, Blumen und Staffelei

Wann immer möglich, verließ Marie Therese die Residenzstadt München, um mit ihrer Familie in die Villa AmSee in Lindau zu reisen. Nachdem Prinz Ludwig im Jahr 1875 das Schloss und Gut Leutstetten am Starnberger See erworben hatte, wurde dieses die zweite Heimat der immer größer gewordenen Familie. Durch Zukauf von Ackerland und Wiesen erweiterte Prinz Ludwig das Gut und schuf einen vorbildlichen Musterbetrieb, was ihm schließlich den Spottnamen »Millibauer« und seiner Frau den Namen »Topfenresel« einbrachte.

---

[17] Siehe hierzu: Ulrich Schmid: Karl May, Briefe an das bayerische Königshaus und »Mein höheres und eigentliches Vaterland ist Bayern«, in: Jahrbuch der Karl-May-Gesellschaft 1983, S. 77–145.

Schloss Leutstetten war von Anfang an zu klein und Ludwig kaufte dann noch zwei kleine Häuser dazu, in dem die größeren Kinder wohnten. Prinzessin Irmingard schreibt dazu: »In Leutstetten gab es keine Bäder. Der König hatte als guter Landwirt ein Bad für die Kühe, welches er in Gut Rieden installiert hatte, für wichtiger gehalten. Die Toiletten waren noch nicht mit Wasser bedienbar, man musste statt dessen eine Schaufel voll Torf hineinwerfen und bei starkem Wind schnell den Deckel schließen, damit man nicht wie ein Neger herauskam.«[18] Außerdem weiß Prinzessin Irmingard zu berichten, dass dem Schloss gegenüber der kleine Bauernhof des Zeiss-Bauern, »eines Dorfkommunisten«, lag. Dessen Schwester Hilde war eine Kleinwüchsige, deren Beine zusammengewachsen waren und die somit nicht gehen konnte. Marie Therese, die Königin, ließ sie in München operieren und so konnte Hilde lernen zu gehen.[19] Irmingards Urteil über ihre Großmuter: »Wie ich von den Leuten hörte, die sie noch kannten, muss sie eine sehr gütige und warmherzige Frau gewesen sein. Großpapa, König Ludwig III., war ein etwas schwieriger Charakter, äußerst korrekt mit einem starken Gerechtigkeitssinn.«[20]

Dennoch war Leutstetten ein Paradies für die Kinder, die hier rudern, baden und schwimmen, bergsteigen und Wanderungen, vor allem mit der Mutter, unternehmen konnten. Die Rosenrabatten in Leutstetten entwickelten sich im Sommer mit fünfunddreißigtausend Rosen zu einem Blütenmeer. Marie Therese legte ein Alpinum an und im Lauf der Jahre zusammen mit den Kindern ein aus vierzig Folianten bestehendes Herbarium mit selbst gesammelten und getrockneten Kräutern.

In Botanik nahm Marie Therese Unterrichtsstunden bei Professor Adolf Heinrich Gustav Engler sowie Professor Johann Evangelist Weiß und hörte entsprechende Vorlesungen bei Professor Hermann Dingler an der königlichen Universität in München. Marie Therese malte zauberhafte Blumenbilder, von denen einige in dem Magazin »Illustriertes Monatsheft für die Gesamt-Interessen des Gartenbaus« veröffentlicht wurden. Bergsteigen und Reisen nach Ungarn, in die Schweiz und Österreich waren recht beliebt. Allerdings musste ständig auf die Finanzen geachtet werden, denn Ludwig III. war die Sparsamkeit in Person. Die Töchter wurden in hauswirtschaftlichen Dingen unterwiesen. Sie hatten beim Einmachen von Obst und Gemüse zu helfen und »Schwammerl« (Pilze) und Waldbeeren zu sammeln. Die Töchter waren nicht immer glücklich darüber, dass sie getragene Kleidung ihrer älteren Geschwister auftragen mussten.

In zweiundzwanzig Ehejahren hatte Prinzessin Marie Therese dreizehn Kin-

---

[18] Irmingard, Jugend-Erinnerungen, S. 164.
[19] Ebd., S. 166.
[20] Ebd., S. 158.

»Sida. Nach der Natur gemalt von Ihrer Königlichen Hoheit, Frau Prinzessin Ludwig von Bayern.«

der zur Welt gebracht. Nach der Geburt des letzten Kindes war die Silberhochzeit nicht mehr weit. Zu diesem Fest im Jahr 1893 bekam sie von ihrem Mann ein hübsches Geschenk: einen kunstvoll gearbeiteten Armreif, der auf goldgefassten Bergkristallen die Namen ihrer Kinder trägt. An den aus den Symbolen von Glaube, Liebe und Hoffnung bestehenden Anhängern zeigt das Herz die Initialen ihres Gemahls. Die älteren Kinder schenkten der Mutter eine silberne Jardinière, die jüngeren Kinder führten ein vom Geheimen Hofrat Dr. Karl Bever aus Lindau gedichtetes Festspielchen auf und setzten der Mutter eine silberne Myrthenkrone aufs Haupt. Die Söhne Franz und Wolfgang hatten zusammen mit dem Drechslermeister Abstreiter in der Schreinerei ein geschnitztes Büchergestell mit den Ansichten von Leutstetten und Wildenwart gefertigt.

Um es gleich vorwegzunehmen: Unter den vier bayerischen Königspaaren auf dem Wittelsbacher Thron wurde nur Marie Therese und Ludwig III. das seltene Glück der Goldenen Hochzeit zuteil. Am 20. Februar 1918 segnete Erzbischof Michael von Faulhaber in Gegenwart des Päpstlichen Nuntius Eugenio Pacelli, dem späteren Papst Pius XII., die Ehe erneut ein.

Königin Marie Therese – die lang ersehnte katholische Landesmutter

»Habemus regem! Wir haben wieder einen König, einen wirklichen. So geht die frohe Kunde heute ins Land und wird überall freudigen Widerhall erwecken. 27 Jahre war das Königtum in Bayern nur mehr ein Schatten!« stand es in großen Lettern in der »München-Augsburger Abendzeitung« vom 4. November 1913.[21] Der König war achtundsechzig, die Königin vierundsechzig Jahre alt! Glaubt man den Zeitungsberichten, so schien Bayern in einen einzigen Jubel darüber auszubrechen, dass nun wieder ein König mit einer Königin regieren werde. Moritz Julius Bonn dagegen, der Gründer und Leiter der Münchner Handelshochschule, tat sich als Frankfurter etwas schwer, die Begeisterung zu verstehen. Er nahm an einem Fackelzug aller Münchner Studenten zu Ehren des Königspaares teil und vermerkte danach in seinem Tagebuch: »Die Freude des königlichen Paares, besonders der Königin, war rührend. Beide erinnerten an Kinder, denen St. Nikolaus ein unerwartet schönes Geschenk gebracht hat.«

Prinzregent Luitpold war am 12. Dezember 1912 verstorben. An seinem

---

[21]   Von 1888 bis 1914 sammelte Marie Therese die verschiedensten Zeitungsartikel, die sich mit dem Hause Wittelsbach und anverwandten Häusern befassten, dazu vieles aus Politik und Wirtschaft, selbst Kurioses und Lustiges. Die gesammelten Zeitungsausschnitte sind in fünfzig gebundenen Ordner eingeklebt und von der Königin selbst Seite für Seite beschriftet – eine einzigartige zeitgeschichtliche Dokumentation. Kritische Berichte über das Königshaus finden sich nicht allzu oft.

Totenbett standen Marie Therese, ihr Sohn Rupprecht und Prinzessin Therese, die Schwester Ludwigs. Der nunmehrige Prinzregent Ludwig kehrte erst am Abend des 12. Dezember aus Sárvár nach München zurück.[22] Trotz großer Widerstände wurde die bayerische Verfassung mit Landtagsmehrheit gegen die Stimmen der SPD geändert, um den Weg freizumachen für Ludwig III., in die ihm »nach Gottes Gnaden zukommenden königlichen Rechte« einzutreten. Wie Prinz Adalbert in seinen »Erinnerungen«[23] zu berichten weiß, habe vor allem Marie Therese ihren Mann angefleht, dem Drängen der Minister und aller anderen nicht nachzugeben. Dieser Meinung war auch Ludwigs entsetzte Schwester Prinzessin Therese, die ebenso wie ihre Schwägerin deutlich spürte, wie sich das Volk gegen eine Änderung des Thronfolgegesetzes sträubte. Nach der Eidesleistung im Thronsaal der Residenz, Kanonendonner am Hofgarten, einem Festessen, sah man einen überglücklichen König. Ein Augenzeuge berichtete: »Die Königin dagegen sah ermüdet aus, man wollte wissen, sie sei von Gewissensbissen gequält, weil sie zu Lebzeiten des legitimen Königs den Thron bestiegen habe. Das königliche Paar schritt die Front ab, der König fröhlich, die Königin folgte ihm mit einem freundlichen Lächeln, begleitet von den Prinzessinnen in weißen Kleidern mit dem hellblauen Band des Sophienordens.«[24]

Die Habsburg-Spezialistin Brigitte Hamann äußerte sich über die Königin: »Wenn auch manchmal kleinlich, entwickelte sie – im Gegensatz zu ihrem Mann – durchaus Herrschergefühl. Ludwig war ein autoritärer Patriarch.«[25] Schließlich war die Königin in großen Verhältnissen aufgewachsen und sie füllte ihr Amt nun bestens aus. In unzähligen Berichten und vielen Lebensbildern in Extrablättern wurde die neue Königin ausführlich vorgestellt. Die »Lindauer Volkszeitung« schrieb am 17. November 1913: ».Die Gemahlin des Königs Ludwig III. von Bayern wird die erste katholische Königin sein (...) Die hohe Frau, die weithin als das Vorbild einer christlichen Frau und Mutter schon lange erschien, verdient es wahrhaftig, eine Landesmutter zu sein, verehrt und geliebt von allen treuen Bayern.« In der »Bayerischen Staatszeitung« erschien ein Artikel über »die zukünftige Königin und die englischen Legitimisten«. Darin wurde angekündigt, dass zur Thronbesteigung der Marie Therese in Bayern auch in England ein feierliches Zeremoniell stattfinden werde, da sie für die englischen Legitimisten die rechtmäßige Königin von England sei. Marie Therese stammte nämlich in direkter Linie von der Tochter

---

22 Vgl. Hadumod Bußmann: »Ich habe mich vor nichts im Leben gefürchtet.« Die ungewöhnliche Geschichte der Therese Prinzessin von Bayern, München 2011, S. 215–220.

23 Adalbert, Erinnerungen, S. 155.

24 Beckenbauer, Ludwig III., S. 39.

25 Brigitte Hamann: Die Habsburger. Ein biographisches Lexikon, München 1988, S. 348.

Karls I. (1600–1649) ab, der mit Henriette Maria von Bourbon (1609–1669), einer Katholikin, verheiratet war. Durch die englische Thronfolgeakte wurden sowohl die Nachkommen Jakobs II. (1633–1701) wie auch die Karls I. vom Thron Englands ausgeschlossen. Und nachdem die Nachkommenschaft Jakobs II. ausgestorben war, wandten sich die englischen Legitimisten den katholischen Nachkommen Karls I. zu und nahmen die Prinzessin Marie Therese von Bayern in Anspruch als rechtmäßige Königin von England. Für sie trug Marie Therese den Titel »Marie III., Queen of Scotland, Her Majesty Mary IV., Queen of England, France and Ireland« und den Beinamen »The White Rose Queen«. Die »romantischen« Schotten sandten Marie Therese Jahr für Jahr zum Geburtstag ein Blumenbouquet, natürlich aus weißen Rosen, zur Erinnerung an den Krieg der »Weißen Rose« Maria Stuart gegen die »Rote Rose« Elizabeth Tudor. Rosen erhielt Marie Therese auch alljährlich zu ihrem Geburtstag vom Verein der pfälzischen Rosenfreunde, dessen Protektorin sie war.

Im Januar 1914 veröffentlichte das »Fremdenblatt« einen Artikel über das ungarische Staatsbürgerrecht der bayerischen Königin. Um die ungarische Staatsbürgerschaft behalten zu können, musste Marie Therese Prozesse führen. Nach ungarischem Recht stand ihr diese nach ihrer Vermählung im Ausland nicht mehr zu, so entschied das ungarische Innenministerium. Daraufhin legte die bayerische Kabinettskanzlei dort Beschwerde ein. Marie Therese hatte erklärt, sie wolle Ungarin bleiben und »klammere« sich an diese Staatsbürgerschaft. Der Prozess wurde in dritter Instanz zugunsten von Marie Therese entschieden.

Beim ersten Besuch als bayerische Königin in Ungarn am 8. Mai 1914 wurde sie mit ihrem Mann und den fünf begleitenden Töchtern stürmisch gefeiert.

Am 25. Mai reiste das Königspaar zur 800-Jahr-Feier der Burg Wittelsbach nach Aichach, am 9. Juni rollte der Sonderzug mit dem Paar und etlichen Töchtern nach Augsburg und wenig später nach Regensburg. Kurz vor Kriegsausbruch erfolgte die bei jedem Königspaar obligatorische Frankenreise.

Die Königin und die Frauen Bayerns im Ersten Weltkrieg

Am frühen Abend des 1. August 1914 gab König Ludwig III. an der Seite seiner Frau vom Balkon des Wittelsbacher Palais aus die Mobilmachung bekannt. Bereits am 2. August erließ Königin Marie Therese den folgenden Aufruf:

»An die Frauen und Jungfrauen Bayerns.
Die eisernen Würfel sind gefallen; es sollte dem Deutschen Volke nicht gegönnt sein, noch weiter die Segnungen des Friedens zu genießen.
Nun gilt es, Deutsches Land und Deutsche Art zu schützen gegen den Feind.
Begeistert schart sich das Bayerische Volk um seinen vielgeliebten Landes-

herrn, Seine Majestät König Ludwig III. Schulter an Schulter stehen unsere Bayern in der geschlossenen Reihe aller Deutschen unter der Führung Seiner Majestät des Deutschen Kaisers. In festem Gottvertrauen blicken wir voll Zuversicht und Stolz auf unsere brave, tapfere Armee. Niemand kann ihren Angehörigen vergelten, was sie in selbstloser Hingabe für uns zu opfern bereit sind.

Euch aber, denen es nicht vergönnt ist, mit Blut und Leben für des Vaterlands Ehre einzutreten, bitte Ich innigst, nach Kräften mitzuwirken zur Linderung der Not jener Bayern, welche das feindliche Geschoß oder die Beschwerden des Krieges verwunden oder siech zu Boden werfen. So stellt Euch denn, die Ihr wohl alle liebe Angehörige bei der Armee wißt, in den Dienst des Roten Kreuzes, gleich meinen Töchtern Hildegard, Helmtrude und Gundelinde.

Draußen fließt Blut, herinnen fließen Tränen, am bittersten da, wo zur Sorge der Seele die Not des Leibes kommt. Auch hier muß und wird geholfen werden. Das Notwendige bereiten wir eben vor im Anschluß und im Zeichen des Roten Kreuzes. Meine Töchter Adelgunde und Wiltrude arbeiten auf diesem Fürsorgegebiet mit.

Soldaten, die Ihr ins Feld zieht, Ich, die Königin, sage Euch, Eure tapferen Frauen und Eure lieben Kinder sollen nicht Not leiden; schaut voraus gegen den Feind, Euren Lieben gehört nun unsere Sorge.

Alle Kreisausschüsse und Zweigvereine des Bayerischen Frauenvereins vom Roten Kreuz ersuche Ich, unverzüglich auf der Grundlage der bisherigen Vorarbeiten an die weitere Ausbildung von Pflegekräften, Beschaffung von Leib- und Bettwäsche, Verband- und Lebensmitteln heranzutreten, um die Bestände unserer Lazarette, Pflegestätten, Genesungsheimen und Sammelstellen auf möglichste Höhe zu bringen. Bayerns Frauen und Jungfrauen werden wie im Feldzuge 1870/71 ihre vaterländische Pflicht erfüllen, das weiß Ich, denn solcher Frauendienst ist gottgefällig.

Schart Euch um Eure Königin! König, Vaterland und Armee werden es Euch danken!

München, den 2. August 1914
Marie Therese
Königin von Bayern«

Am 21. Dezember 1914 veröffentlichten alle Zeitungen Bayerns eine handgeschriebene Grußbotschaft der Königin an die im Feld stehenden Soldaten.

Wie von ihr erwartet, hatte die Königin in über zwanzig gemeinnützigen Vereinen die Protektorschaft übernommen. Schon nach dem Ableben der Königin-Mutter Marie war Prinzessin Marie Therese von ihrem Schwiegervater, Prinzregent Luitpold, im Jahr 1889 gebeten worden, das Protektorat über den Bayerischen Frauenverein vom Roten Kreuz zu übernehmen. Sie besuchte Henri Dunant, den Gründer des Internationalen Roten Kreuzes, in

Königin Marie Therese in den »Kriegsnähstuben« in den Nibelungensälen der Münchner Residenz, 1914 / 18.

der Schweiz. Dieser Tätigkeit für den Wohlfahrtsverband stellte sich die Königin nun mit ganzer Kraft. Bereits in den ersten Kriegstagen richtete sie die Kriegsarbeitsstelle des Vereins in den Nibelungensälen der Residenz ein, die zur größten Nähstube Deutschlands wurden. Die »Kriegsnähstube« machte es möglich, abgehende Truppen, Lazarette usw. mit Wäsche zu versorgen.

Von Anfang an erhielten die Lazarette draußen im Feld Wäsche und Stärkungsmittel wie »Kognak, Schinken, Schokolade, Gemüsekonserven und Fruchtsäfte«. Auch unter einem anderen Aspekt war die Einrichtung der großen Nähstube bedeutsam. Sechs- bis achthundert Heimarbeiterinnen konnten mit Nähen und Stricken beschäftigt und dafür entlohnt werden.

Freude herrschte bei der Königin, als sie 1915 eine größere Sendung von »Liebesgaben« des amerikanischen Roten Kreuzes aus Washington entgegennehmen konnte, die vor allem aus Verbandswatte, -binden und -gaze sowie aus Kleidungsstücken bestand.

47

Einkäufe für ihre Weihnachtsgeschenke machte die Königin in kleineren Geschäften und solchen, die Frauen führten, deren Männer im Krieg waren. Bei der Verteilung der Weihnachtsgaben berücksichtigte sie in erster Linie »im Felde stehende Leute«, die in Friedenszeiten im Dienst des Hofes standen, dann aber auch viele andere, von denen die Königin erfahren hatte, dass sie von zu Hause wenig oder nichts erhielten: Kriegsgefangene, Kranke in Feldlazaretten und Pflegerinnen wurden mit Geschenken und dringend benötigten Nahrungsmitteln bedacht. Die Königin entschloss sich, Verwundete in Lazaretten und Hospitälern im bayerischen Lande zu besuchen. So reiste sie am 26. Juni 1915 mit dem Sonderzug nach Bayreuth und Bamberg und in die Pfalz, begleitet von ihren Töchtern. Jeder verwundete und kranke Soldat bekam ein Geschenk, üblicherweise zwei Ansichtskarten mit Bildnissen des Kaisers, des Königs Ludwig, des Kronprinzen Rupprecht oder anderer Heerführer. Außerdem erhielten die Soldaten ein Büchlein mit alten und neuen Soldatenliedern und immer Zigaretten oder zwei Zigarren.

Für alle, die in den Nibelungensälen tätig waren, und für das gesamte Hofpersonal entstand in der Residenz eine große Kriegsküche für Mittagsmahlzeiten.

Rührend ist der Versuch von Prinzessin Hildegard, den Stadtbewohnern beim Kampf gegen den Hunger zu helfen. Sie betrieb eine Kaninchenzucht von etwa hundert Kaninchen aus sieben verschiedenen Rassen. Die Rammler konnten für die Zucht von allen Kaninchenzüchtern kostenlos ausgeliehen werden.

Flucht, Vertreibung und Ende einer königlichen Familie

Der 7. November 1918 sollte der Schicksalstag für die bayerische Monarchie werden. Die Sorge um Marie Therese war groß. Der König und die Töchter wussten längst, dass sowohl der Leibarzt der Königin, Obermedizinalrat Gustav von Hößlin, als auch Albert Döderlein, Direktor der Königlichen Universitätsfrauenklinik, sie aufgegeben hatten. Sie litt unter starken Schmerzen durch eine Geschwulst im Bauch, die inoperabel war. Sie selbst diagnostizierte ihr Leiden als Darmkrebs. Überdies vertrug die Königin das Autofahren nicht.

Die Flucht der königlichen Familie aus München war schrecklich. »Die einzige Märtyrerin war die Königin Marie-Therese. Sie war schwer krank und starb sicherlich an den Folgen dieser abenteuerlichen Fahrt durch die Nacht zum 9. November. Tante Arnulf, Heinrichs Mutter, erzählte von dieser schrecklich verlaufenden Fahrt.«[26] Nachdem es endlich gelungen war, den Chauffeur zum Fahren zu bewegen, fuhren sie ohne Laternen los, blieben immer wieder stecken, landeten dann endlich auf Schloss Wildenwart. Dort wartete schon die

---

[26]   Adalbert, Erinnerungen, S. 275.

Kammerfrau Franziska Scheidl, die ihre Herrin halb tot vorzufinden glaubte und ihr zu Füßen fiel. »Aber hoch aufgerichtet stand sie in ihrem Pelzmantel vor mir und sagte lächelnd: ›Mir geht's ganz gut, ich habe keine Schmerzen mehr …‹ Der König sagte: ›Es ist merkwürdig, wie sie alles aushält. Ja, ja, ich wußte es, so war sie. Über Kleines schwer hinauskommend, war sie im Großen stets erhaben.‹«[27]

Die dramatische Flucht ging weiter nach Berchtesgaden, dann nach Schloss Anif und wieder zurück nach Schloss Wildenwart.

Die erste große Freude nach der Flucht aus München war die Verlobung der achtundzwanzigjährigen Prinzessin Gundelinde mit dem einunddreißigjährigen Johann Georg, Graf von Preysing-Lichtenegg-Moos, auf Schloss Wildenwart am 24. November 1918. Die Königin wünschte sich so sehr, die Hochzeit noch miterleben zu dürfen. Geplant war sie für den 2. Februar mit Erzbischof Michael von Faulhaber. Doch als der Bräutigam bemerkte, dass sich der Zustand der Königin rapid verschlechterte, war er gegen eine Heirat am Totenbett.

Der Tagebucheintrag von Prinzessin Wiltrud für den folgenden Tag, den 3. Februar 1919 lautet: »Vollendet zwischen 6 Uhr 35 und 40! Gott war gnädig mit dieser Seele. Er gab alle Gnaden und einen sanften Tod!« Die Kammerfrau Franziska Scheidl setzte ihrer Herrin ein liebevolles Denkmal in ihrem Tagebuch: »Mit ihr starb die Seele des Hauses, nicht nur die Mutter ihrer Kinder, sondern auch unsere sorgende Landesmutter.«[28]

Der König küsste seine dahingeschiedene Ehefrau, mit der er über fünfzig Jahre vereint war. Friedlich lag die Königin da, die Hände mit dem Rosenkranz umwickelt und das Sterbekreuz in der Hand, in einem schwarzen Samtkleid und mit einem goldenen Spitzenhäubchen. Der König hatte in der Schlosskapelle unter dem Altarantritt einen Begräbnisplatz für seine Frau bestimmt, um sie in ruhigeren Zeiten nach München überführen zu lassen. Der »Volksstaat Bayern« nahm keine Notiz vom Ableben der Königin.

Heimkehr des toten Königspaares nach München

Am 18. Oktober 1921 verstarb Ludwig III., Bayerns letzter König, in Sárvár / Ungarn. Sein Wunsch war es, zusammen mit seiner Gemahlin in der Wittelsbacher Fürstengruft im Dom zu Unserer Lieben Frau in München zur letzten Ruhe gebettet zu werden. Am 4. November wurden die Särge des toten Königspaares von Wildenwart in die St.-Ludwig-Kirche nach München gebracht, dort eine Nacht aufgebahrt und am folgenden Tag unter großer Anteilnahme der Bevölkerung zum Dom überführt.

[27] Schad, Bayerns Königinnnen, S. 336.
[28] Ebd., S. 342.

Die Gedenkrede für das königliche Paar hielt Michael Kardinal von Faulhaber im Dom:[29]

»Im Februar 1868 fuhr ein Hochzeitszug von Wien über Salzburg nach München, und ein Hosianna des bayerischen Volkes begrüßte den neuvermählten Prinzen Ludwig von Bayern und die Erzherzogin Maria Theresia von Österreich-Este. In den letzten Tagen des Oktober 1921 fuhr ein Leichenwagen die gleiche Strecke von Salzburg nach München und überall grüßte das bayerische Volk den Leichenzug mit weinender Seele und mit gesenkten Fahnen. Am 20. Februar 1918 haben wir vor dem Hochaltar dieser Kirche die goldene Hochzeit des Königspaares neu gesegnet. Ein Jahr darauf, am 6. Februar 1919, haben wir die Königin auf Schloss Wildenwart vorläufig beigesetzt. Vor wenigen Wochen erst ist König Ludwig zum letzten Mal nach Altötting gepilgert, um dort in der Gnadenkapelle die Urne mit dem Herzen der Königin niederzulegen. Und heute ruhen sie beide im Totenschrein nach einem 51-jährigen Treuebund vor diesem Altare, um nach dem Seelengottesdient in der Gruft unter dem Hochaltar ihre letzte Ruhestätte zu finden – im Leben und im Tode nicht getrennt.«[30]

Literatur

Adalbert Prinz von Bayern: Die Wittelsbacher. Geschichte unserer Familie, München 1979.

Adalbert Prinz von Bayern: Erinnerungen 1900–1956, München 1991.

Bayern, Irmingard von: Jugend-Erinnerungen 1923–1950. Mit einem Vorwort von Andreas Kraus, St. Ottilien 2000.

Beckenbauer, Alfons: Ludwig III. von Bayern 1845–1921. Ein König auf der Suche nach seinem Volk, Regensburg 1987.

Bußmann, Hadumond: »Ich habe mich vor nichts im Leben gefürchtet«. Die ungewöhnliche Geschichte der Therese Prinzessin von Bayern, München ⁴2012.

Hamann, Brigitte (Hrsg.): Die Habsburger. Ein biographisches Lexikon, München 1988.

Kolshorn, Otto: Kronprinz Rupprecht von Bayern. Ein Lebens- und Charakterbild, München 1918.

Körner, Hans-Michael und Ingrid (Hrsg.): Leopold Prinz von Bayern (1846–1930). Aus den Lebenserinnerungen, Regensburg 1983.

Rall, Hans und Marga: Die Wittelsbacher in Lebensbildern, Regensburg 1986.

Schad, Martha: Bayerns Königinnen, Regensburg ⁴2006.

Schlim, Jean Louis: Antonia von Luxembourg, Bayerns letzte Kronprinzessin, München 2006.

[29] Schad, Bayerns Königinnen, S. 346.

[30] Nach den Zerstörungen im Zweiten Weltkrieg wurde die Unterkirche des Münchner Frauendoms auf Wunsch von Kardinal Michael von Faulhaber umgestaltet. Die Särge der dort beigesetzten Wittelsbacher wurden dabei in neue Wandnischen übertragen und hinter Grabplatten eingemauert.

Hochaltarbild »Christkönig« in der Pfarrkirche Wildenwart mit dem Königspaar Marie Therese und Ludwig III. in Georgirittertracht, 1934 (Gemälde von M. von Schellerer, 1934).

Schmid, Ulrich: Karl May, Briefe an das bayerische Königshaus und »Mein höheres und eigentliches Vaterland ist Bayern«, in: Jahrbuch der Karl-May-Gesellschaft 1983, S. 77–145.

Weiß, Dieter J.: Kronprinz Rupprecht von Bayern (1869–1955). Eine politische Biografie, Regensburg 2007.

Zorn, Wolfgang: Bayerns Geschichte im 20. Jahrhundert. Von der Monarchie zum Bundesland, München 1986.

Martha Schad studierte Geschichte und Kunstgeschichte an der Universität Augsburg und promovierte mit dem Thema »Die Frauen des Hauses Fugger von der Lilie«. Sie schrieb zahlreiche Bücher über Frauen in der Geschichte und Zeitgeschichte, unter anderem »Bayerns Königinnen«, »Cosima Wagner und König Ludwig II. von Bayern – Briefe«, »Frauen gegen Hitler«, »Stalins Tochter« und »Gottes mächtige Dienerin – Schwester Pascalina und Papst Pius XII«. Sie lebt als freiberufliche Historikerin und Autorin in Neusäß bei Augsburg.

Luitgard Sofie Löw

Das letzte Fest der bayerischen Monarchie
Das Goldene Hochzeitsjubiläum im Februar 1918

»Das sonnige, wenn auch kalte Winterwetter hielt auch am Hauptfesttage des Königspaares an. Von früher Morgenstunde an versammelten sich Menschen in der Nähe des Wittelbacher-Palastes und der Residenz und war es auch für viele frostig draußen, alle fühlten sich doch einig in dem warmen patriotischen Empfinden, dem goldenen Jubelpaare herzliche Segenswünsche zu entbieten. Fahnen und Banner schmückten alle Häuser der Stadt. Zahlreiche Läden hatten ihre Auslagen mit den Bildnissen des Königspaares, von denen das neueste von Professor Firle allenthalben zu sehen war, und seiner trefflichen Porträtähnlichkeit wegen gerühmt wurde, oder mit Büsten in golddurchwirkten Myrtenkränzen und Tannengrün geschmückt. Hofwagen und Automobile fuhren durch die Briennerstraße, die schon in früher Stunde die vortragenden Kabinettchefs Graf Spreti für die Zivil-, Generaladjutanten von Walther für die Militärangelegenheiten, welche Tausende von Glückwünschen zu unterbreiten haben, dann die allernächsten Familienangehörigen des Königspaares zum Wittelsbacher-Palast brachten. Sie wollten es sich nicht nehmen lassen, den Eltern und Großeltern noch vor dem Kirchgang ihre Glückwünsche darzubringen.«[1]

Es sollte das letzte große Fest der bayerischen Monarchie werden, das Goldene Hochzeitsjubiläum von König Ludwig III. und Königin Marie Therese am 20. Februar 1918. Es war ein einzigartiges Ereignis, denn keines der bisherigen bayerischen Königspaare konnte auf eine so lange Ehe zurückblicken. Als Neunzehnjährige hatte Marie Therese Henriette Dorothea, Erzherzogin von Österreich-Este und Prinzessin von Modena, im Juni 1867 den zweiundzwanzigjährigen Ludwig kennengelernt. Er war in Vertretung von König Ludwig II. zur Trauerfeier von Erzherzogin Mathilde von Österreich-Teschen (1849–1867) nach Wien gereist.[2] Die junge Prinzessin war schweren Verbrennungen erlegen, die sie sich zuzog, als ihr mit Glyzerin imprägniertes Kleid aus indischem Musselin Feuer fing. Marie Therese, eine Freundin der Verstorbenen, verliebte

---

[1] BayHStA, GHA, Presseausschnittsammlung der Königin Marie Therese XLIV, Münchener Stadtzeitung, 21.2.1918.

[2] Ausführlich bei Martha Schad: Bayerns Königinnen, München 2008, S. 289ff.; Hans Rall/Gerhard Immler: Die Wittelsbacher in Lebensbildern, München 2011, S. 44–51.

sich auf den ersten Blick in Prinz Ludwig. Obgleich für sie zunächst eine Ehe mit dem vierzehn Jahre älteren Witwer Ferdinand IV., Großherzog von Toskana (1835–1908), vorgesehen war, fand schließlich am 22. Oktober 1867 auf Schloss Seelowitz (heute: Židlochovicko in Tschechien) bei Brünn in Mähren die Verlobung statt. Bis zur Hochzeit, die am 20. Februar in der Wiener Hofburg gefeiert wurde, entspann sich ein intensiver Briefaustausch zwischen den Verlobten, der die gegenseitige Zuneigung ausdrückt, aber auch zeigt, dass sich das Brautpaar bis zum Tag der Hochzeit siezte. Am 22. Februar erfolgte der Einzug der Jungvermählten in München. Man bezog das zwischen 1816 und 1820 nach den Plänen von Leo von Klenze für Eugen Herzog von Leuchtenberg erbaute Leuchtenberg-Palais, das Prinz Luitpold, der spätere Prinzregent, 1852 erworben hatte. Die junge Prinzessin, als Kind von König Ludwig I. als »schelmisch und lebhaft wie Quecksilber« bezeichnet, kam als fröhliche, glückliche und unkomplizierte Ehefrau nach Bayern und wurde rasch zu einem allseits beliebten Familienmitglied. 1869 kam das erste Kind zur Welt, der spätere Kronprinz Rupprecht (1869–1955) dem noch zwölf weitere Geschwister folgten: Adelgunde (1870–1958), Maria (1872–1954), Karl (1874–1927), Franz (1875–1854), Mathilde (1877–1906), Wolfgang (1879–1895), Hildegard (1881–1948), Notburga (*/† 1883), Wiltrud Marie Alix (1884–1975), Helmtrud (1886–1977), Dietlinde (1888–1889) sowie Gundelinde (1891–1983).

Marie Therese und Ludwig hegten eine konservative, tief religiöse Einstellung, in der auch die Kinder erzogen wurden.[3] Als Spross einer Nebenlinie hatte Prinz Ludwig zunächst die militärische Laufbahn eingeschlagen, gab sie jedoch nach einer Verletzung 1866 auf und erwarb sich durch ein Studium vor allem juristisches und volkswirtschaftliches Wissen sowie umfassende landwirtschaftliche Kenntnisse. 1875 kaufte er für die Familie Schloss Leutstetten bei Starnberg und baute dort ein landwirtschaftliches Mustergut auf. Im Winter wohnte man ab 1889 bis 1918 in dem 1944 schwer beschädigten und 1964 abgebrochenen Wittelsbacher Palais, unterbrochen durch einen kurzfristigen Wohnsitz 1916 bis 1917 in der Residenz. Aus dem Vermögen Marie Thereses stammten die Landgüter Sárvár in Ungarn und Eywanowitz in Mähren.

Das Leben des Paares und der wachsenden Kinderschar spielte sich in betonter, bürgerlicher Bescheidenheit ab, nicht zuletzt wegen der beschränkten finanziellen Möglichkeiten. Die Kinder trugen einfache Kleidung, wurden knapp gehalten und sehr streng erzogen.[4] Prinz Ludwig dominierte als Familienvater und forderte absoluten Gehorsam. Prinzessin Marie Therese, selbst

---

3   Dieter J. Weiß: Kronprinz Rupprecht von Bayern (1869–1955). Eine politische Biografie, Regensburg 2007, S. 38f.

4   Weiß, Kronprinz Rupprecht, S. 44.

Prinz Ludwig und Erzherzogin Marie Therese von Österreich-Este während ihrer Verlobungszeit, 1868.

streng erzogen und persönlich ohne große Ansprüche, fügte sich und nahm eine ausgleichende Position ein.[5] Ihr Lebensmittelpunkt waren die Kinder, die sie selbst in Religion unterwies. Daneben weckte sie in ihnen auf zahlreichen Wanderungen die Liebe zur Natur, vor allem zur Alpenflora.

Im Februar 1918 konnte das Paar auf fünfzig gut verlaufene Ehejahre zurückblicken. Angesichts der vielfachen Anforderungen und Belastungen, die der Krieg dem Land abverlangte und die sich durch die Kriegsdauer verschärften, war das Ehejubiläum ein willkommener Anlass. »Wären nicht die Sorgen und Greuel des Weltkrieges, das bayerische Volk würde zeigen, mit welchem Jubel und welcher Herzlichkeit es ein Fest im Königshaus zu feiern wüsste, das nicht allzuoft in bürgerlichen Kreisen gefeiert werden kann.«[6] Eine Goldene Hochzeit gehörte auch in fürstlichen Häusern zu den familiären Höhepunkten und besaß für die Repräsentation eine besondere Attraktivität. Das fürstliche

[5] Ebd., S. 35.
[6] BayHStA, GHA, Presseausschnittsammlung der Königin Marie Therese XLIV, Neues Münchener Tagblatt, 20. 02.1918.

Paar teilte mit der Bevölkerung die Erfahrungen von Verheiratung und Ehe. So zeigen die Beschreibungen des »Jubelpaares«, der königlichen Liebesheirat und des Kindersegens Personalisierungen, die für König und Königin ebenso wie für jedes andere Ehepaar des Landes verwendet wurden. Ehe und Treue spiegelten die Liebes- und Familienideale, innerhalb derer König und Königin als tugendhafte Vorbilder für bürgerliche Wertvorstellungen dienten.[7] Im dritten Kriegsjahr entstanden durch Lebensmittelkrise, Geldentwertung, Verknappung von Kohle, enorme Arbeitsbelastung sowie die hohe Zahl Verwundeter und Gefallener eine Kriegsmüdigkeit und eine immer drängendere Sehnsucht nach Frieden um jeden Preis.[8] Aufklärungsaktionen, mit denen die Beschränkungen der Lebensbedingungen plausibel gemacht werden sollten, verbesserten die Stimmung in der Bevölkerung kaum. Eine besondere Rolle kam dabei der Königin zu, die seit Kriegsbeginn mit ihrem wohltätigen und fürsorglichen Engagement eine eigenständige, öffentliche Funktion als Landesmutter eingenommen hatte. 1889 hatte sie, damals noch Prinzessin, die Leitung des Bayerischen Frauenvereins des Roten Kreuzes übernommen, während des Krieges kümmerte sie sich mit ihren Töchtern um Verwundete, besuchte Lazarette und Krankenhäuser, initiierte Pakete an im Feld stehende Soldaten und unterstützte tatkräftig die Interessen von Frauen und Kindern: »Hunderttausende bayerischer Soldaten haben im Laufe des Weltkrieges erfahren, dass auch die Landesmutter ihrer gedachte in Wort und Liebestat. Bayerns Königin ist dem Lande ein leuchtendes Vorbild als Ehefrau, Hausfrau und Mutter geworden.«[9]

Das Königspaar wünschte für das Jubiläum angesichts des Krieges Zurückhaltung: »Auch ist es der ausdrückliche Wunsch seiner Majestät des Königs, von besonderen Ehrungen und Huldigungen Umgang zu nehmen und ebenso von der Darbringung kostbarer Gaben. (…) Gerade in den schweren Tagen der Gegenwart hat sich das hohe Königspaar so recht als Landesvater und Landesmutter bewährt, hat wahrhaft glänzende Beweise von Opfersinn, warmer inniger Teilnahme für die vom Kriege am schwersten betroffenen Landeskinder gegeben und gibt sie fortwährend.«[10] Deshalb bestand der Kern des Festprogramms aus feierlichen Gottesdiensten, die am 20. Februar 1918 im festlich beflaggten Land abgehalten wurden. Bereits am Vorabend läuteten bayernweit die Kirchenglocken. »Darum sollen sich auch die äußerlichen Festlichkeiten

---

[7]   Simone Mergen: Monarchiejubiläen im 19. Jahrhundert. Die Entdeckung des historischen Jubiläums für den monarchischen Kult in Sachsen und Bayern. Schriften zur sächsischen Geschichte und Volkskunde Band 13, Leipzig 2005, S. 113.

[8]   Max Spindler (Hrsg.): Bayerische Geschichte im 19. und 20. Jahrhundert. 1800–1970. Erster Teilbd.: Staat und Politik, München 1974, S. 374ff.

[9]   Stadtarchiv Weißenburg, Weißenburger Wochenblatt, 18.02.1918.

[10] BayHSt, GHA, Presseausschnittsammlung der Königin Marie Therese XLIV, Wochenblatt für katholische Familien, 04.02.1918.

Das offizielle Porträt zur Goldenen Hochzeit von Walther Firle, 1918.

nach des Jubelpaares Wunsche vor allem auf das Kirchliche beschränken. Das Königspaar steht in seinem ernsten Fühlen dem Gedanken ferne, mit rauschendem Gepränge, wie es dem Ansehen des monarchischen Gedankens im tiefen Frieden und der Freude des Volkes entsprechen würde, in die durch den Krieg tausendfach verursachte Trauer einzufallen. Auch das Kriegsleid will das bayerische Herrscherhaus ganz und gar mit dem Bayernvolke teilen.«[11]

Feiern fanden an diesem Morgen auch in den Schulen statt. Schulleiter und Lehrer hielten Ansprachen, danach folgten Gesang und Deklamationen. Ein zentrales Festelement bestand in der Errichtung von Stiftungen und Einrichtungen für soziale Zwecke, die angesichts des Krieges besonders populär wurden und gleichzeitig für eine dauerhafte Erinnerung an das Jubiläum sorgten. Dafür spendete das Königspaar insgesamt zehn Millionen Mark.

Das Festprogramm erstreckte sich über vier Tage und begann am Samstag, den 16. Februar, vormittags mit einem Empfang der Königlichen Palastdamen, des Diplomatischen Korps, des Großen Dienstes und der Königlichen Staatsminister in den Reichen Zimmern der Residenz.[12] Am Sonntag um 12.30 Uhr empfing der König eine Abordnung seines Regiments, des k. u. k. Ungarischen Infanterie-Regiments Nr. 62, und bat die Herren zur Frühstückstafel. Am Montagnachmittag fand mit der Landeshuldigung im Herkulessaal der Residenz eine große Veranstaltung statt, zu der zahlreiche fürstliche Gäste angereist waren. Die festliche Ansprache hielt der erste Präsident der Kammer der Reichsräte, Fürst Carl Ernst Fugger-Glött. »Tief bewegt erwiderte der König: Unser goldenes Jubelfest fällt in eine schwere, aber auch große Zeit. Unser sehnlichster Wunsch war es, dieses Fest, das bisher nur einem Unserer Vorfahren auf dem Thron beschieden war, im Sonnenscheine des Friedens begehen zu dürfen. Das war Uns leider nicht vergönnt.«[13] Anschließend wurden Erfrischungen gereicht. »Der König hielt unterdessen Cercle ab und ließ sich durch die Herren Staatsminister alle Erschienenen, gegen 250 Personen, einzeln vorstellen, zog jeden mit freundlichen Worten ins Gespräch und überreichte jedem eigenhändig ein von ihm aus Anlaß seiner Goldenen Hochzeit gestiftetes, sehr geschmackvoll ausgearbeitetes Erinnerungsabzeichen, das in der Art eines Ordenssternes ohne Band auf der rechten Brustseite zu tragen ist.«[14] In den Reichen Zimmern waren Geschenke, Urkunden und Grußadressen zur Besich-

[11]   BayHSt, GHA, Presseausschnittsammlung der Königin Marie Therese XLIV, Neues Münchener Tagblatt, 20.02.1918.

[12]   BayHSt, GHA, Bestand Oberhofmarschall Nr. 645 mit dem protokollarischen Ablauf des viertägigen Festprogramms.

[13]   Stadtarchiv Weißenburg, Weißenburger Wochenblatt, 20.2.1918.

[14]   BayHSt, GHA, Presseausschnittsammlung der Königin Marie Therese XLIV, Münchener Stadtzeitung, 19.2.1918.

Auszug von Ludwig III. und König Marie Therese aus der Münchner Frauenkirche nach dem Jubiläumsgottesdienst am 20. Februar 1918.

tigung aufgelegt. Am Dienstag fanden in diesen Räumen mehrere Empfänge statt. Dazu kam auch Kaiser Wilhelm II. für wenige Stunden angereist und verlieh mit seiner Anwesenheit dem Jubiläum eine besondere Auszeichnung auf nationaler Ebene. Am Nachmittag um vier Uhr gab es ein Standkonzert, zu der »sämtliche Mitglieder der Königlichen Familie einschließlich der minderjährigen mit Gefolge« eingeladen waren.[15] Am Mittwoch, den 20. Februar, fand um zehn Uhr schließlich die »Kirchenfeier in der Metropolitankirche zu U. L. Frau« statt.[16] Der festliche Zug dorthin bewegte sich »vom Wittelsbacher Palast aus um ¾ 10 Uhr über den Maximiliansplatz, durch das Karlstor, die Neuhauser Straße zur Domfreiheit«.[17] Den Festgottesdienst hielt der Erzbischof Michael Kardinal von Faulhaber. Anwesend war auch der päpstliche Nuntius Eugenio Pacelli. Zur Gratulation und anschließenden Mittagstafel

[15] BayHSt, GHA, Bestand Oberhofmarschall Nr. 645.
[16] Ebd.
[17] BayHSt, GHA, Presseausschnittsammlung der Königin Marie Therese XLIV, Münchener Stadt-Zeitung, 21.2.1918.

fand sich die königliche Familie in der Grünen Galerie ein. Eine Theatervorstellung im Königlichen Hof- und Nationaltheater am Abend beschloss die Feierlichkeiten.

Das Jubelpaar wurde mit einer Reihe von Geschenken bedacht. Das prachtvollste erhielt es von der Familie: »Gestern nach der Serenade überreichten die versammelten Mitglieder des Königshauses dem Jubelpaar ein kostbares Service für 36 Personen aus Nymphenburger Porzellan, das Bilder der früheren und jetzigen Wohnstätten sowie derjenigen Orte zeigen, die dem König und der Königin seit den 50 Jahren ihrer Ehe besonders nahe standen.«[18] Es handelte sich dabei um ein prachtvolles Tafelgeschirr, das bis heute als »Bayerisches Königsservice« bezeichnet wird und als Form »Perl« für Kurfürst Karl Theodor von Bayern (1724–1799) entworfen wurde. Diese Form war bis um 1900 nur für den königlichen Haushalt bestimmt, abgesehen von einzelnen Stücken, die vermutlich verschenkt wurden.[19] Mit dem Service »Perl« im Louis-Seize-Stil schuf der böhmische Bildhauer Dominik Auliczek (1743–1804), der 1765 in die Nymphenburger Manufaktur als Modellmeister eintrat, wenige Jahre später zum Inspektor aufstieg und seinen künstlerischen Schwerpunkt im Entwurf mythologischer Figuren und plastischer Tierdarstellungen besaß, einen wegweisenden Entwurf deutscher Porzellankunst. Es verdankte seinen Namen dem Perlstab, der alle Stücke umrandet. Auliczek hatte auf die übliche, gerundete Form zugunsten einer Zwölfeckform verzichtet. Einige Teile des Tafelgeschirrs tragen darüber hinaus einen plastischen Akanthusblattdekor und zeigen die Verbindung zur klassischen Antike, die Auliczek auf seinen Reisen durch Italien studieren konnte. Bemalt war es mit runden oder ovalen Medaillons in Grau-camaieu, gerahmt von einem jeweils in Gold gestrichelten Streifen und einem blauen Band, das oben zu einer Schleife gebunden ist. Um die Medaillons sind kleine goldene Blättchen angeordnet. Den Übergang vom Tellerspiegel zur Fahne markiert eine gemalte, blau schattierte Perlschnur. Die äußere Randzone der Fahne umlaufen in Gold gestrichelte, blaue und goldene Streifen als Betonung der zwölfeckigen Grundform.[20]

[18] BayHSt, GHA, Presseausschnittsammlung der Königin Marie Therese XLIV, Münchener Stadtzeitung, 21.02.1918.

[19] Das Bayerische Königsservice. The Bavarian royal porcelain service. Sonderauktion am 28. Juni 2006, Münchener Auktionshaus Neumeister, München 2006, S. 43f.

[20] Alfred Ziffer: Nymphenburger Moderne. Die Porzellan Manufaktur im 20. Jahrhundert. Ausstellungskatalog Münchner Stadtmuseum. München 1997, S. 194–195.

Das Service hatte Prinz Franz von Bayern (1875–1957) im Namen seiner acht Geschwister im Sommer 1917 bestellt.[21]

Es bestand aus insgesamt 292 Teilen für 36 Personen: Suppen-, Speise- und zwei Dessertteller, dazu zwei große Terrinen, zwei Tortenplatten, je vier Saucieren mit Unterplatten, tiefe Salatschüsseln, Kompottschalen, ovale Schalen für Beilagen, runde Platten, ovale Platten in zwei unterschiedlichen Größen, Fischplatten und Konfektschalen auf Fuß. Eine weitere Bestellung von 36 Mokkatassen im November 1917 durch Prinz Ludwig Ferdinand von Bayern (1859–1949), einem Cousin Ludwigs III., ergänzte das Speiseservice. Für die Angestellten der Porzellanmanufaktur waren diese und weitere Bestellungen, die anlässlich der Goldenen Hochzeit des Königspaares eintrafen, angesichts der allgemeinen Kriegslage von größter Bedeutung, nachdem die Umsätze spätestens seit 1915 dramatisch zurückgegangen waren und Entlassungen drohten. Nach Kriegsausbruch hatte die Manufaktur ein Sortiment mit »Kriegsporzellan« zusammengestellt, das den deutschen

Prinz Franz von Bayern mit seiner Braut, Prinzessin Isabella von Croy, 1911.

Patriotismus symbolisieren sollte.[22] Im Dezember 1915 wurden 28 127 Pfeifenköpfe mit dem Porträt Ludwigs III. ausgeliefert und an die bayerischen Regimenter verschickt, zwei Jahre später, im Dezember 1917, gingen knapp 29 021 Biskuitmedaillons mit dem gleichen Konterfei als »Weihnachtsgabe« an die Soldaten.[23] Daneben wurden Isolatoren und Gerätschaften für medizinische Zwecke hergestellt, die dafür sorgten, dass die Fabrik weiterhin Kohlezuteilungen erhielt.[24] Die zur Goldenen Hochzeit bestellten Porzellane wurden pünktlich

---

[21] Das Bayerische Königsservice, S. 63ff.
[22] Ziffer, Nymphenburger Moderne, S. 251ff.
[23] Ders., S. 261f., Kat.Nr. 358 u. 359.
[24] Ders., Nymphenburger Moderne, 1997, S. 246f.

zum Fest des Königspaares im Februar 1918 ausgeliefert. Ausgenommen davon war das Königsservice. Obwohl die Zeitungen bereits am 20. Februar darüber berichteten, war die aufwendige »Neuschöpfung des Perlenservices« erst im Juli komplett fertiggestellt. Der »Vorzug der Nymphenburger Malerei besteht darin, dass prinzipiell nur eigentliche Handmalerei gefertigt wird, nicht Stahl- und Bunddrucke mit Schablonen«, wobei »die Feinheit der Pinselführung« die alten Stücke übertraf, »ganz zu schweigen von der absoluten Regelmäßigkeit der Form und der Reinheit der Glasur«, wie der Kunsthistoriker Georg Lill lobend hervorhob.[25] Diese Genauigkeit kostete Zeit, doch es war dem Leiter der Manufaktur, Albert Bäuml (1855–1929), gelungen, ein Service mit großer Tradition neu aufzulegen und im modernen Stil zu erneuern.

Wiesen die Medaillons des historischen Perlservices kleine, ovale oder runde Landschaftsreserven in Grau- oder Sepia-Camaieu nach den Vorlagen englischer und französischer Radierungen auf[26], hatte man für das Königsservice Bilder ausgesucht, zu denen das Königspaar eine enge Beziehung hatte. Die Vorlagen stammten vor allem von den Töchtern Maria Herzogin von Calabrien, den Prinzessinnen Wiltrud, Helmtrud und Hildegard, von Isabella von Croy (1890–1982), der Frau von Prinz Franz, sowie den Hofdamen Berta Baronin von Wulffen und Helene von Zwehl. Weitere Ansichten fanden sich im Bayerischen Nationalmuseum, in der Vorlagensammlung der Porzellanmanufaktur, im Münchner Stadtmuseum sowie bei Otto Ritter von Dandl (1868–1942) und dem Maler Professor Peter Halm (1854–1923). Die Serviceteile sind jeweils auf der Unterseite handschriftlich mit Ortsangaben und dem Datum »20. Februar 1868–1918« versehen.[27] Die Motive zeigen Ansichten aus der Pfalz[28], aus Bayern, Österreich[29], Ungarn[30] und Italien[31], darunter die Städte des Königreiches[32], angeführt von der Hauptstadt München.[33] Die Motive ließen sich thematisch ordnen. Sechs Teller konnten mit den Ansichten »Oberammergau«, »Mittenwald«, »Partenkirchen«, »Zugspitze Eibsee«, »Ettal

---

[25]   Georg Lill: Nymphenburger Porzellan, in: Bayerischer Kunstgewerbeverein (Hrsg.): Kunst und Handwerk. Zeitschrift für Kunstgewerbe und Kunsthandwerk 68, 1917–1918, S. 32–33.

[26]   Das Bayerische Königsservice, S. 46.

[27]   Ebd., S. 135.

[28]   Ebd., Kat.Nr. 1025, 1026, 1027, 1039.

[29]   Ebd., Kat.Nr. 1029, 1041, 1044.

[30]   Ebd., Kat.Nr. 1003, 1028, 1045.

[31]   Ebd., Kat.Nr. 1003.

[32]   Zum Beispiel Augsburg: Ebd., Kat.Nr. 1050; Regensburg: Kat.Nr. 1051; Ansbach: 1054; Bayreuth: Kat.Nr. 1055; Speyer: Kat.Nr. 1075.

[33]   Ebd., Kat.Nr. 1000, 1001, 1006, 1007, 1008, 1030, 1056, 1060, 1066, 1070–1074, 1076–1079.

Klosterkirche«, »Schwansee und Hohenschwangau und Neuschwanstein« zusammengestellt werden[34], ein anderer Tellersatz besteht aus Motiven der Stadt Nürnberg[35], sieben Teller zeigen Ansichten der fränkischen Städte Bamberg, Aschaffenburg und Würzburg[36]. Aufgenommen in das Bildprogramm wurden Denkmäler wie die »Fossa Carolina« bei Treuchtlingen[37], Walhalla[38] und Befreiungshalle[39] oder das »Erlanger Kanaldenkmal«[40]. Besonders häufig vertreten ist Schloss Leutstetten, dem jahrelange Lebensmittelpunkt des Jubelpaares und seiner Kinder.[41] Viele Motive sind mit persönlichen Erinnerungen verbunden wie die Darstellung des Segelbootes »Hengist« von Ludwig III., der ein begeisterter Segler war[42], Teller mit »Leutstetten Hildenhaus«, »Leutstetten vor 25 Jahren«, »Leutstetten zweijährige Artillerie« mit Pferden aus der königlichen Zucht[43] oder »Leutstetten Heuernte«[44]. Besonders liebevoll ist die Ansicht »Leutstetten, Alpengruppe« gestaltet: Im Vordergrund sind ein alpiner Steingarten und vier Kinder zu sehen, hinter dem Zaun erhebt sich ein Taubenhaus.[45] Zahlreich ist auch Sárvár[46] vertreten, unter anderem mit »Heuernte in Sárvár«, »Sárvár Schlossgraben«. Weitere Orte der Erinnerung sind »Eÿwanowitz«[47], »Wildenwart«[48] und Lindau mit der Villa Amsee[49]. Ebenso wenig fehlen »Brünn Geburtshaus I. M. der Königin«[50] und Schloss Seelowitz[51], wo das junge Paar seine Verlobung gefeiert hatte.

---

[34] Ebd., Kat.Nr. 1014.

[35] Ebd., Kat.Nr. 1023, 1048.

[36] Ebd., Kat.Nr. 1024, 1049.

[37] Ebd., Kat.Nr. 1038.

[38] Ebd., Kat.Nr. 1002.

[39] Ebd., Kat.Nr. 1008.

[40] Ebd., Kat.Nr. 1023.

[41] Ebd., Kat.Nr. 1010, 1011, 1031, 1032, 1053, 1057, 1061, 1064.

[42] Ebd., Kat.Nr. 1064. Für den Hinweis danke ich S.K.H. Prinz Luitpold von Bayern.

[43] Ebd., Kat.Nr. 1010.

[44] Ebd., Kat.Nr. 1011.

[45] Ebd., Kat.Nr. 1042.

[46] Ebd., Kat.Nr. 1059, 1040, 1059.

[47] Ebd., Kat.Nr. 1005.

[48] Ebd., Kat.Nr. 1012, 1046, 1065.

[49] Ebd., Kat.Nr. 1016, 1017, 1036, 1047.

[50] Ebd., Kat.Nr. 1029.

[51] Ebd., Kat.Nr. 1069. Die Salatschüssel mit vier Ansichten weist auch Motive von Arco am Gardasee auf.

Fischplatte »Schloss Sárvár«: Blick über die Wiesen auf die Schlossanlage.

Mit diesem Service entstand eine einzigartige Momentaufnahme mit einer ungewöhnlichen Perspektive auf die private Topografie des Königspaares. Es erlaubt eine Annäherung an Orte der Kindheit, an gemeinsame Ehejahre und besondere Ereignisse. Die Erinnerungen und Geschichten, von denen diese Bildmotive erzählen, machten das Service durch die dramatischen Ereignisse der folgenden Jahre für die Familie besonders kostbar.[52] Nach dem Tod König Ludwigs 1921 kam das Service nach Gut Sárvár, das Prinz Franz geerbt hatte. Als sich im Winter 1944/45 die sowjetischen Truppen näherten, wurde

[52]   Hinweis von S.K.H. Prinz Luitpold von Bayern, 16.04.2014.

das Gut von Prinz Ludwig (1913–2008), dem Sohn von Prinz Franz, geräumt. Prinzessin Irmingard berichtet darüber in ihren Erinnerungen: »Als die Russen vorrückten, bat Ludwig, der älteste Sohn, einen ungarischen Freund, seine Eltern und seinen Bruder Rasso über die Grenze zu bringen. Dieser Freund De Potore hatte ein Auto und als Angestellter der militärischen Forstverwaltung einen Kurierausweis. So gelang es ihm, alle heil nach Leutstetten zu bringen. Mein Vetter Ludwig selbst aber hatte Sárvár in Ungarn erst einen Tag vor Ankunft der Russen verlassen. Er treckte mit mehreren seiner Leute auf Pferdefuhrwerken bis nach Leutstetten, meistens bei Nacht, tagsüber war es zu gefährlich. Unterwegs gab es einige Schwierigkeiten mit den Behörden und sonstige Pannen. Aber Ludwig hatte gute Nerven und schaffte den Weg bis Leutstetten.«[53] Dem Treck mit sechzehn Pferdegespannen, Mitarbeitern und einer jüdischen Familie, der dadurch die Ausreise gelang[54], wurde ein Gütertransport mit einer Ladung Hausrat und Zuchtpferden vorausgeschickt, darunter auch die Kisten mit dem sorgfältig verpackten Königsservice. Am Tag vor der Abfahrt veranstaltete Prinz Ludwig eine Jagd, die erlegten Tiere wurden im ersten Wagen aufgehängt. Bei Bedarf wurde unterwegs Wildbret herausgereicht und so »kaufte man sich durch bis Leutstetten«[55]. Die Serviceteile hatten den Transport unbeschadet überstanden und standen in den folgenden Jahren zu einigen besonderen Anlässen auf dem Tisch in Leutstetten.[56]

Unübertroffen in seiner Symbolhaftigkeit, befindet sich das Königsservice heute im Museum der bayerischen Könige in Hohenschwangau – als Beispiel für die hochstehende Porzellankunst der Manufaktur Nymphenburg, vor allem jedoch als Zeuge für das letzte Fest der bayerischen Monarchie und als Geschichtenbuch mit Erinnerungen an eine Welt, die mit dem Krieg zu Ende ging.

Literatur

Bayern, Irmingard von: Jugend-Erinnerungen 1923–1950. Mit einem Vorwort von Andreas Kraus, St. Ottilien 2000.

Das Bayerische Königsservice. The Bavarian royal porcelain service. Sonderauktion am 28. Juni 2006. Münchener Auktionshaus Neumeister, München 2006.

Körner, Hans-Michael: Geschichte des Königreichs Bayern, München 2006.

Lill, Georg: Nymphenburger Porzellan, in: Bayerischer Kunstgewerbeverein (Hrsg.): Kunst und Handwerk. Zeitschrift für Kunstgewerbe und Kunsthandwerk 68 (1917–1918), S. 27–33.

[53] Prinzessin Irmingard von Bayern: Jugend-Erinnerungen 1923–1950. Mit einem Vorwort von Andreas Kraus, St. Ottilien 2000, S. 330.

[54] Hinweis von S. K. H. Prinz Luitpold, 16.04.2014.

[55] Nach S. K. H. Prinz Luitpold war das eine ansehnliche Anzahl, darunter viele Fasanen und über hundert Hasen.

[56] Das Bayerische Königsservice, S. 77f.

Mergen, Simone: Monarchiejubiläen im 19. Jahrhundert. Die Entdeckung des historischen Jubiläums für den monarchischen Kult in Sachsen und Bayern. Schriften zur sächsischen Geschichte und Volkskunde Bd. 13, Leipzig 2005.

Rall, Hans/Immler, Gerhard: Die Wittelsbacher in Lebensbildern, München 2011.

Schad, Martha: Bayerns Königinnen, München 2008.

Spindler, Max (Hrsg.): Bayerische Geschichte im 19. und 20. Jahrhundert. 1800–1970. Erster Teilbd.: Staat und Politik, München 1974.

Weiß, Dieter J.: Kronprinz Rupprecht von Bayern (1869–1955). Eine politische Biografie, Regensburg 2007.

Ziffer, Alfred: Nymphenburger Moderne. Die Porzellan-Manufaktur im 20. Jahrhundert. Ausstellungskatalog Münchner Stadtmuseum, München 1997.

Ziffer, Alfred: Nymphenburger Porzellan. Sammlung Bäuml, Stuttgart 1997 [1997a].

Luitgard Sofie Löw, 1960 in Weißenburg/Bayern geboren, 1982–1988 Studium in Erlangen und Bamberg, 1988 Magister artium (Europäische Ethnologie), 2002 Promotion (Archäologie des Mittelalters und der Neuzeit), 2007 Habilitation an der Universität Bamberg, seit 1988 Ausgrabungen, seit 1993 Museumsarbeit in Österreich, der Schweiz, Schweden und Norwegen, seit 2011 Direktorin des Museums der bayerischen Könige, Hohenschwangau.

Dieter J. Weiß

Ein Wittelsbacher zwischen Monarchie und Demokratie

Kronprinz Rupprecht von Bayern: ein Lebensbild

Kronprinz Rupprecht von Bayern (1869–1955) gehörte als Thronprätendent und Heerführer zu den herausragenden Persönlichkeiten Bayerns in der Zeit der Monarchie.[1] Er konnte auch in der Republik nach 1918 den Rang als Identifikationsfigur für Bayern behaupten. In der Zeit der Tyrannei ab 1933 wurde er zum Hauptträger der Staatlichkeit Bayerns, obwohl er sich ab 1940 außer Landes aufhalten musste. Im Freistaat nach 1945 scharten sich die entschiedenen Föderalisten aus allen politischen Lagern um ihn. Golo Mann hat mit knappen Strichen seine Bedeutung gewürdigt und die zentrale Frage gestellt; er habe: »nie bezweifelt, daß nach sechs bayerischen Königen – den Regenten mitgezählt – der siebte der Beste geworden wäre. (…) Kronprinz Rupprecht überragte den Vater um Haupteslänge, physisch wie auch im Geiste. Der also wäre der Beste geworden unter allen, denen unser flüchtiger Blick galt. Warum nur wurde er es nicht?«[2]

Als Prinz Rupprecht Maria Luitpold Ferdinand von Bayern am 18. Mai 1869 in München geboren wurde, war Bayern noch ein souveränes Königreich. König Ludwig II. (1845–1886) nahm als Pate an der Tauffeier teil. Mit der Namenswahl Rupprecht knüpften die Eltern, Prinz Ludwig von Bayern und Erzherzogin Marie Therese von Österreich-Este, an die Pfälzer Tradition der Wittelsbacher an. Mit dem zweiten Namen Maria nahmen sie die im Hause Bayern seit der Taufe von Ferdinand Maria im Jahr 1636 geübte Tradition der Verehrung der Gottesmutter auf, die Namen Luitpold und Ferdinand gehen auf die Großväter zurück.

Prinz Rupprecht wuchs als ältester Sohn im Kreise von zwölf Geschwistern im Leuchtenberg-Palais auf. Zunächst wurde er gemeinsam mit den älteren Schwestern erzogen, vor Vollendung des siebten Lebensjahres erhielt er 1876

---

[1] Der Beitrag beruht auf meinen Forschungen zur Biografie des Kronprinzen Rupprecht, im Folgenden werden nur die wichtigsten Angaben nachgewiesen: Dieter J. Weiß: Kronprinz Rupprecht von Bayern (1869–1955). Eine politische Biografie, Regensburg 2007 (mit Quellen- und weiteren Literaturbelegen).

[2] Golo Mann: Gedanken zum Ende der Monarchie in Bayern, in: Hubert Glaser (Hrsg.): Krone und Verfassung. König Max I. Joseph und der neue Staat (Wittelsbach und Bayern III/1), München 1980, S. 473–478, S. 473f.

mit einem Adjutanten einen eigenen Erzieher. Im September 1882 trat er in das Münchner Maximilians-Gymnasium ein. Der Besuch einer öffentlichen Schule war ein Novum im Königlichen Haus. Rupprecht empfand die Zeit in der Schule als befreiend gegenüber der strengen Erziehung zu Hause. 1886 absolvierte er die Abiturprüfung gemeinsam mit seinen Mitschülern. Bei der Beisetzung König Ludwigs II. im Juni dieses Jahres schritt er im Trauerkondukt als Seconde-Leutnant mit. Nun schien festzustehen, dass er einmal der Erbe der Krone Bayerns werden würde.

Der junge Prinz schlug die militärische Laufbahn ein. Er lernte, beginnend im Infanterie-Leibregiment, die verschiedenen Waffengattungen kennen. Zum Abschluss der Ausbildung wurde er an der bayerischen Kriegsakademie in Taktik und Militärgeschichte unterwiesen und erfüllte damit die Bedingungen für eine Laufbahn im Generalstab. Der Militärdienst wurde durch ein breit angelegtes Studium an den Universitäten München und Berlin, wo er Gast Kaiser Wilhelms II. war, durchbrochen.

Neben seinen vielfältigen Pflichten interessierte sich Prinz Rupprecht besonders für die Kunst. Dabei standen ihm nicht mehr die Möglichkeiten zur Verfügung wie dem ihm in seiner Kunstliebe wohl am engsten verwandten König Ludwig I. (1786–1868). Er war ein bedeutender Kenner und Sammler, wovon auch die staatlichen Museen Münchens profitieren sollten. Er beteiligte sich am intellektuellen wie am gesellschaftlichen Leben verschiedener Kunstvereinigungen. In der Kammer der Reichsräte setzte er sich für die Denkmalpflege ein.

Auch auf seinen zahlreichen Reisen suchte Prinz Rupprecht die Begegnung mit der Kunst. Im Sommer 1889 konnte er seine erste Fahrt nach Italien unternehmen, dem Land, dem er zeitlebens eng verbunden blieb. Sein kritischer Blick wurde durch den Bildhauer Adolf von Hildebrand (1847–1921) geschult. Mit ihm verband ihn eine tiefe Freundschaft, wie er sie mit nur wenigen anderen Künstlern und Kunstkennern pflegte. Eine größere Reise führte ihn 1894 über Dalmatien, Bosnien, nach Athen und schließlich nach Konstantinopel. Auf weiteren Fernreisen besuchte er den Vorderen Orient, Indien, China und Japan. Dabei hatte er einen scharfen Blick für die politischen, wirtschaftlichen, sozialen und militärischen Entwicklungen. Die Erinnerung daran hielt der schreibgewandte Prinz in drei Büchern fest, die er mit eigenen Fotografien ausstattete.[3]

Bei Besuchen auf den Schlössern des Herzogs Karl Theodor in Bayern (1839–1909), dem Haupt der wittelsbachischen Nebenlinie, entstand die Neigung Rupprechts zur jüngsten Tochter des Herzogspaares Marie Gabriele (1878–1912). Am 10. Juli 1900 fand die Hochzeit in München statt. Durch die Ehe-

---

[3] Rupprecht Prinz von Bayern: Reiseerinnerungen aus Ostasien, München 1906, München-Kempten ²1923; ders.: Reiseerinnerungen aus Indien, Kempten 1922; ders.: Reiseerinnerungen aus dem Südosten Europas und dem Orient, Kempten 1923.

schließung verdichteten sich die Kontakte
zu weiteren europäischen Dynastien wie
den Braganças, zu denen die Brautmutter
gehörte. Nun standen Rupprecht auch die
herzoglichen Jagdreviere um Tegernsee und
Kreuth zur Verfügung.

Das junge Paar richtete seinen ersten
Hausstand in der Bamberger Residenz
ein, wohin Rupprecht als Generalmajor
und Kommandeur der 7. Infanteriebriga-
de kommandiert worden war. Hier wurde 1901 der älteste Sohn Prinz Luitpold
geboren, vier Geschwister sollten ihm folgen. Ab 1903 lebte die junge Familie im
Leuchtenberg-Palais, Rupprecht war Divi-
sionskommandeur in München geworden.
Allerdings war sie von einem tragischen
Geschick überschattet, nur Prinz Albrecht
(1905–1996) – der spätere Herzog und
Chef des Königlichen Hauses – sollte das
Jahr 1914 überleben. Die anderen Kinder
starben im Kleinkindalter oder, wie Erbprinz Luitpold, im Alter von dreizehn Jahren an Kinderlähmung. Auch Prinzessin
Marie Gabriele fiel bereits 1912 den Folgen
einer Krankheit zum Opfer, die sie sich in

Prinz Rupprecht von Bayern mit seinem
Sohn Prinz Luitpold, 1906.

der Begleitung ihres Mannes 1903 auf der Ostasienreise zugezogen hatte.

Im März 1913 wurde Prinz Rupprecht zum Generalinspekteur der IV. Armee-
inspektion berufen, die Bayern umfasste. Mit der Thronbesteigung seines Vaters als König Ludwig III. im November 1913 wurde er zum Kronprinzen von
Bayern, wodurch sich seine Repräsentationsaufgaben noch vermehrten.

Bei Ausbruch des Ersten Weltkrieges im Sommer 1914 avancierte der General-
oberst der Infanterie Kronprinz Rupprecht zum Oberbefehlshaber des 6. Armee-
kommandos, in dem die bayerischen Truppen zusammengefasst waren.[4] Ihm war
im Rahmen des Schlieffen-Plans die Aufgabe zugedacht, die Reichslande Elsass-
Lothringen zu verteidigen und hier einen möglichst großen Teil der französischen

4   Weiß, Kronprinz Rupprecht von Bayern, S. 96–126; vgl. auch Stefan März: Das
     Haus Wittelsbach im Ersten Weltkrieg. Chance und Zusammenbruch monarchi-
     scher Herrschaft, Regensburg 2013.

»Die Pflicht heißt jetzt handeln«: Zeitgenössische Postkarte mit Kronprinz Rupprecht.

Armee zu binden. Da sich die Lage nicht plangemäß entwickelte, entschloss er sich zu einem Angriff, um die deutsche Strategie zu retten. Die Schlacht in Lothringen vom 20. August 1914 wurde ein Sieg der bayerischen Truppen. Unter anderem wurde Rupprecht darauf mit dem Großkreuz des Militär-Max-Joseph-Ordens ausgezeichnet.

Nach dem Scheitern des Schlieffen-Plans wurde die 6. Armee im Herbst nach Flandern verlegt, wo sie sich im Stellungskrieg festrannte. Zwar entwickelte der bayerische Kronprinz verschiedene Vorschläge, diesen aufzubrechen, doch wurde er darüber in teilweise scharfe Auseinandersetzungen mit der Obersten Heeresleitung verwickelt. Eine seiner Hauptsorgen galt dem Erhalt der bayerischen Armee, die während des Krieges über alle Kriegsschauplätze verteilt wurde. Die verlustreichen Kämpfe vor Verdun hielt er für einen Fehler. Er lehnte den Einsatz von Giftgas wie die Einbeziehung der Zivilbevölkerung in Kampfhandlungen grundsätzlich ab.

Die Schwere der eigenen Verluste und die Einsicht, dass es unmöglich sei, einen positiven Kriegsausgang mit Waffen zu erzwingen, wandelten Rupprecht vom Anhänger eines Sieg- zum Verfechter eines Verständigungsfriedens.[5] Zunächst hatte auch er eine Erweiterung des Reiches gefordert, doch weniger im Sinne des Nationalismus als für einen föderalistischen Staatenbund, in dem ein gestärktes Bayern Preußen an die Seite hätten treten können. Ab dem Herbst 1915 erkannte er, dass der Krieg nicht zu gewinnen war. Militärische, föderalistische und innenpolitische Argumente ließen bei ihm seit dem Frühjahr 1916 immer stärker die Überzeugung wachsen, dass ein Friedensschluss dringend geboten sei.

Im Mittelpunkt des politischen Denkens des Kronprinzen stand stets Bayern. Allerdings hatte er nur geringe Möglichkeiten, seine Einsichten umzusetzen.

5   Weiß, Kronprinz Rupprecht von Bayern, S. 126–156.

Zum einen war er, auch als Oberbefehlshaber, in vorgegebene Befehlsstrukturen eingebunden, zum anderen war er der Erbe und nicht der Träger der Krone. Das Verhältnis zu seinem Vater war zudem nicht unproblematisch, weil der König besonders seinem Sohn gegenüber auf den Vorrechten der Krone beharren zu müssen meinte. Auf verschiedenen Ebenen versuchte Rupprecht dem drohenden Verlust bayerischer Souveränitätsrechte entgegenzuwirken. Dazu gehörten der Einsatz für den Erhalt der eigenständigen bayerischen Armee und sein Drängen, die Tätigkeit des Auswärtigen Bundesratsausschusses zu intensivieren. Für Bayern war der Kronprinz zu politischen Reformen und zu Schritten in Richtung einer weiteren Parlamentarisierung bereit. Er vertrat die Idee eines sozialen Königtums: »Wir haben nur Berechtigung, wenn wir das Volk für uns haben, wenn wir sozial empfinden und sozial handeln.« Erst am 2. November 1918 erging in München nach langwierigen Verhandlungen das königliche Handschreiben, mit dem Ministerpräsident Otto von Dandl (1868–1942) beauftragt wurde, die Regierung auf parlamentarischer Basis umzubilden.[6]

Angesichts der sich rapide verschlechternden militärischen Lage und der Ergebnislosigkeit seiner bisherigen Mahnungen richtete Kronprinz Rupprecht am 1. Juni 1918 einen dringenden Friedensappell an Reichskanzler Graf von Hertling (1843–1918). Weil seine Bemühungen über seinen Vater, Graf Hertling und die bayerische Regierung Einfluss auf die Friedenspolitik zu gewinnen, ergebnislos verlaufen waren, suchte Kronprinz Rupprecht die Zusammenarbeit mit Prinz Max von Baden (1867–1929). Dessen Berufung zum Reichskanzler im Oktober 1918 kam dann freilich zu spät, um der Katastrophe wirksam gegensteuern zu können.

Der Kronprinz war fern von den Entscheidungszentren in seinem Hauptquartier in Brüssel festgehalten. Schließlich war er zu Kriegsende von der Notwendigkeit des Rücktritts des Kaisers und dem Abschluss eines Friedens auch unter harten Bedingungen überzeugt. Ende Oktober 1918 hielt er in seinem Tagebuch fest: »Ich fürchte aber, es wird nur beraten und nicht gehandelt, indes die Gefahr der Revolution immer drohender empor wächst. Sogar in dem sonst so ruhigen Bayern gärt es bedenklich.«[7] Am 4. November 1918 besuchte Kaiser Wilhelm II. (1859–1941) die 4. Armee und lehnte einen Amtsverzicht ab.[8] Bei dieser Gelegenheit bat Rupprecht, um Bayern vor dem Vordringen der Italiener schützen zu können, um Übertragung des Oberbefehls an der Tiroler Grenze, was der Kaiser ablehnte.

---

6   März, Wittelsbach im Ersten Weltkrieg, S. 475–485.
7   31.10.1918, Rupprecht Kronprinz von Bayern: Mein Kriegstagebuch, hrsg. v. Eugen von Frauenholz, 3 Bde., München 1928/29, hier Bd. 2, S. 470.
8   4.11.1918 Rupprecht Kronprinz von Bayern: Kriegstagebuch 2, S. 473.

Aus großer Zeit

v. Mackensen	v. Moltke	Kronprinz Wilhelm	v. François	v. Falkenhayn
		v. Preussen	Ludendorff	v. Einem
v. Bülow	Kronprinz Rupprecht	Herzog Albrecht	v. Kluck	v. Emmich	v. Haes
	v. Bayern	v. Württemberg	Kaiser Wilhelm II.	

»Aus großer Zeit«: Postkarte mit Kronprinz Rupprecht (2. v. l., sitzend) inmitten anderer Größen seiner Zeit (Fotomontage, um 1916).

Den Ausbruch der Münchner Revolution in der Nacht vom 7. auf den 8. November 1918 musste Kronprinz Rupprecht in Brüssel erleben.[9] Bereits im Sommer 1917 hatte er in einem Memorandum für Graf Hertling eine zutreffende

---

9   8.11.1918 Rupprecht Kronprinz von Bayern: Kriegstagebuch 2, S. 474.

eseler   v. Bethmann-Hollweg

v. Hindenburg   v. Heeringen
                            v. Tirpitz   5090

Analyse der Ursachen der dann ein Jahr später ausgebrochenen Revolution geliefert: »Gerade für Bayern, wo noch der Mittelstand ziemlich zahlreich ist, wird die Sache katastrophal. Die Angehörigen dieses Standes, die früher in ihrer überwiegenden Mehrheit gut monarchisch gesinnt waren, sind jetzt zum Teil antimonarchischer wie die Socialdemokraten, da sie der Regierung die Schuld an ihrem Unglück beimessen. (...) Man wirft der Regierung vor, dass sie sich von Berlin alles gefallen liess und die Meinung gewinnt immer mehr Anhänger, dass, nachdem doch alles von Berlin aus geleitet werde, unsere Regierung weiter nichts sei als ein überflüssiger und kostspieliger Ballast.«[10]

Nach Unterzeichnung des Waffenstillstandsabkommens trat Kronprinz Rupprecht am 11. November von seinem Kommando zurück. Er legte die Entscheidung über die künftige Staatsform in die Hand der bayerischen Bürger und protestierte gegen die ohne Legitimation erfolgte Ausrufung der Republik: »In meiner Eigenschaft als Kronprinz lege ich Verwahrung ein gegen die politische Umwälzung, die ohne Mitwirkung der gesetzgebenden Gewalten und der Gesamtheit der bayerischen Staatsbürger in Heer und Heimat von einer Minderheit ins Werk gesetzt wurde. Das bayerische Volk und

[10]   Abschrift und Entwurf: Bayerisches Hauptstaatsarchiv, Geheimes Hausarchiv, Nachlass Kronprinz Rupprecht 648; Abdruck: Münchner Zeitung vom 20.07.1921; Weiß, Kronprinz Rupprecht, S. 148 und 158 (mit weiteren Nachweisen).

das seit Hunderten von Jahren mit ihm verbundene Fürstenhaus haben das Recht, zu verlangen, daß über die Staatsform durch eine verfassunggebende Nationalversammlung entschieden wird, die aus freien und allgemeinen Wahlen hervorgeht.«[11]

Über Belgien und die neutralen Niederlande glückte Kronprinz Rupprecht im November die Rückkehr in die bayerische Heimat, wo ihm bittere Jahre bevorstanden. Einige Monate hielt er sich bei der Mutter seiner verstorbenen Frau in Wildbad Kreuth auf, musste aber während der Räterepublik zeitweilig ins Exil nach Österreich fliehen. Zusätzlich wurde er von der Forderung der Siegermächte nach Auslieferung der deutschen Heerführer bedroht. Nach seiner Heimkehr musste er sich in gänzlich veränderte Umstände fügen. Zunächst verfügte er über keinen Besitz und keine Wohnung mehr.

Zum Jahresende 1919 ließ sich Kronprinz Rupprecht mit seinem Sohn Erbprinz Albrecht zunächst in Berchtesgaden nieder. Er hatte zwar an mehreren deutschen Universitäten studiert und wegen seiner wissenschaftlichen Interessen einen Ehrendoktor in Berlin erhalten, einen Zivilberuf aber hatte er nicht. Aus der rastlosen Tätigkeit des Oberbefehlshabers einer Heeresgruppe stürzte er zunächst in ein schwarzes Loch. Lange beschäftigten ihn nun militärtheoretische Fragen und die Feldzüge des vergangenen Krieges. Zur Herausgabe seiner Kriegstagebücher entschloss er sich im Herbst 1928. Angeregt von Adolf von Hildebrand befasste er sich auch mit kunsttheoretischen Fragen.

Bereits während des Krieges hatte Rupprecht daran gedacht, ein zweites Mal zu heiraten. An seinem Namenstag, dem 25. August 1918, hatte König Ludwig III. die Verlobung seines Sohnes mit Prinzessin Antonia von Luxemburg[12] (1899–1954) bekannt gegeben. Die herzoglich-luxemburgische Familie hielt sich oft in ihrer Nebenresidenz Hohenburg bei Lenggries auf. Nach der Revolution wurde die Verlobung aufgelöst, um die Braut und ihre Familie nicht durch antideutsche Gefühle in Luxemburg zu belasten. Einen Neuanfang bedeutete die dann doch am 7. April 1921 in Lenggries zustande gekommene Hochzeit, die der apostolische Nuntius Eugenio Pacelli zelebrierte. Am 28. März 1922 schenkte Kronprinzessin Antonia auf Schloss Hohenburg ihrem ersten Sohn Prinz Heinrich das Leben, fünf Töchter sollten folgen.[13]

Nachdem das Königliche Haus 1918 faktisch enteignet worden war, wurde im März 1923 mit der Bildung des Wittelsbacher Ausgleichsfonds eine Rechtsform

---

[11]   10.11.1918, Kronprinz Rupprecht von Bayern: Kriegstagebuch 3, S. 370.

[12]   Jean Louis Schlim: Antonia von Luxemburg. Bayerns letzte Kronprinzessin, München 2006.

[13]   Irmingard Prinzessin von Bayern: Jugend-Erinnerungen 1923–1950. Mit einem Vorwort von Andreas Kraus, St. Ottilien 2000.

Oben: König Ludwig III. im Gespräch mit Kronprinz Rupprecht an dessen Hochzeit am 7. April 1921 mit Prinzessin Antonia von Luxemburg.
Unten: Die Hochzeitsgesellschaft am 7. April 1921. In der Mitte vorne das Brautpaar Antonia und Rupprecht, rechts daneben König Ludwig III.

75

gefunden, um den Unterhalt der Angehörigen der vormals regierenden Dynastie sicherzustellen und ihr einen Teil ihres Besitzes zurückzuerstatten. In den Ausgleichsfonds brachte der Staat Immobilien, Wohnrechte und eine finanzielle Entschädigung ein, die weitgehend durch die Inflation aufgezehrt wurde. Zu den Immobilien gehörten die Schlösser Berchtesgaden, Berg, Fürstenried, Ludwigshöhe in der Pfalz sowie Waldbesitz und Wohnrechte in Nymphenburg, Herrenchiemsee und Würzburg. Im Gegenzug stellte der Kronprinz Kunstsammlungen aus dem Privatbesitz König Ludwigs I. den staatlichen Museen zur Verfügung, darunter die Hauptbestände der Glyptothek und wichtige Gemälde der beiden Pinakotheken.

Kronprinz Rupprecht war nun wieder in der Lage, eine bescheidene Hofhaltung für seine Familie einzurichten. Monarchische Formen wurden etwa bei den Festen des Hausritterordens vom Hl. Georg zelebriert. Der Hof wechselte im nächsten Jahrzehnt bis 1933 zwischen dem Leuchtenberg-Palais, Berchtesgaden und Hohenschwangau. Rupprecht war zwar nicht König, aber er war der Repräsentant Bayerns. Die bedeutendste Kundgebung der Anhänglichkeit an das Königshaus bildete die Beisetzung Ludwigs III. und der bereits 1919 verstorbenen Königin Marie Therese am 5. November 1921 in München.[14] Der Kronprinz entzog sich nach der Beisetzung in der Frauenkirche der von breiten Kreisen erhofften Ausrufung der Monarchie. Er ließ eine Erklärung veröffentlichen, mit der er an seiner Thronanwartschaft festhielt, aber keine konkreten politischen Forderungen stellte: »Eingetreten in die Rechte meines Herrn Vaters.«[15] Ein Hauptanliegen war ihm die Sammlung bayerisch-monarchischer und national-konservativer Gruppierungen. Er hielt sich weiterhin den politischen Alltagsgeschäften fern, repräsentierte aber bei zahlreichen Versammlungen nicht nur von Patrioten- und Kriegervereinen in ganz Bayern wie ein Souverän. So wurde er zur Identifikationsfigur, die in der Not von Nachkriegszeit und Inflation Halt und Orientierung bieten konnte. Neben einzelnen Persönlichkeiten aus den politischen Parteien stellte sich der Bayerische Heimat- und Königsbund als Organisation in den Dienst des monarchischen Gedankens. Das Verhältnis des Kronprinzen zum aufkommenden Nationalsozialismus war durch grundsätzliche Ablehnung gekennzeichnet, mehrfach war es zu öffentlichen Auseinandersetzungen gekommen.[16]

[14] Dieter J. Weiß: Zwischen Revolution und Restauration. Zum Tod und zu den Beisetzungsfeierlichkeiten für König Ludwig III. von Bayern, in: Vom Wiener Kongreß bis zur Wiedervereinigung Deutschlands. Betrachtungen zu Deutschland und Österreich im 19. und 20. Jahrhundert. Festschrift für Hubert Rumpel zum 75. Geburtstag, hrsg. v. Petronilla Gietl, München 1997, S. 183–206.

[15] Münchner Neueste Nachrichten, 74. Jg., Nr. 465, 5./6. November 1921; Weiß: Kronprinz Rupprecht von Bayern, S. 223f.

[16] Weiß: Kronprinz Rupprecht von Bayern, S. 249–254.

Kronprinz Rupprecht in Uniform als Generalfeldmarschall. Porträtaufnahme aus der Zwischenkriegszeit.

Seit sich zum Jahresende 1932 die Gefahr der Machtübernahme durch die
Nationalsozialisten immer drohender abzeichnete, schien die Ausrufung der
Monarchie als letztes Rettungsmittel für Bayern in greifbare Nähe gerückt.[17]

[17]   Ebd., S. 263–272.

Der Plan, Kronprinz Rupprecht als Alternative zur Thronbesteigung zunächst zum Generalstaatskommissar zu ernennen, stammte von Fritz Schäffer (1888–1967), dem Vorsitzenden der Bayerischen Volkspartei (BVP). Nach der Ernennung Adolf Hitlers zum Reichskanzler im Januar 1933 war Rupprecht bereit, Bayern als Generalstaatskommissar oder als König vor der braunen Flut zu bewahren. Nachdem sich die Regierung Held den Restaurationsplänen aber verschlossen hatte – aus verfassungsrechtlichen Bedenken oder weil sie ihre Abberufung fürchtete –, reiste eine Delegation des Kronprinzen nach Berlin, um das Einverständnis des Reichspräsidenten von Hindenburg zur Ausrufung der Monarchie in Bayern zu erreichen.

Als dieses Projekt gescheitert war, blieb Kronprinz Rupprecht nur noch der Protest. Nach dem erzwungenen Rücktritt des Kabinetts Held versuchte er, die Gleichschaltung Bayerns zu verhindern. Er forderte am 17. März in einem Brief, den Erbprinz Albrecht[18] persönlich Hindenburg überreichte, diesen auf, sich für eine Verfassung einzusetzen, »die dem Wesen des Deutschen Volkes angepaßt ist und sich aufbaut auf einer vertragsmäßigen Regelung des Verhältnisses zwischen Reich und Ländern im Sinne Bismarcks«.[19] Nach der Einsetzung von Reichsstatthaltern in den Ländern erhob der Kronprinz am 10. April als »Erbe der Krone des zweitgrößten Bundesstaates« erneut »Protest gegen diese Vergewaltigung der deutschen Staaten«, die »praktisch die Aufhebung der Länder« bedeutete. Als am 7. Februar 1934 die Staatsangehörigkeit in den deutschen Ländern aufgehoben wurde, entschloss er sich nochmals zu einem Protest, den er diesmal direkt an Reichskanzler Hitler richtete.[20]

Da dies ungehört verhallte, zog Kronprinz Rupprecht sich aus dem öffentlichen Leben zurück. Mehrere Monarchisten waren in sogenannte Schutzhaft genommen worden. Mit Entsetzen musste er die zunehmende Rechtlosigkeit und die Verfolgung von politischen Regimegegnern und Juden zur Kenntnis nehmen. Kein Wittelsbacher trat der NSDAP oder einer ihrer Formationen bei, was als Ablehnung des neuen Regimes verstanden wurde. Bei der Rückkehr von einer Englandreise am 14. Juli 1934 erfuhr Rupprecht, dass Hitler Reichsstatt-

---

[18]   Albert Scharf: Herzog Albrecht von Bayern (1905–1996). Gedanken zu seinem 100. Geburtstag, in: Wittelsbacher-Studien. Festgabe für Herzog Franz von Bayern zum 80. Geburtstag, hrsg. v. Alois Schmid und Hermann Rumschöttel (Schriftenreihe zur bayerischen Landesgeschichte 166), München 2013, S. 973–986.

[19]   Abdruck bei Kurt Sendtner: Rupprecht von Wittelsbach Kronprinz von Bayern. Auf Anregung und unter Förderung und Mitarbeit von Dr. Otto Kolshorn. Mit Auszügen aus persönlichen Aufzeichnungen und einem Schlusskapitel von Kronprinz Rupprecht von Bayern, München 1954, S. 555–558, Zitat S. 555.

[20]   5.2.1934: Weiß: Kronprinz Rupprecht von Bayern, S. 273–278, hier S. 277f.

halter von Epp befohlen hatte, seine Reise ins Ausland zu verhindern.[21] Was dies bedeuten mochte, konnte er sich angesichts zahlreicher Ermordeter im Zusammenhang mit dem sogenannten »Röhmputsch« vom 30. Juni ausmalen. Auch der Aufenthalt in Berchtesgaden wurde ihm durch die Nähe von Hitlers Domizil auf dem Obersalzberg verleidet. Fortan wurde Leutstetten zu seinem Lebensmittelpunkt. Durch seine bloße Existenz wirkte Kronprinz Rupprecht weiter als Symbol Bayerns und der christlich-abendländischen Werteordnung.

Kronprinz Rupprecht und Erbprinz Albrecht verhielten sich gegenüber den monarchistischen Widerstandsgruppen[22] reserviert, um ein befürchtetes Blutvergießen zu verhindern, da sie um ihre Überwachung durch die Gestapo wussten. Trotzdem vermuteten Himmler und Heydrich in den Wittelsbachern die Seele des Widerstands in Bayern. Um beim als unvermeidlich betrachteten Zusammenbruch Deutschlands nach dem Ausbruch des Zweiten Weltkrieges für Bayern unversehrt zur Verfügung zu stehen, ging der Kronprinz auf Drängen seiner Umgebung ins Ausland. Zum Jahresende 1939 fuhr er auf Einladung König Viktor Emanuels von Italien (1869–1947) nach Rom, seine Familie konnte nachgeholt werden.

Im Exil beschäftigte Kronprinz Rupprecht sich mit der Problematik der künftigen staatlichen Gestaltung Deutschlands und entwickelte seine Gedanken aus der Zwischenkriegszeit weiter. In Florenz und in dem Badeort Forte dei Marmi fand er die Zeit, seine Überlegungen zusammenzufassen. Er diskutierte sie bei mehreren Treffen mit dem ehemaligen Reichswehrminister Otto Geßler (1875–1955). Dieser, Franz Sperr (1878–1945), der letzte bayerische Gesandte in Berlin, und Eduard Hamm (1879–1944) hatten sich seit dem Frühjahr 1935 mit Franz von Redwitz (1878–1945), dem Kabinettschef des Kronprinzen, getroffen, um staatspolitische Pläne für die Zeit nach dem Zusammenbruch des nationalsozialistischen Regimes zu erörtern.[23] Das 241 Seiten umfassende Schreibmaschinenmanuskript des Kronprinzen trägt den Titel: »Bemerkungen über den Staat, seine Formen und Aufgaben mit besonderer Berücksichtigung Deutschlands«.[24] In einer Art Verfassungsentwurf

---

[21]   Ebd., S. 281–298, hier S. 285f.

[22]   James Donohoe: Hitler's conservative opponents in Bavaria 1930-1945, a study of Catholic, monarchist, and separatist anti-Nazi activities, Leiden 1961; Christina M. Förster: Der Harnier-Kreis. Widerstand gegen den Nationalsozialismus in Bayern (Veröffentlichungen der Kommission für Zeitgeschichte B 74), Paderborn u.a. 1996.

[23]   Weiß, Kronprinz Rupprecht von Bayern, S. 306f.

[24]   Dieter J. Weiß: Die Staatsauffassung Kronprinz Rupprechts von Bayern. Ein Verfassungsentwurf aus dem deutschen Widerstand, in: Bayern vom Stamm zum Staat. Festschrift für Andreas Kraus zum 80. Geburtstag, hrsg. v. Konrad Ackermann u.a. (Schriftenreihe zu bayerischen Landesgeschichte 140/I und II), München 2002, Bd. II, S. 547–560; Weiß, Kronprinz Rupprecht von Bayern,

bekennt er sich zur Erbmonarchie wegen der größeren politischen Kontinuität. Die Funktion des Landtages muss man sich wohl als ein Beratungsorgan mit dem alten ständischen Recht der Steuerbewilligung vorstellen: »Aufgabe der Volksvertretung ist es, die Wünsche des Volkes zur Sprache zu bringen, Schäden im Staate aufzudecken, die für dessen Bedürfnisse erforderlichen Mittel zu bewilligen und deren richtige Verwendung zu überwachen.« Ein Oberhaus soll auf berufsständischer Grundlage gebildet werden. Gemäß dem Subsidiaritätsprinzip sollen für die kleineren politischen Einheiten eigene Distrikts-, Bezirks- und Provinzialvertretungen mit weitgehender Selbstverwaltung eingerichtet werden. Als Möglichkeit deutet er die Rückverwandlung des Deutschen Reiches in einen Bundesstaat aus monarchisch und republikanisch regierten Ländern unter Einbeziehung Österreichs an.

Während sich Kronprinz Rupprecht kurz vor Kriegsende der Verhaftung durch die Gestapo in Florenz entziehen konnte, wurde Kronprinzessin Antonia mit vier ihrer Töchter im Juli 1944 in Südtirol verhaftet. Ebenso wie Erbprinz Albrecht mit seiner Familie wurden sie in das KZ Oranienburg-Sachsenhausen gebracht, im Februar 1945 nach Flossenbürg verlegt und schließlich nach Dachau transportiert.[25] Am 30. April wurden sie durch die amerikanische Armee befreit, die getrennt inhaftierte Kronprinzessin war nur durch einen Zufall entdeckt und dem Tode entrissen worden, doch sollte sie sich von den Haftfolgen nicht mehr erholen.

Wieder war Kronprinz Rupprecht nach dem Ende eines Weltkrieges heimatlos geworden. Erst nachdem die amerikanische Militärverwaltung Schloss Leutstetten freigegeben hatte, konnte er im November 1945 nach Bayern zurückkehren. In einer Denkschrift für das Foreign Office plädierte er für die Wiederherstellung der Monarchie in Bayern, in einem Memorandum für das State Department schlug er die Bildung von fünf bis sieben deutschen Staaten und ihre Organisation in einem Staatenbund vor.[26] Die Einrichtung der Institution eines bayerischen Staatspräsidenten, für die der Kronprinz als aussichtsreicher Kandidat galt, scheiterte im September 1946 im Landtag.

Kronprinz Rupprecht lebte nun wieder als Repräsentant des ganzen Landes in Bayern.[27] Meist hielt er sich in Leutstetten und im Winter in Schloss Nymphenburg auf. Viele bayerische Politiker, darunter Ministerpräsident Wilhelm Hoegner (1867–1980), suchten das Gespräch mit ihm. Seine Autorität und sein Ansehen halfen, die bayerischen Traditionen über die Brüche von zwei

S. 316–320.

[25] Erwein von Aretin: Wittelsbacher im KZ, München [1949]; Weiß, Kronprinz Rupprecht von Bayern, S. 314–316.

[26] Weiß, Kronprinz Rupprecht von Bayern, S. 320–322.

[27] Ebd., S. 344–350.

Weltkriegen hinwegzuretten. 1954 wurde sein 85. Geburtstag mit Pontifikalamt, Feldmessen, Staatsakt, Opernaufführung, Festspiel und Umzügen wie der eines regierenden Monarchen gefeiert.

Am 2. August 1955 starb Rupprecht von Bayern in Leutstetten. Durch die noble Geste eines sozialdemokratischen Ministerpräsidenten erhielt er im Tode die Krone, die ihm zu Lebzeiten vorenthalten worden war; bei seiner Aufbahrung in der Ludwigskirche wurde die Königskrone aufgestellt. Der letzte Generalfeldmarschall des Ersten Weltkrieges wurde nach einem Trauerkondukt in der Theatinerkirche St. Kajetan zu Grabe getragen. Der Historiker Max Spindler hat ihn einfühlsam gewürdigt: »Konnte er auch nicht als König für Bayern wirken, so hat er dem bayerischen Land und Volk nach 1918, nach 1945, doch einen Dienst erwiesen, wie nur er ihn erweisen konnte: durch seine Person hat er die bayerische Vergangenheit mit ihren Werten über das Jahr 1918 hinweg in die Gegenwart hereingerückt und die Gegenwart lebendig erhalten, als eine Mahnung, dieser Werte immer eingedenk zu bleiben.«[28]

Seit 1961 erinnert ein Brunnen vor den Räumen der Bayerischen Akademie der Wissenschaften in der Münchner Residenz an ihn. Die Statue der Pallas Athene symbolisiert seine Liebe zur Kunst und Wissenschaft, die von ihr gehaltene Waage seinen Gerechtigkeitssinn.

Literatur

Aretin, Karl Otmar von: Die bayerische Regierung und die Politik der bayerischen Monarchisten in der Krise der Weimarer Republik 1930-1933, in: Festschrift für Hermann Heimpel zum 70. Geburtstag 1 (Veröffentlichungen des Max-Planck-Instituts für Geschichte 36/1), Göttingen 1971, S. 205-237.

Donohoe, James: Hitler's conservative opponents in Bavaria 1930-1945, a study of Catholic, monarchist, and separatist anti-Nazi activities, Leiden 1961.

Förster, Christina M.: Der Harnier-Kreis. Widerstand gegen den Nationalsozialismus in Bayern (Veröffentlichungen der Kommission für Zeitgeschichte B 74), Paderborn u. a. 1996.

Irmingard Prinzessin von Bayern: Jugend-Erinnerungen 1923-1950. Mit einem Vorwort von Andreas Kraus, St. Ottilien 2000.

März, Stefan: Das Haus Wittelsbach im Ersten Weltkrieg. Chance und Zusammenbruch monarchischer Herrschaft, Regensburg 2013.

Mann, Golo: Gedanken zum Ende der Monarchie in Bayern, in: Hubert Glaser (Hrsg.): Krone und Verfassung. König Max I. Joseph und der neue Staat (Wittelsbach und Bayern III/1), München 1980, S. 473-478.

---

[28] Max Spindler: Ungekrönt – und doch ein König. Kronprinz Rupprecht von Bayern, in: ders.: Erbe und Verpflichtung. Aufsätze und Vorträge zur bayerischen Geschichte, hrsg. v. Andreas Kraus, München 1966, S. 352-361, Zitat S. 359f.

Scharf, Albert: Herzog Albrecht von Bayern (1905–1996). Gedanken zu seinem 100. Geburtstag, in: Wittelsbacher-Studien. Festgabe für Herzog Franz von Bayern zum 80. Geburtstag, hrsg. v. Alois Schmid und Hermann Rumschöttel (Schriftenreihe zur bayerischen Landesgeschichte 166), München 2013, S. 973–986.

Schlim, Jean Louis: Antonia von Luxemburg. Bayerns letzte Kronprinzessin, München 2006.

Sendtner, Kurt: Rupprecht von Wittelsbach Kronprinz von Bayern. Auf Anregung und unter Förderung und Mitarbeit von Dr. Otto Kolshorn. Mit Auszügen aus persönlichen Aufzeichnungen und einem Schlußkapitel von Kronprinz Rupprecht von Bayern, München 1954.

Spindler, Max: Ungekrönt – und doch ein König. Kronprinz Rupprecht von Bayern, in: ders.: Erbe und Verpflichtung. Aufsätze und Vorträge zur bayerischen Geschichte, hrsg. v. Andreas Kraus, München 1966, S. 352–361.

Weiß, Dieter J.: Zwischen Revolution und Restauration. Zum Tod und zu den Beisetzungsfeierlichkeiten für König Ludwig III. von Bayern, in: Vom Wiener Kongreß bis zur Wiedervereinigung Deutschlands. Betrachtungen zu Deutschland und Österreich im 19. und 20. Jahrhundert. Festschrift für Hubert Rumpel zum 75. Geburtstag, hrsg. v. Petronilla Gietl, München 1997, S. 183–206.

Ders.: Kronprinz Rupprecht von Bayern – Thronprätendent in einer Republik, in: Deutscher Adel im 19. und 20. Jahrhundert. Büdinger Forschungen zur Sozialgeschichte 2002 und 2003, hrsg. v. Günther Schulz und Markus A. Denzel (Deutsche Führungsschichten in der Neuzeit 26), St. Katharinen 2004, S. 445–460.

Ders.: Die Staatsauffassung Kronprinz Rupprechts von Bayern. Ein Verfassungsentwurf aus dem deutschen Widerstand, in: Bayern vom Stamm zum Staat. Festschrift für Andreas Kraus zum 80. Geburtstag, hrsg. v. Konrad Ackermann u. a. (Schriftenreihe zu bayerischen Landesgeschichte 140/I und II), München 2002, Bd. II, S. 547–560.

Ders.: Kronprinz Rupprecht von Bayern (1869–1955). Eine politische Biografie, Regensburg 2007.

Dieter J. Weiß ist seit 2011 Inhaber des Lehrstuhls für Bayerische Geschichte und Vergleichende Landesgeschichte mit besonderer Berücksichtigung des Mittelalters an der LMU München sowie stellvertretender Wissenschaftlicher Leiter der Gesellschaft für fränkische Geschichte und Zweiter Vorsitzender der Kommission für bayerische Landesgeschichte bei der Bayerischen Akademie der Wissenschaften.

Dietmar Willoweit
Königtum im Deutschen Reich
Ludwig III. und das monarchische Staatsrecht

Monarchisches Prinzip und Souveränität im Deutschen Bund

Seit der mittelalterlichen Stabilisierung der Fürstenherrschaft gehörte die Vorstellung, der Herrscher werde mit Geburt und Erbrecht durch die Gnade Gottes in sein Amt berufen, zu den allgemein akzeptierten Überzeugungen der alteuropäischen Welt. Jeder Konflikt um die Nachfolge in das Herrscheramt sollte damit ausgeschlossen sein. Die Erfahrung der Französischen Revolution hat dieses Herrschaftsverständnis in Deutschland nur gefestigt. Dafür erfand man einen neuen Begriff: das monarchische Prinzip.[1] Die bayerische Verfassung von 1818 hat es in Titel II § 1 exemplarisch festgeschrieben: »Der König ist das Oberhaupt des Staats, vereiniget in sich alle Rechte der Staatsgewalt, und übt sie unter den von ihm gegebenen, in der gegenwärtigen Verfassungsurkunde festgesetzten Bestimmungen aus. Seine Person ist heilig und unverletzlich.« Dieses Prinzip und seine hier nur angedeutete Begrenzung begründete und präzisierte der Deutsche Bund in Artikel 57 der Wiener Schlussakte zwei Jahre später mit der Feststellung, der Deutsche Bund bestehe – von den freien Städten abgesehen – aus »souveränen Fürsten«, aus welchem »Grundbegriffe« sich jene Vereinigung der »gesammte[n] Staatsgewalt in dem Oberhaupt des Staates« ergebe, sodass dieses in einer Verfassungsurkunde »nur in der Ausübung bestimmter Rechte an die Mitwirkung der Stände gebunden werden kann«.

Die Autoren des bayerischen und allgemeinen deutschen Staatsrechts haben diese Rechtsstellung des Königs im Wesentlichen übereinstimmend, doch vor der Reichsgründung mit unterschiedlichen Akzenten charakterisiert. Außer Zweifel stand das Selbstregierungsrecht des Monarchen, das er mit Hilfe der von ihm allein berufenen Minister wahrnahm. Sie trugen die Verantwortung für das nun strikt an die Gesetze gebundene Regierungshandeln. Das Staatsoberhaupt dagegen galt zugleich als Symbol des Staates und daher als »heilig« und »unverletzlich«. Ihm gebührte daher die »Majestät, die erhabenste Würde«, die Vertretung des Staates und die Staatsregierung.[2] Den Grund dieser

---

[1] Vgl. dazu die gründliche Untersuchung von Hans Boldt: Deutsche Staatslehre im Vormärz, Düsseldorf 1975.

[2] Julius Schmelzing: Staatsrecht des Königreichs Baiern, Leipzig 1820, S. 26.

Das Krönungsbild Heinrichs II. aus dem Regensburger Sakramentar (um 1002 entstandene Pracht-handschrift). Heinrich erhält die Krone aus der Hand Gottes, das königliche Amt ist von »Gottes Gnaden« gegeben.

Rechte begriffen die Autoren jener Epoche aber durchaus verschieden. Da heißt es etwa einerseits in Anlehnung an den Sprachgebrauch des Deutschen Bundes, die »Souveränität« des Königs als ein ihm »eigenthümliches Recht« bezeichne »den unbedingten Freiheitsstand einer Person, vermöge dessen dieselbe niemanden auf Erden als ihren Oberherrn anzuerkennen hat«,[3] andererseits, die Souveränität sei das »im Verhältnisse zu der Staatsgesellschaft« dem Staatsoberhaupt zustehende Recht, »den im Staatszwecke beruhenden Gesammtwillen im Innern und nach Außen festzustellen und auszuführen«[4]. Dieses unterschiedliche Verständnis der Souveränität berührte aber nicht die Stellung des »verfassungsmäßig regierende(n) Monarche(n)« als »Träger aller Rechte der Staatsgewalt«, sodass es »unnöthig (ist), die einzelnen Rechte desselben als Regent aufzuzählen«.[5] Das haben manche Autoren dennoch getan. Aber in der Sache handelte es sich – modern gesprochen – um eine Zuständigkeitsvermutung zugunsten des Monarchen. Seine Herrschaftsrechte haben die deutschen Verfassungen jenes Zeitalters zugunsten der Ständeversammlungen nur durch deren genau umschriebene Rechte der Steuerbewilligung und der Beteiligung an der Gesetzgebung eingeschränkt.[6] Daher ist »die deutsche Fürstensouveränität oder die deutsche Monarchie, das monarchische Prinzip des deutschen Bundesrechts, (...) nichts Anderes« als »die Innehabung der gesammten und untheilbaren Staatsgewalt als eigenes Recht seitens der Einzelperson des legitimen Staatsoberhaupts« im Rahmen der Verfassung.[7] Stets geht es bei der Beschreibung des monarchischen Prinzips sowohl in der bayerischen Verfassungsurkunde wie auch in den Darstellungen des bayerischen Staatsrechts um die Staatsgewalt, nicht um die Eigentumsverhältnisse am Staatsgut.[8] Denn die

---

[3] Ernst von Moy: Das Staatsrecht des Königreichs Bayern, I. Theil, Regensburg 1840, S. 122, 126. Ablehnend dazu Heinrich Albert Zachariä: Deutsches Staats- und Bundesrecht. Erster Theil, Göttingen ²1853, S. 61ff.

[4] Conrad Cucumus: Lehrbuch des Staatsrechts der konstitutionellen Monarchie Baierns, Würzburg 1825, S. 88.

[5] Zachariä, Staats- und Bundesrecht, S. 291f.

[6] Bayerische Verfassung von 1818 Titel VII §§ 1–19.

[7] Joseph Held: System des Verfassungsrechts der monarchischen Staaten Deutschlands mit besonderer Rücksicht auf den Constitutionalismus. Zweiter Theil, Würzburg 1857, S. 133. Die tatsächlich vorhandenen Souveränitätsbeschränkungen durch das Recht des Deutschen Bundes finden in diesem Zusammenhang keine Erwähnung, vgl. dazu Dietmar Willoweit: Deutsche Verfassungsgeschichte. Vom Frankenreich bis zur Wiedervereinigung Deutschlands, München ⁷2013, § 30 Rd.-Nr. 4–10.

[8] Diese werden sowohl in der bayerischen Verfassungsurkunde wie regelmäßig auch in der zeitgenössischen Literatur als eine von der Innehabung der Staatsgewalt zu unterscheidende Frage nicht im Zusammenhang des monarchischen Prinzips abgehandelt. Irreführend insofern Cajetan von Aretin: Das monarchische Prinzip

Idee des monarchischen Prinzips hinderte nicht die zunehmende Anerkennung der Überzeugung, dem Staat selbst komme Rechtspersönlichkeit und damit Eigentumsfähigkeit zu.[9] Doch die Allzuständigkeit des monarchischen Staatsoberhauptes für alle hoheitlichen Aufgaben und seine Kompetenz, deren Umfang selbst zu bestimmen, also die Kompetenz-Kompetenz wahrzunehmen, stand so lange außer Frage, wie die deutschen Staaten ihre Unabhängigkeit erhalten konnten.

Wandlungen des monarchischen Staatsrechts im Deutschen Reich

Mit dem Beitritt des Königreiches Bayern zum Norddeutschen Bund im Jahr 1870 und der damit verbundenen Schaffung einer übergeordneten Reichsgewalt änderte sich die Rechtslage. Das herkömmliche Verständnis des deutschen Staatsrechts passte schlecht zur Einbindung der monarchischen Staaten in ein bundesstaatliches Gebilde. Der prominenteste bayerische Staatsrechtslehrer, Max von Seydel, hielt das Deutsche Reich daher für einen bloßen Staatenbund, blieb mit dieser Meinung aber weitgehend isoliert.[10] Er hielt auch an der Vorstellung fest, der Monarch sei Quelle allen Rechts, »kein ›Organ‹ des Staates«, sondern er stehe »als Herrscher, als Souverän über ihm (...) Denn mit dem Begriffe des Staatsorgans (...) verbindet sich der Gedanke an irgend ein Werkzeug eines höheren Staatswillens (...). Dies ist aber nicht das Wesen unseres Königthums (...). Es herrscht aus eigener Macht.«[11] Obwohl von Seydel hier

in den deutschen Verfassungen des 19. Jahrhunderts, in: Wittelsbacher-Studien. Festgabe für Herzog Franz von Bayern zum 80. Geburtstag. Hrsg. von Alois Schmid und Hermann Rumschöttel, München 2013, S. 663–678, 669ff. und ders.: Das Monarchische Prinzip im einzelstaatlichen Vergleich. Bayern und Baden, in: zur debatte 2010 H. 4, S. 17f. Vgl. a. Anm. 9.

9 Vgl. dazu die ausführlichen Untersuchungen von Ulrich Häfelin: Die Rechtspersönlichkeit des Staates. Dogmengeschichtliche Darstellung: Tübingen 1959; Henning Uhlenbrock: Der Staat als juristische Person. Dogmengeschichtliche Untersuchung zu einem Grundbegriff der deutschen Staatsrechtslehre, Berlin 2000. Irreführend auch insofern von Aretin, Das monarchische Prinzip, S. 666 bzw. S. 17.

10 Max von Seydel: Das Staatsrecht des Königreichs Bayern, Freiburg i.B. 1888, S. 44; ebenso die letzte Auflage: ders.: Bayerisches Staatsrecht. Auf der Grundlage der 2. Auflage neu bearbeitet von Josef von Graßmann und Robert Piloty. 1. Bd. Die Staatsverfassung, bearb. von Robert von Piloty, Tübingen 1913, S. 71f.; vgl. a. Maren Becker: Max von Seydel und die Bundesstaatstheorie des Kaiserreiches, Frankfurt am Main 2009.

11 Max von Seydel: Bayerisches Staatsrecht, Tübingen ²1896, Bd. I, S. 170f. Dennoch betont von Seydel nachdrücklich, dass die herrscherliche Gewalt des Monarchen »kein privatrechtliches Eigenthum, sondern eine öffentliche, eine Staats-

den Charakter des Staates als einer »thatsächlichen Erscheinung« betont und der Lehre vom Monarchen als Staatsorgan vorwirft, sie verlasse den »Boden der Wirklichkeit«, war er es doch selbst, der an einem Verständnis des Königtums festhielt, das sich zunehmend von der Wirklichkeit entfernte. Denn von einer effektiven Selbstregierung des Monarchen, die in der ersten Hälfte des 19. Jahrhunderts vielfach Realität gewesen ist, konnte seit den 50er-Jahren und vollends seit der Reichsgründung keine Rede mehr sein. Zunächst waren es die umfassenden Regelungsaufgaben der in der Jahrhundertmitte rapide einsetzenden Industrialisierung, die den politischen Einfluss der sachkundigen Ministerien nachhaltig stärkten und den Einfluss des Monarchen faktisch auf sein Recht zur Berufung der Minister beschränkten.[12] Die Reichsverfassung aber entzog seit 1867 bzw. 1871 auch verfassungsrechtlich viele Materien der Kompetenz der deutschen Bundesstaaten und damit – trotz einiger Sonderrechte – auch dem Königreich Bayern.

Ein Blick auf das erste Regierungsjahr des Prinzregenten Ludwig spiegelt diese Kompetenzverlagerung wider. In den bayerischen Gesetz- und Verordnungsblättern des Jahrgangs 1913 nehmen den weitaus größten Raum »Bekanntmachungen« der Ministerien über gesetzlich vom Reich oder vom Land bereits geregelte Themen ein. Förmliche Gesetze hatte der Landtag nur ganz selten zu verabschieden – eine Verfassungsänderung und Gesetze über die Staatshaftung für Angehörige des bayerischen Heeres, über die Erhöhung der Zivilliste, über den Staatshaushalt. Auch königliche Verordnungen, mit denen das monarchische Staatsoberhaupt selbst die Rolle des Gesetzgebers wahrnehmen konnte, wurden nicht gerade häufig und eher ausnahmsweise in wichtigeren Angelegenheiten erlassen. Von den rund zwanzig Verordnungen des Jahres 1913 betrifft ein Drittel lediglich Fragen der Behördenorganisation. Daneben finden sich Regelungen für das Polizeiwesen, den Strafvollzug und wiederum das Heer, für das Hochschul- und Schulwesen sowie die Kirche, auch für Apotheken und den Vogelschutz. Diese Pflege der Rechtsordnung hinterlässt einen eher statischen Eindruck. Die große rechtspolitische Dynamik jener Zeit, mit dem Aufbau der Rechtsstaatlichkeit und bahnbrechenden Gesetzen des Sozialrechts, entfaltete sich auf der Bühne des Reiches.[13]

gewalt, ist«, ebd., S. 170. Die Neubearbeitung des Werkes durch Robert Piloty hat die Formulierungen des Autors nicht angetastet, vgl. von Seydel, Bayerisches Staatsrecht, 1913, 1. Bd., S. 77ff.

[12] Zum Verhältnis des Königs zur Ministerialbürokratie vgl. jetzt auch Stefan März: Das Haus Wittelsbach im Ersten Weltkrieg. Chance und Zusammenbruch monarchischer Herrschaft, Regensburg 2013, S. 62ff.

[13] Vgl. a. zur Verfassungswirklichkeit vor dem Regierungsantritt Ludwigs Hermann Rumschöttel: »Der erste Kavalier seines Hofes«. Persönlichkeit und Politik des

Die deutsche Staatsrechtslehre begann, weniger über die Monarchie als über den Staat nachzudenken. Da seine rechtliche Gestalt jetzt in erster Linie interessierte, war die Stellung des Monarchen in diesem Rahmen zu bestimmen. Carl Friedrich von Gerber, der Begründer einer allein auf wissenschaftlichen Begriffen der Jurisprudenz beruhenden Staatsrechtslehre noch vor der Reichsgründung, formulierte daher: »Der Monarch ist das oberste Willensorgan des Staats. Sein Wille soll als allgemeiner Wille, als Wille des Staats gelten. In dem Monarchen wird die abstrakte Persönlichkeit der Staatsgewalt verkörpert.«[14] Von hier ist es nur noch ein kleiner Schritt zu der Feststellung des Verfassers der führenden staatsrechtlichen Darstellung des Kaiserreiches Paul Laband, dass »das Subjekt der Staatsgewalt der Staat selbst ist«, »als selbständige ideale Persönlichkeit«.[15] Die deutschen Fürsten aber sind »in ihrer Gesamtheit die Träger oder Inhaber der Reichssouveränität«, doch »nicht für ihre Person, sondern nur als Oberhäupter und Vertreter ihrer Staaten«.[16] Ein ausführliches Kapitel widmet Laband der »Unterordnung der Einzelstaaten unter das Reich«[17]. Wirft man einen Blick auf die umfassenden Zuständigkeiten des Reiches, dann ist an der Einsicht nicht vorbeizukommen, dass von der ehemals unbegrenzten Zuständigkeitsvermutung des monarchischen Prinzips nicht mehr sehr viel übrig geblieben sein kann.[18] Das Deutsche Reich hat sich unter den Hohenzollernkaisern die rechtliche Ausstattung eines modernen Staates zugelegt, der seinen Bundesstaaten zwar weiterhin formell unbegrenzte Kompetenzen beließ, die großen Politikfelder jedoch selbst besetzt hatte.

In der letzten repräsentativen Staatsrechtsdarstellung der 1918 zu Ende gegangenen Epoche haben die Autoren Georg Meyer und Gerhard Anschütz nochmals die Rechtsstellung der deutschen Monarchen im Reiche zusammenfassend beschrieben. Danach ist das monarchische Staatsoberhaupt »Träger der

Prinzregenten, in: Ulrike Leutheusser und Hermann Rumschöttel (Hrsg.): Prinzregent Luitpold von Bayern. Ein Wittelsbacher zwischen Tradition und Moderne, München 2012, S. 13ff., 25f.

[14] Carl Friedrich von Gerber: Grundzüge des deutschen Staatsrechts (¹1865), ³1880, Neudr. 1998, S. 77f. Dazu Michael Stolleis, Geschichte des öffentlichen Rechts in Deutschland. 2. Bd., München 1992, S. 331ff., 334f.

[15] Paul Laband: Das Staatsrecht des Deutschen Reichs, Tübingen ⁵1911, Neudr. 1964, Bd. 1, S. 94, 96; dazu Stolleis, Geschichte, 2. Bd., S. 341ff. Vgl. ferner Albert Haenel: Deutsches Staatsrecht. 1. Bd., Leipzig 1892, S. 81f.

[16] Laband, Staatsrecht, Bd. 1, S. 97f., 101f.

[17] Ebd., S. 102ff.

[18] Georg Meyer: Lehrbuch des Deutschen Staatsrechts, 7. Aufl. bearb. von Gerhard Anschütz, 1919, 8. Aufl. unveränd. Nachdr. der 7. Aufl. mit einer Einleitung von Ernst-Wolfgang Böckenförde, S. 260ff. Zitiert: Meyer-Anschütz.

Staatsgewalt« und »vereinigt in seiner Person die Fülle staatlicher Hoheit und Macht«, ohne sie von einem anderen Staatsorgan ableiten zu müssen, jedoch »durch die Verfassung des Staates zu seiner Stellung berufen«.[19] Denn »nach heutigem Staatsrecht steht der Monarch nicht über, sondern in dem Staate; er ist nicht Beherrscher, sondern Organ desselben«.[20] Seine Kompetenzen »gehören nicht ihm, sondern dem Staate. Wenn der Monarch regiert, übt er nicht sein Recht, sondern Rechte des Staates, also nicht eigenes, sondern fremdes Recht aus.«[21] In diesen Formulierungen hat sich die ganz herrschende Meinung niedergeschlagen.[22] Trotz seiner nur noch begrenzten Kompetenzen kam somit der verfassungsrechtlichen Stellung des Monarchen ein hoher Symbolgehalt zu. Er beruhte letztlich auf der alten Idee des Gottesgnadentums.

Von der Regentschaft zur Thronbesteigung

Die Prinzregentenzeit erschien nach dem Ersten Weltkrieg als eine besonders glückliche Zeit der untergegangenen bayerischen Monarchie.[23] Tatsächlich aber spiegeln die Akten nach dem Tode Luitpolds alsbald ein Unbehagen über die weitere Fortdauer der Regentschaft unter seinem Nachfolger wider. Der monarchische Gedanke galt als gefährdet, wenn auch in Zukunft auf unabsehbare Zeit an der Spitze des Königreiches ein regierungsunfähiges Staatsoberhaupt durch einen Regenten vertreten werden musste, dem nach der bayerischen Verfassung nicht dieselbe Rechtsstellung zukam wie dem König.[24]

---

[19]   Meyer-Anschütz, Lehrbuch, S. 268.

[20]   Ebd., S. 271.

[21]   Ebd., S. 272.

[22]   Ihr hatte sich schließlich auch der heftigste Verteidiger einer ursprünglichen, vorverfassungsrechtlichen Stellung der deutschen Fürsten angeschlossen, nämlich Hermann Rehm: Modernes Fürstenrecht, München 1904, S. 1ff. einerseits und andererseits ders.: Das rechtliche Wesen der deutschen Monarchie, in: Archiv des öffentlichen Rechts 25 (1909), S. 393–406, dazu Meyer-Anschütz, Lehrbuch, S. 271, Anm. 5, und Dorothee Gottwald: Fürstenrecht und Staatsrecht im 19. Jahrhundert, Frankfurt am Main 2009, S. 223ff., 228f. Vgl. ferner den für Unterrichtszwecke erstellten Grundriss von P. Bauer: Das Staatsrecht des Königreiches Bayern, München 1908, S. 29ff.

[23]   Ulrike Leutheusser: Einführung, in: Leutheusser/Rumschöttel, Prinzregent Luitpold, S. 9f.

[24]   Gemäß Titel II § 18 der Verfassungsurkunde durfte der Reichsverweser »weder Krongüter veräußern, oder heimgefallene Lehen verleihen, noch neue Ämter einführen«; § 19 verpflichtete ihn, »in allen wichtigen Angelegenheiten« Gutachten des Gesamtministeriums als »Regentschafts-Rath« einzuholen, und § 20 wies ihm einen begrenzten staatlichen Unterhalt an, während die sehr viel höhere Zivilliste mit der Verantwortung für den gesamten Hofstaat und die zugehörigen Baulich-

Dennoch hatte sich Prinzregent Luitpold dem Gedanken, die Königswürde anzunehmen, stets verschlossen, um nach dem tragischen Tod Ludwigs II. nicht als Thronräuber zu erscheinen. Für Luitpolds Sohn Ludwig konnte dieser Vorbehalt keine Bedeutung haben. Noch bei Lebzeiten Luitpolds begannen daher Spitzenbeamte der Ministerien die anstehenden Rechtsfragen zu prüfen.[25] Zum einen vergewisserte man sich in einem umfangreichen Rechtsgutachten, dass zur Fortsetzung der außerordentlichen Regentschaft nicht erneut die Zustimmung des Landtags notwendig sei.[26] Zum anderen aber war das schwierigere Problem zu lösen, wie eine Regentschaft bei Lebzeiten des regierungsunfähigen Königs zu einer Thronbesteigung führen könne, ohne das Prinzip des Gottesgnadentums zu verletzen.

Schon im Jahr 1900 war eine anonyme Schrift erschienen, die dieses Prinzip durch die Annahme infrage stellte, die Thronfolge trete nicht ipso iure, also nicht von selbst nach dem Tod des Monarchen ein, sondern beruhe auf einem Willensakt des Nachfolgers.[27] Als im Herbst 1912 der Gesundheitszustand des Prinzregenten Luitpold das baldige Ende seines Lebens erwarten ließ, erklärte sich ein Dr. Englert, Beamter des Staatsministeriums des Innern, gegenüber dem Minister als Autor jener Schrift. In einem Schreiben vom 14. Oktober 1912 erläutert er seinen Standpunkt mit Erwägungen, die der persönlichen Souveränität des Herrschers das zivilrechtliche Willensdogma unterlegen –

keiten aufgrund des Gesetzes vom 1.7.1834 dem König vorbehalten war. Es kam hinzu, dass in Titel VI § 1 des Hausgesetzes von 1819 besondere Apanagen nur für die erwachsenen Söhne des Königs, nicht eines Regenten vorgesehen waren.

[25] Die im nachfolgenden Text beschriebenen Vorgänge sind in neuerer Zeit schon mehrfach, wenn auch mit unterschiedlicher Tiefenschärfe, dargestellt worden, vgl. Verena von Arnswaldt: Die Beendigung der Regentschaft in Bayern 1912/13, in: ZbLG 30 (1967), S. 859–893; Willy Albrecht: Landtag und Regierung von Bayern am Vorabend der Revolution von 1918, Berlin 1968, S. 48ff.; Alfons Beckenbauer: Ludwig III. von Bayern 1845–1921. Ein König auf der Suche nach seinem Volk, Regensburg 1987, S. 105ff.; Bernhard Löffler: Die bayerische Kammer der Reichsräte 1848 bis 1918, München 1996, S. 535ff.; März, Wittelsbach im Ersten Weltkrieg, S. 27ff.

[26] BayHStA MInn 74450. Die Mitsprache der Stände war bei der häufiger vorkommenden Regentschaft wegen Minderjährigkeit des Thronfolgers nicht vorgesehen, vgl. Titel II §§ 9, 10. Nach Titel II § 11 mussten dagegen die Stände der Regentschaft zustimmen, wenn »der Monarch durch irgend eine Ursache, die in ihrer Wirkung länger als ein Jahr dauert, an der Ausübung der Regierung gehindert« sein sollte. Diese Zustimmung war 1886 erteilt worden. Da die Gründe der Verhinderung andauerten, brauchte der Landtag bei dem bevorstehenden Regentenwechsel nicht erneut seine Zustimmung erklären.

[27] Die Thronfolge als Willensakt. Betrachtungen aus dem bayerischen Staatsrechte. Von einem Sozialmonarchisten, München 1900.

keine Rechtsfolge ohne freie Willensbestimmung: »Aus der Bestimmung des Souveränitäts-Begriffs in der bayerischen Verfassungsurkunde ist zu folgern, dass zur Thronfolge ein Willensakt erforderlich ist. Dauernde Willensunfähigkeit schliesst daher von der Thronfolge aus. Der Ausschluss vollzieht sich in der Weise, dass der nach der Thronfolgeordnung Nächstberufene von der Staatsgewalt Besitz ergreift. Solange dies nicht geschieht, wird der Willensunfähige als König behandelt (...)«[28] Als überraschende Konsequenz dieser Rechtsauffassung ergibt sich das Recht des Nächstberufenen, jederzeit durch einseitige Erklärung den Thron besteigen, also die Königswürde durch eine Proklamation annehmen zu dürfen. Dieser Weg schien trotz des ihm innewohnenden willkürlichen Elements der Wahrung des Gottesgnadentums insofern zu dienen, als sich so eine Mitwirkung des Landtags, wie sie eine Verfassungsänderung erforderte, vermeiden ließ.

Als mit dem Tod des Prinzregenten am 12. Dezember 1912 die bayerische »Königsfrage« intensiv in der Öffentlichkeit erörtert wurde,[29] kam es auch in der prominenten »Juristischen Wochenschrift« zur einer Diskussion über das Rechtsproblem, ob die Krone nach bayerischem Staatsrecht oder gar gemeinem deutschen Fürstenrecht überhaupt auf einen regierungsunfähigen Monarchen übergehen könne. Ausgelöst hatte diese Debatte der damals bekannte Münchner Rechtsanwalt Eduard Bloch[30] mit der Behauptung, die Regelung der Goldenen Bulle von 1356, nach welcher einem Geisteskranken die Kurwürde nicht anfallen kann, gelte weiterhin, da sie niemals außer Kraft gesetzt worden sei und die bayerische Verfassung die Erfordernisse der Thronfolgefähigkeit nicht erschöpfend geregelt habe.[31] Bloch hat heftigen Widerspruch erfahren.[32] Da die bayerische Verfassung die Thronfolge eben doch abschließend regele, sei die Bestimmung der Goldenen Bulle schon nach dem Grundsatz lex posterior derogat

---

[28] BayHStA MInn 74451 betreff: Beendigung der Regentschaft, Thronbesteigung König Ludwig III. 1912/13; von Arnswaldt, Beendigung, S. 863.

[29] Von Arnswaldt, Beendigung, S. 868f.

[30] Er war mit einem »Deutschen Reichsstaatsrecht« hervorgetreten, München ⁴1900.

[31] Eduard Bloch: Zur bayerischen Königsfrage, in: Juristische Wochenschrift 1913, S. 233–236. Die Regelung der Goldenen Bulle findet sich in Kapitel XXV des Metzer Gesetzes, vgl. Quellen zur Verfassungsgeschichte des Römisch-Deutschen Reiches im Spätmittelalter (1250–1500), Ausgew. u. übers. von Lorenz Weinrich (Ausgew. Quellen z. dt. Gesch. d. Mittelalters XXXIII), Darmstadt 1983, S. 380ff.

[32] Rudolf Wassermann: Zur bayerischen Königsfrage, in: Juristische Wochenschrift 1913, S. 353–355; Klaus Menner: Zur bayerischen Königsfrage, ebd., S. 534–539; ders.: Zur bayerischen Königsfrage, ebd. S. 966–970. Entgegnungen Blochs ebd. S. 901–909 und 970–971.

legi priori[33] außer Kraft getreten. Die Auslegung der Verfassungsbestimmungen aber ergebe eindeutig, dass der nach der Erbfolgeordnung Nächstberufene »unmittelbar im Zeitpunkt der Thronerledigung selbst, ohne sein Wissen, Monarch« werde.[34] Im Verlauf dieser mit großer Hartnäckigkeit ausgetragenen juristischen Fehde kam ein bemerkenswerter Verfassungswandel zur Sprache. Während ehemals in der Tat Geisteskrankheiten zum Ausschluss von der Regierungsnachfolge führen konnten, haben die Verfassungsgeber des frühen 19. Jahrhunderts mit dem Instrument der Regentschaft Vorsorge getroffen, dass auch der Regierungsunfähige die Rolle des Monarchen übernehmen kann, weil die Thronfolge in keiner Situation ungewiss sein darf.[35] Diese verfassungsrechtliche Entscheidung für ein Höchstmaß an Stabilität gerade bei einem wesentlichen Defekt des Staatsoberhauptes ist charakteristisch für das Verständnis der Monarchie im Zeichen des monarchischen Prinzips. Es sollte eine unangreifbare Verteidigungsposition gegen alle Zumutungen der Volkssouveränität bilden.[36]

Das bayerische Gesamtstaatsministerium hat sich schon vor dem Ableben Luitpolds intensiv mit der Königsfrage befasst. Nach mehreren Beratungen im Oktober beschlossen die Minister am 11. Dezember 1912 – einen Tag vor dem Tod des Prinzregenten –, von einer einseitig durch den Nachfolger abzugebenden Proklamation der Thronbesteigung abzusehen und den Weg einer Verfassungsänderung einzuschlagen.[37] Dieser Entscheidung lag ein zuvor angefertigtes, umfassendes Rechts-

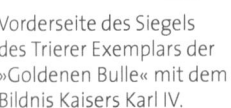

Vorderseite des Siegels des Trierer Exemplars der »Goldenen Bulle« mit dem Bildnis Kaisers Karl IV.

[33] Das spätere Gesetz setzt frühere Gesetze – mit entgegenstehenden Regelungen – außer Kraft.

[34] Menner, Königsfrage, S. 535f.

[35] Menner, Königsfrage, S. 968f.

[36] Boldt, Staatslehre, S. 1; Willoweit, Deutsche Verfassungsgeschichte, § 29 Rd.Nr. 15.

[37] BayHStA, Abt. III: Geh. StA MA 99511 Ministerratsprotokolle, Sitzungen v. 19. u. 10.1912.

gutachten des Justizministeriums zugrunde.[38] Es stellte klar, dass nach dem Ende des Alten Reiches 1806 in keinem der deutschen Bundesstaaten »die Thronfolge von der Regierungsfähigkeit des Berechtigten abhängig gemacht« worden sei und die einschlägige Vorschrift der Goldenen Bulle ihre Geltung für Bayern spätestens mit dem Hausgesetz von 1816 verloren habe. Ein breiter Literaturnachweis stützt das Ergebnis, es sei »zur Nachfolge auf den bayerischen Königsthron (...) die Fähigkeit, die Regierungsgewalt auszuüben, nicht erforderlich«. Daher würde die Thronbesteigung durch Proklamation gegen die Verfassung verstoßen. Das Gutachten schlägt stattdessen eine Verfassungsänderung durch Einfügung einer ergänzenden Bestimmung vor, nach welcher bei lange andauernder Regierungsunfähigkeit des Monarchen der Thron dem Nachfolger gebühre. Eine solche Vorschrift »böte auch den Vorteil, daß sie in das monarchische Prinzip nicht mehr, als bedauerlicherweise unbedingt notwendig ist, eingreift, daß noch weniger (...) daran gezweifelt werden kann, daß der Übergang der Krone auf den Nachfolger von Gottes Gnaden erfolgt (...).«[39] Wenige Tage später beauftragt der Ministerrat den Justizminister, die Gesetzesvorlage zur Beendigung der Regentschaft auszuarbeiten.[40]

Dennoch ging noch fast ein Jahr ins Land, bis das Vorhaben in die Tat umgesetzt werden konnte. Von den im Landtag vertretenen Parteien, die für die Verfassungsänderung gewonnen werden mussten, sperrte sich lange Zeit das Zentrum. Maßgebliche Politiker dieser Partei waren überzeugt, »eine Verfassungsänderung, der der Landtag zuzustimmen habe, mache den Monarchen von Gottes Gnaden zum König von Landtags Gnaden«, weil »eine Änderung der Thronfolgeordnung« vorgenommen würde.[41] Auch in einer interministeriellen Beratungsrunde wurden Bedenken laut. Nicht nur die Änderung des Verfassungstextes bedurfte gemäß Titel X § 7 der Verfassungsurkunde der Zustimmung des Landtags. Nachdem Titel II § 11 der Verfassung schon die Einrichtung einer Regentschaft wegen Regierungsunfähigkeit des Monarchen gleichfalls von der Zustimmung des Landtags abhängig gemacht hatte, schien es undenkbar, eine Regelung über die Annahme der Königswürde aus demselben Grunde ohne Zustimmung des Landtags in die Verfassung hineinzuschreiben. Eine solche Verfassungsänderung hätte der Landtag kaum passieren lassen. Im Kreise der Ministerialbeamten wurde daher die naheliegende Frage aufgewor-

---

38 BayHStA MInn 74451; veröffentlicht nach Bekanntwerden von Teilen des Textes in der Bayerischen Staatszeitung Nr. 239 vom 13. Oktober 1913; von Arnswaldt, Beendigung, S. 865ff.

39 Bayerische Staatszeitung a.a.O., S. 11.

40 BayHStA, Abt. III Geh. StA MA 99511, Sitzung vom 15. Dezember 1912.

41 Vgl. den ausführlichen Bericht über die Fraktionsprotokolle bei von Arnswaldt, Beendigung, S. 870ff., 873; Albrecht, Landtag, S. 52f.; Löffler, Reichsräte, S. 543.

fen: »Was ist, wenn der Landtag erklärt: Die Ursachen« – der Regierungsunfähigkeit – »sind für mich nicht nachgewiesen?« Dann sei, meinte ein Staatsrat, wie im gleichen Falle die Regentschaft, »die Königswürde aufgehoben« – eine Antwort, die in der Gesprächsrunde der hohen Beamten erregte Reaktionen auslöste. Die Königswürde könne nicht wieder verloren gehen. Von einem dann vorliegenden »Verfassungskonflikt« war die Rede und von der Notwendigkeit, das »legitimistische Prinzip« zu wahren.[42] Den Prinzregenten Ludwig aber beruhigte man mit der Versicherung, eine Weigerung des Landtags, dem Thronwechsel zuzustimmen, sei auszuschließen, weil man sich schon vorher mit den Abgeordneten absprechen werde.[43] Alle diese gutachtlichen, politischen und beinahe staatstheoretischen Äußerungen bezeugen die Präsenz der Idee vom Gottesgnadentum in der Spätzeit der Monarchie, dies freilich in einer spezifisch eingeengten Weise. Während frühere Epochen im Geisteskranken oder aus anderen Gründen Regierungsunfähigen Gottes Gnade gerade nicht am Werke sehen konnten, verengte sich das Prinzip seit dem Ende des Alten Reiches auf den gesetzlich festliegenden Mechanismus der Thronfolge.

Das Bedenken, es könnte das monarchische Prinzip verletzt werden, bewog die Minister und den Prinzregenten, ein Verfahren einzuschlagen, das die Öffentlichkeit später mit Unverständnis und Unmut zur Kenntnis nahm. Am 4. November 1913 erfolgte mit Zustimmung sowohl der Kammer der Reichsräte wie der Kammer der Abgeordneten die in Aussicht genommene Ergänzung der Verfassung, die nun nach zehnjähriger Regierungsunfähigkeit des Königs den Regenten ermächtigte, die Regentschaft zu beenden und den Thron für erledigt zu erklären, womit die für diesen Fall vorgesehene Thronfolge eintrat; dem Landtag aber seien »die Gründe (...) zur Zustimmung anzuzeigen«.[44] Ludwig und seine Minister verbanden mit dieser neuen Verfassungsvorschrift ein bestimmtes Verfahren. Zunächst sollte der Regent durch eine einseitige Erklärung die Thronerledigung und damit zugleich die Thronfolge feststellen. Zugleich erteilte er dem Gesamtstaatsministerium den Auftrag, die dauernde Regierungsunfähigkeit des Königs dem Landtage »zur Zustimmung anzuzei-

---

[42] BayHStA MInn 74451, Niederschrift der Besprechung vom 22.10.1913.

[43] Von Arnswaldt, Beendigung, S. 888.

[44] Titel II § 21 erhielt den folgenden Absatz 2: »Ist die Reichsverwesung wegen eines körperlichen oder geistigen Gebrechen des Königs, das ihn an der Ausübung der Regierung hindert, eingetreten und besteht nach Ablauf von zehn Jahren keine Aussicht, daß der König regierungsfähig wird, so kann der Regent die Regentschaft für beendigt und den Thron für erledigt erklären. Der Landtag ist unverzüglich einzuberufen; es sind ihm die Gründe, aus denen sich die dauernde Regierungsunfähigkeit ergibt, zur Zustimmung anzuzeigen.« Gesetz- und Verordnungsblatt für das Königreich Bayern 1913 Nr. 56, S. 757f. Zu den Landtagsberatungen Albrecht, Landtag, S. 55ff.

Thronbesteigung Königs Ludwig III von Bayern.

Feierliche Auffahrt zur Residenz, wo der König den Eid auf die Verfassung leistete.

Die Thronbesteigung Ludwigs III. am 5. November 1913.

gen«. Die eng an den Verfassungstext angelehnte Erklärung Ludwigs über die Thronerledigung erfolgte am 5. November 1913.[45] An demselben Tage, aber mit einer ausführlicheren Proklamation, gab Ludwig bekannt, er habe »als König die Regierung des Landes angetreten und von den Uns nach Gottes Gnade zukommenden Königlichen Rechten vollen Besitz ergriffen«.[46] Erst danach, am 6. und 7. November, haben die Kammern der Abgeordneten und der Reichsräte ohne Beratung der »Anzeige« der Regierung zugestimmt. So hatten sich die Liberalen das Verfahren nicht vorgestellt, von den Sozialdemokraten, die öffentlich protestierten, ganz zu schweigen.[47]

[45] Gesetz- und Verordnungsblatt 1913 Nr. 57, S. 760.
[46] Gesetz- und Verordnungsblatt 1913 Nr. 58, S. 761–764.
[47] Von Arnswaldt, Beendigung, S. 890f.

Die neu eingeführte Verfassungsvorschrift lehnte sich zwar an Titel II § 11 der Verfassungsurkunde an. Während dort aber ausdrücklich von der erforderlichen »Zustimmung der Stände« die Rede war und das Wort »anzuzeigen« sich nur auf die Verhinderungsursachen bezog, ließ sich eine Anzeige zwecks Zustimmung, wie nun in Titel II § 21 Absatz 2 geregelt, auch anders deuten. Eine bloße »Anzeige« hat schon in der Rechtssprache jener Jahre nicht ohne Weiteres eine Genehmigungspflicht zur Folge. Eine Anzeige »zur Zustimmung« freilich konnte in diesem Sinne verstanden werden, wenn sie nicht eine bloße Akklamation mit Huldigungscharakter bleiben sollte. Das letztere war von Vertretern einer strikt »legitimistischen« Position gewiss auch gewollt, aus parlamentarischer Sicht aber nicht akzeptabel. Die Zwiespältigkeit sowohl der neuen Verfassungsnorm wie auch ihrer Anwendung dürfte dem monarchischen Gedanken mehr geschadet als genützt haben.

Das rechts- und verfassungspolitische Denken Ludwigs als Prinz und König

Mehrere große Studien über Ludwigs rechtspolitische Stellungnahmen zu ganz unterschiedlichen Fragen gewähren uns Einblick in die Gedankenwelt des noch jüngeren Prinzen und des schon gealterten Monarchen. Als Prinz gehörte er fast ein halbes Jahrhundert dem Reichsrat an und profilierte sich dort als das aktivste Mitglied des Königshauses.[48] Als König wollte er im Ersten Weltkrieg die sich scheinbar bietenden Chancen, den Einflussbereich seines Hauses zu vergrößern, nutzen.[49] Der Verlauf dieses Krieges konfrontierte ihn indessen nicht nur mit der Notlage besonders der städtischen Bevölkerung Bayerns, sondern auch mit Forderungen, Verfassungsreformen in Angriff zu nehmen.[50] Die Summe dieser Eindrücke fügt sich zu dem widersprüchlichen Bild eines Monarchen, der einerseits technischen Entwicklungen und sozialen Fragen aufgeschlossen gegenüberstand, andererseits dynastischen Denkmustern verhaftet blieb.

Weniger am Militärischen als an gesellschaftlichen Entwicklungen interessiert, wollte sich Prinz Ludwig den großen politischen Alternativen und Parteiungen nicht entziehen. Er stand dem Zentrum nahe, mit dessen führenden Vertretern in Bayern, Graf Hertling vor allem, er vertrauten Umgang pflegte[51] und kandidierte 1871 sogar – erfolglos – für den Reichstag.[52] Der »Hoffnungsträger

---

[48]   Löffler, Reichsräte, S. 573, 622.
[49]   Karl-Heinz Janßen: Macht und Verblendung. Kriegszielpolitik der deutschen Bundesstaaten 1914/18, Göttingen 1963, S. 21ff.
[50]   Albrecht, Landtag, passim; März, Wittelsbach im Ersten Weltkrieg, S. 62ff., 199ff. und passim.
[51]   Löffler, Reichsräte, S. 150, 176, 218.
[52]   Beckenbauer, Ludwig III., S 92; Löffler, Reichsräte, S. 150.

einer konservativen Politik«[53] war vor allem am Schutz der Landwirtschaft, weniger an Industrie und Gewerbe, interessiert,[54] unterstützte daher einen Gesetzentwurf gegen »Güterzertrümmerung«,[55] trat aber trotz des Eingriffs in die Landschaft auch für den Bau des Walchenseekraftwerkes und überhaupt für die Nutzung der Wasserkraft ein.[56] Ein besonderes Anliegen war ihm der Bau des Rhein-Main-Donaukanals.[57] Immer wieder engagierte er sich zu sozialpolitischen Themen, so für die steuerliche Entlastung mittlerer und kleinerer Einkommen,[58] für die Unterstützung kinderreicher Familien,[59] für höhere Löhne der Tagelöhner in Staatsbetrieben,[60] für eine Arbeitslosenversicherung und staatliche Tarifpolitik.[61] Mehrfach gehörte er dabei im Reichsrat zu einer Minderheit, die sich gegen eine hochkonservative Mehrheit dieses aristokratisch geprägten Gremiums nicht durchsetzen konnte. Die Nahrungsmittelknappheit im Kriege veranlasste den König und Angehörige seiner Familie sowohl zu finanziellen Aufwendungen wie auch exemplarischen Gesten, ohne freilich dadurch die Notlage der Bevölkerung nachhaltig lindern zu können.[62] Mit Rücksicht auf das auch sonst erkennbare sozialpolitische Verständnis wird man diese Aktionen nicht als bloße »Symbolpolitik« abtun dürfen. Auch in Verfassungsfragen erkannte Ludwig – im Rahmen des konstitutionellen Systems – notwendigen Modernisierungsbedarf. Er unterstützte die 1906 in Kraft getretene Reform des Landtagswahlrechts mit der Einführung des allgemeinen, gleichen, direkten, geheimen Wahlrechts[63] und hielt im Kriege eine – gescheiterte – berufsständische Reform der Kammer der Reichsräte für richtig, in die er auch Vertreter der Arbeiterschaft aufnehmen wollte.[64] Ludwigs Einsicht in die Konsequenzen des tiefgreifenden gesellschaftlichen Wandels seit der Mitte des 19. Jahrhunderts und seiner Beschleunigung durch den großen Krieg war

---

[53] Löffler, Reichsräte, S. 174.

[54] Ebd., S. 253f.

[55] Ebd., S. 297 Anm. 154.

[56] Ebd., S. 327, 332.

[57] Beckenbauer, Ludwig III., S. 72ff.

[58] Löffler, Reichsräte, S. 253.

[59] Ebd., S. 258.

[60] Ebd., S. 360. Ein Streikrecht der Arbeiter in Staatsbetrieben lehnte er jedoch ab, ebd., S. 364.

[61] Löffler, Reichsräte, S. 374, 382f. Zu den sozialpolitischen Vorstellungen Ludwigs vgl. a. Beckenbauer, Ludwig III., S. 58f., 60ff.

[62] März, Wittelsbach im Ersten Weltkrieg, S. 199ff.

[63] Das Wahlrecht der Männer, wie damals noch überall in Europa, Löffler, Reichsräte, S. 487ff., 493ff.

[64] Albrecht, Landtag, S. 271f., 278, 341; Löffler, Reichsräte, S. 521. Doch wollte sich der König das Recht vorbehalten, aus einem Dreiervorschlag den ihm geeignet erscheinenden Kandidaten auszuwählen.

Der gekrönte König Ludwig III., 1914.

jedoch begrenzt. Als im Schatten der militärischen Niederlage der Übergang zum parlamentarischen Regierungssystem zu regeln war, sah die bayerische Verfassungsänderung vor, dass in Zukunft alle Minister nicht nur vom Vertrauen des Königs, sondern auch von dem des Landtags getragen sein müssten.[65] Ludwig dachte also auch jetzt noch nicht daran, sich auf die repräsentativen Aufgaben eines monarchischen Staatsoberhauptes zu beschränken. Er hätte mit dem Erfordernis eines doppelten Vertrauens ein Mitentscheidungsrecht über die Zusammensetzung des Ministerrats behalten – wie es altkonstitutionellem Denken entsprach.[66]

Ein bis dahin unbekannter Ludwig hatte sich zu Wort gemeldet, nachdem bayerische Heere im August 1914 zunächst erfolgreich in Frankreich vorgedrungen waren. Schon vierzehn Tage nach dem Ausbruch des Ersten Weltkrieges, als noch ein wiederum rascher Sieg über Frankreich – wie 1870/71 – zu erhoffen war, vermochte der König anlässlich des Antrittsbesuchs des preußischen Botschafters seinen Gefühlen keinen Zwang anzutun: So wie 1871, als es keinerlei Lohn für seine Waffentaten erhalten habe, dürfe sich Bayern nicht wieder behandeln lassen. Das Reichsland Elsaß-Lothringen sei – unter den süddeutschen Bundesfürsten – aufzuteilen und Belgien mit der Rheinmündung dem Reich einzuverleiben.[67] So gewiss diese emotionale Äußerung der besonderen Situation des Augenblicks entsprungen sein mag, so wenig entsprach sie einer nur zufälligen Laune des Monarchen. Bald träumte er vom Erwerb des ganzen Elsaß. Die Annexion Belgiens, wenn nicht anders, dann durch Bayern, schien ihm notwendig, um den Weg zu dem Bayern nächstgelegenen Nordseehafen Antwerpen unter deutsche Kontrolle zu bringen.[68] Kontroverse Diskussionen unter den gekrönten Häuptern des Reiches und ihren Politikern über deutsche Annexionen setzten sich in den folgenden Kriegsjahren fort.[69] Ludwig III. hat dabei früh, aber keineswegs als einziger seiner Standesgenossen, seine Stimme erhoben. Verbreitet war die Überzeugung, es müsse eine Kompensation für die in diesem »aufgezwungenen« Kriege erbrachten Opfer geben. Den bayerischen König motivierten aber zweifellos auch dynastische Erinnerungen an die in der Vergangenheit viele Jahrhunderte währende Präsenz der Wittelsbacher am Rhein. In diesen Vorstellungen blieb er während des ganzen Ersten Weltkrieges befangen – auch ein Indiz für die geringe Wandlungsfähigkeit der Monarchie im Deutschen Reich.

---

[65] Albrecht, Landtag, S. 283f.
[66] Willoweit, Verfassungsgeschichte, § 31 Rd.Nr. 13.
[67] Janßen, Macht und Verblendung, S. 21.
[68] Ebd., S. 26ff.
[69] Ebd., S. 30ff. und passim.

Literatur

Albrecht, Willy: Landtag und Regierung in Bayern am Vorabend der Revolution von 1918, Berlin 1968.

Arnswaldt, Verena von: Die Beendigung der Regentschaft in Bayern 1912/13, in: ZblG 30 (1967), S. 859–893.

Beckenbauer, Alfons: Ludwig III. von Bayern 1845–1921. Ein König auf der Suche nach seinem Volk, Regensburg 1987.

Bloch, Eduard: Zur bayerischen Königfrage, in: Juristische Wochenschrift 1913, S. 233–236, 901–909, 970–971.

Janßen, Karl Heinz: Macht und Verblendung. Kriegszielpolitik der deutschen Bundesstaaten 1914/18, Göttingen 1963.

Löffler, Bernhard: Die bayerische Kammer der Reichsräte 1848 bis 1918, München 1996.

März, Stefan: Das Haus Wittelsbach im Ersten Weltkrieg. Chance und Zusammenbruch monarchischer Herrschaft, Regensburg 2013.

Menner, Klaus: Zur bayerischen Königsfrage, in: Juristische Wochenschrift 1913, S. 534–539, 966–971.

Meyer, Georg: Lehrbuch des Deutschen Staatsrechts, 7. Aufl. bearb. von Gerhard Anschütz, 1919, unveränd. Nachdr., Berlin 2005, mit einer Einleitung von Ernst-Wolfgang Böckenförde.

Seydel, Max von: Bayerisches Staatsrecht. Auf der Grundlage der 2. Aufl. neu bearbeitet von Josef von Graßmann und Robert Piloty. 1. Bd.: Die Staatsverfassung, bearb. von Robert Piloty, Tübingen 1913.

Wassermann, Rudolf: Zur bayerischen Königsfrage, in: Juristische Wochenschrift 1913, S. 353–355.

Dietmar Willoweit, Jahrgang 1936, studierte Jura an den Universitäten Freiburg und Heidelberg, wo er sich 1971 mit einer Untersuchung über die Rechtsgrundlagen der Territorialgewalt habilitierte. 1974 nahm Willoweit einen Ruf auf einen Lehrstuhl an der Freien Universität Berlin an, 1979 wechselte er an die Universität Tübingen. Von 1984 bis zu seiner Emeritierung 2004 war Willoweit Inhaber des Lehrstuhls für Deutsche Rechtsgeschichte, Bürgerliches Recht und Kirchenrecht an der Universität Würzburg. Danach nahm er von 2006 bis 2010 fünf Jahre das Amt des Präsidenten der Bayerischen Akademie der Wissenschaften wahr.

Dirk Götschmann

Königreich im Umbruch

Wirtschaftspolitik und wirtschaftliche Entwicklung Bayerns
in der Regierungszeit Ludwigs III.

Ludwigs wirtschaftspolitischer Standort

In den langen Jahrzehnten, die Ludwig warten musste, bis er den Thron
besteigen konnte, haben sich die wirtschaftlichen und gesellschaftlichen
Strukturen Bayerns tief greifend gewandelt. Zum Zeitpunkt seiner Geburt
im Jahr 1845 war Bayern noch ein Staat, der sich zum weitaus größten Teil
aus dem Agrarbereich finanzierte, in dem zwei Drittel seiner Bevölkerung
ihren Lebensunterhalt fanden. Bis 1912 aber wuchsen die Staatseinnahmen
um etwa das Zehnfache, und dieser Zuwachs wurde ausschließlich in den
Bereichen Gewerbe, Industrie, Handel und Verkehr generiert, auch wenn
noch immer etwa 40 Prozent der Bevölkerung von der Land- und Forstwirtschaft lebten.[1]

In diesen Zahlen spiegelt sich der Industrialisierungsprozess wider, der
nicht nur die Wirtschaft, sondern auch Staat und Gesellschaft revolutioniert
hat. Ludwig hat diese Entwicklung sehr aufmerksam verfolgt, sich intensiv
mit Wirtschaft und Technik beschäftigt und selbst einen modernen landwirtschaftlichen Betrieb geführt. In die Politik hat er sich deshalb vorzugsweise
dann eingeschaltet, wenn es um wirtschaftliche Fragen ging. Das tat er zum
einen in direktem Kontakt mit Persönlichkeiten, die wichtige Positionen in
Wirtschaft und Politik innehatten, zum anderen durch die Einflussnahme auf
Entscheidungen des Landtags und der Regierung. Dazu bot ihm seine Mit-
gliedschaft in der Kammer der Reichsräte eine gute Möglichkeit.[2] Auf der
Grundlage seines dortigen Engagements lässt sich auch sein wirtschaftspoliti-
scher Standort recht gut bestimmen.

---

[1]   Zur wirtschaftlichen Entwicklung Bayerns in der Prinzregentenzeit siehe Dirk
      Götschmann: Unerwünschter Fortschritt? Bayerns Wirtschaft auf dem Weg in die
      Moderne, in: Ulrike Leutheusser und Hermann Rumschöttel (Hrsg.): Prinzregent
      Luitpold von Bayern. Ein Wittelsbacher zwischen Tradition und Moderne, Mün-
      chen 2012, S. 73–92.

[2]   Für beide Formen des politischen Engagements finden sich zahlreiche Hinweise bei
      Bernhard Löffler: Die bayerische Kammer der Reichsräte 1848–1918, Grundla-
      gen, Zusammensetzung, Politik (Schriftenreihe zur bayerischen Landesgeschichte,
      Bd. 108), München 1996.

Grundsätzlich unterstützte Ludwig demnach die Politik des bayerischen Zentrums. Dessen besondere Fürsorge galt dem bäuerlichen Mittelstand, dem die Staatsführung staatstragende Bedeutung beimaß, und damit der Landwirtschaft. Dies schlug sich in einem breiten Spektrum von politischen Maßnahmen in allen Bereichen nieder, deren gemeinsamer Nenner darin bestand, dass sie diesem Wirtschaftsbereich und dieser Bevölkerungsschicht zugutekamen. Dass sich Ludwig den Landwirten besonders verbunden fühlte, demonstrierte er auch dadurch, dass er über viele Jahre als Ehrenpräsident des Landwirtschaftlichen Vereins fungierte, der ohnehin auf das Engste mit dem Regierungs- und Verwaltungsapparat verflochten war.[3]

Während das mittelständisch geprägte Handwerk und Gewerbe gleichfalls auf Unterstützung des Zentrums zählen konnte, galt die Industrie vielen Konservativen und damit auch großen Teilen der Staatsführung bestenfalls als ein notwendiges Übel. Ludwig hingegen war sich dank seiner gründlichen nationalökonomischen Kenntnisse der großen Bedeutung der Industrie vollkommen bewusst und stand ihr weit aufgeschlossener gegenüber. Er hielt engen Kontakt zu herausragenden Persönlichkeiten dieses Wirtschaftssektors und war über die aktuellen Entwicklungen bestens informiert.[4] Man kann deshalb davon ausgehen, dass er die Erwartungen, welche die Industriellen dem Staat gegenüber hegten, grundsätzlich akzeptierte. Diese umschrieb Adolf von Auer, einer der wichtigsten Unternehmerpersönlichkeiten und engerer Vertrauten des Prinzregenten, wie folgt: »Mit Gesetzen und Paragraphen macht man keine Geschäfte, man kann sie schädigen, der Verkehr und die Industrie werden aber (…) die Wege finden, die notwendig sind zu ihrer Entwicklung.« Der Staat sollte sich demnach aus der Wirtschaft möglichst heraushalten, sie den Selbstreinigungskräften des freien Marktes überlassen und sie vor allem nicht durch zu hohe Steuern, restriktive Finanzsysteme, Aktien- und Börsengesetze oder protektionistische Bestrebungen hemmen.[5]

Aber bei allem Verständnis für die Anliegen der Industrie war Ludwig nicht bereit, die Unternehmer aus ihrer gesamtgesellschaftlichen Verantwortung zu entlassen. So stand er auf der Seite des Zentrums, als dieses 1909 forderte, »bei der Besteuerung das Augenmerk mehr auf die Erhaltung eines lebensfähigen Mittelstandes zu richten« und »die Ansammlung von großen Reichtümern in den wenigen Händen« zu erschweren.[6] Und wie dieses trat er »für eine starke steuerliche Heranziehung der industriellen Großverdiener bei gleichzeitiger

---

3   Löffler, Kammer der Reichsräte, S. 298ff.
4   Ebd., S. 186ff.
5   Ebd., S. 189.
6   Ebd., S. 252.

Entlastung der geplagten bayerischen Bauern ein.«[7] In diesem Zusammenhang
ist auch Ludwigs Einsatz für die steuerliche Entlastung von Familien mit Kindern zu sehen. Eine solche wurde von Repräsentanten der Wirtschaft abgelehnt, da die Gefahr bestehe, dass so »mehr Kinder in höhere Schulen drängten und damit eine Art revolutionäres Bildungsproletariat entstehe.« Ludwig
dagegen war der Auffassung, »daß kinderreiche Familien unterstützt werden
müßten, da sie das wichtigste Potential eines Volkes darstellten«.[8]

Auch in Fragen der Lohnpolitik hat sich Ludwig nicht die Ansichten der
Industrie-Lobby zu Eigen gemacht. Das zeigte sich beispielsweise, als 1907 die
große Mehrheit der Reichsräte eine Erhöhung der Löhne in Staatsbetrieben
mit dem Argument ablehnte, dass dies die Unternehmen zwänge, ebenfalls die
Löhne zu erhöhen. Das aber hätte zur Folge, »daß sie in manchen Zweigen
nicht mehr lebensfähig wären und den Betrieb einschränken, wenn nicht ganz
schließen müßten. Die weitere Folge dessen wäre dann, daß eine Masse von
Arbeitern arbeitslos und statt der beabsichtigten Verbesserung eine Verschlechterung der wirtschaftlichen Verhältnisse eintreten würde.« Ludwig hielt diese
Begründung für nicht stichhaltig und setzte sich für die Lohnerhöhung ein.[9]
Und auch die Drohung, dass Unternehmer bei höherer Besteuerung ihre Aktivitäten ins Ausland verlagern würden, verfing bei ihm nicht; er unterstützte die
vom Zentrum geforderte Progression bei der Einkommensteuer. Andererseits
aber wollte er die Industrie durchaus fördern. Dazu bedürfe es jedoch nicht
niedriger Steuern, vielmehr müsse man den Ausbau der Wasserstraßen und eine
bessere Nutzung der Wasserkräfte vorantreiben sowie die Gewerbesteuer- und
Umlagengesetzgebung reformieren. Zu bedenken sei aber, so Ludwig, dass die
Landwirtschaft, vor allem die »großen Landwirte, zumal soweit sie Waldbesitzer sind« – zu diesem Kreis zählte pikanterweise er selbst –, noch bedürftiger
sei als die Industrie.[10]

Mit »Wasserstraßenbau« und »Elektrifizierung« hatte Ludwig jene zwei Themen benannt, die ihm selbst am wichtigsten schienen. Und damit lag er voll im
Trend seiner Zeit, beruhte doch der rasante wirtschaftliche Aufschwung, den
große Teile der Welt damals erlebten, auf zwei Säulen: Eine war die Elektrotechnik, die Anfang der 1880er-Jahre die zweite Welle der Industrialisierung
ausgelöst hatte, die andere der Ausbau eines modernen, weltweiten Verkehrsnetzes, in dem die Schifffahrt eine Schlüsselrolle einnahm. Die Zukunft jeder
Volkswirtschaft hing somit maßgeblich davon ab, ob sie künftig über Strom in

---

7   Ebd.
8   Ebd., S. 258.
9   Vgl. ebd., S. 359f.
10   Ebd., 259f.

Das »Mustergut« Leutstetten am Starnberger See, das Ludwig, langjähriger Ehrenpräsident des Landwirtschaftlichen Vereins, mit fortschrittlichen Methoden betrieb.

ausreichender Menge und zu konkurrenzfähigen Konditionen sowie über leistungsfähige Anschlüsse an die internationalen Wasserwege verfügte. Da Strom in großem Maße in Wärmekraftwerken erzeugt wurde, die hauptsächlich mit Kohlen betrieben wurden, bestand für das kohlearme Bayern zwischen diesen beiden Erfordernissen zudem ein enger Zusammenhang.

Dieses Engagement verschaffte Ludwig in den Kreisen der Wirtschaft große Zustimmung und Unterstützung. Beispielhaft belegt dies das Lob, das der Vorsitzende der Handelskammer Würzburg dem König anlässlich der Einweihung eines neuen Verwaltungsgebäudes am 27. April 1914 spendete: »Seit vielen Jahren wirkt unser König fördernd und anregend auf Verbesserung des Verkehrs, insbesondere auf den Ausbau der Wasserstraßen. Großzügige Projekte, welche darauf hingehen, unser engeres Vaterland durch die Groß-Schiffahrt den großen Strömen Rhein und Weser anzuschließen und damit dem Weltmeer näherzubringen, sind es, welche von ihm propagiert werden. Mit scharfem Blick, weitausschauend, erkennt Se. Majestät, daß es für die industrielle Entwicklung unseres Landes unbedingt notwendig ist, den Bezug der Rohstoffe zu verbilligen und daß dies nur auf dem Wasserwege geschehen kann, daß aber auch unserem Handel durch lebhaften Wasserverkehr neben dem der Eisenbahn neue Anregung, neue Belebung gegeben werden kann und daß Landwirtschaft und Gewerbe ebenfalls Vorteile daraus ziehen werden.« [11]

Dieses Lob war allerdings verfrüht, denn tatsächlich war es noch nicht gelungen, die Interessensgegensätze zu überwinden, welche eine Realisierung der wichtigsten Projekte, nämlich den Bau einer Großschifffahrtstraße, die von Aschaffenburg bis Passau führen sollte, eines Pumpspeicherkraftwerkes am Walchensee und den Aufbau einer landesweiten Stromversorgung, über Jahre hin verhinderten. Diese Gegensätze waren allerdings auch sehr tief greifend. Zwar hatte man mit dem Wassergesetz von 1905 eine Grundlage dafür geschaffen, dass die Wasserkraft im Interesse der Allgemeinheit genutzt werden konnte, aber wie diese Nutzung konkret erfolgen sollte, war nach wie vor heftig umstritten. Und dies nicht nur zwischen Staat, Wirtschaft und Kommunen, sondern auch innerhalb der Staatsregierung. Da eine Darstellung dieser komplexen Materie den Rahmen der vorliegenden Darstellung sprengen würde, sei hier nur auf einige grundlegende Probleme verwiesen. [12] So auf den Umstand, dass zwischen dem Aufbau einer landesweiten Stromversorgung und dem Bau der Schifffahrtsstraße ein enger Zusammenhang bestand. Letzterer sollte aus den Einnahmen finanziert werden, die man beim Verkauf von Strom aus den Wasserkraftwerken erzielte, die einen großen Teil der Stromversorgung des Landes übernehmen sollten. Gleichzeitig sollte die neue Wasserstraße vor allem die Zufuhr von Kohle verbilligen, wodurch damit betriebene Wärmekraftwerke zu einer gefährlichen Konkurrenz der Wasserkraftwerke werden konnten. Die Kohle war zudem das wichtigste Frachtgut der Staatseisenbahn, deren ohnehin unzureichende Auslastung nach Fertigstellung der Wasserstraße somit weiter sinken musste. Die beabsichtigte Elektrifizierung der Eisenbahn aber, von der tatsächlich erhebliche wirtschaftliche Vorteile zu erwarten waren, konnte aus Rücksicht auf militärische Bedürfnisse nicht im zunächst geplanten Umfang realisiert werden.

Mit Ausbruch des Krieges wurde die Realisierung dieser Projekte zurückgestellt, denn man rechnete allgemein damit, diesen rasch und selbstverständlich siegreich beenden zu können. Tatsächlich aber hat dieser Krieg nicht nur die Umsetzung dieser Vorhaben verhindert, sondern vielmehr einen großen Teil der Fortschritte, die man in Bayern in den zurückliegenden Jahren und Jahrzehnten auf wirtschaftlichem Gebiet erzielt hatte, zunichte gemacht. Er bewirkte damit auch einen drastischen Rückgang des Lebensstandards großer

---

[11] Festschrift zur Eröffnung des neuen Handelskammergebäudes Würzburg, Würzburg 1914, S. 12.

[12] Eine ausführliche Darstellung der einschlägigen politischen Entscheidungsfindungsprozesse bietet Löffler, Kammer der Reichsräte.

Teile der Bevölkerung, der so weit ging, dass sich viele Menschen nicht einmal mehr ausreichend ernähren konnten. Diese Entwicklung beschränkte sich zwar keineswegs auf Bayern, hatte hier jedoch einen besonderen Effekt. Denn viele Menschen sahen die Ursache ihrer Misere im Versagen der bayerischen Staatsführung, die Interessen Bayerns gegenüber anderen Teilen des Reiches, insbesondere Preußen, zu wahren. Die Folge davon war ein starker Autoritätsverlust nicht nur der Staatsregierung, sondern auch und vor allem der Monarchie. Parallel dazu nahmen »Preußenfeindlichkeit« und Separatismus zu, immer mehr Menschen lehnten das Reich ab, solange dieses von Preußen dominiert wurde. Damit ist der Entwicklung der wirtschaftlichen Verhältnisse während des Krieges ein ganz besonderes Gewicht beizumessen, zumal diese auch jene der Nachkriegszeit nachhaltig geprägt haben.

Bayerns Wirtschaft am Vorabend des Ersten Weltkrieges

In den Jahrzehnten vor dem Krieg hatte sich die Wirtschaft in Bayern sehr dynamisch entwickelt. Das erlaubte eine massive Subventionierung der Landwirtschaft, die man damit rechtfertigte, dass man sich im Kriegsfall ohne Lebensmittelimporte ernähren können müsse.[13] Tatsächlich aber konnte die einheimische Landwirtschaft den Lebensmittelbedarf immer weniger decken, zumal die Ansprüche der Verbraucher stiegen, was sich vor allem in einem verstärkten Fleischkonsum niederschlug. Die Zölle auf Lebensmittel, welche die Landwirtschaft schützen sollten, stellten so de facto vor allem eine wichtige Einnahmequelle des Reiches dar, das diese nicht zuletzt zur Aufrüstung nutzte. Die Zeche aber zahlten die Verbraucher, deren Lebenshaltungskosten dadurch signifikant stiegen.[14] Im Notfall, so behaupteten landwirtschaftliche Sachverständige trotzdem, könne man durch Steigerung der Erträge, vor allem aber durch Änderung der Ernährungsgewohnheiten, dennoch autark überleben.[15]

Wie das Reich, so deckte auch Bayern einen beträchtlichen Teil seines Nahrungsmittelbedarfs durch Einfuhren. Selbst an Getreide führte man deutlich mehr ein als aus, und rund die Hälfte des Kraftfutters, das bayerische Landwirte verfütterten, bezogen sie von auswärts. Einen Exportüberschuss hatte Bayern vor allem an Milchprodukten, an Rindern und an Schafen; Schweine dagegen

---

[13]   Zu dieser Politik und den Auseinandersetzungen darüber siehe Manfred Günther Plachetka: Die Getreide-Autarkiepolitik Bismarcks und seiner Nachfolger im Reichskanzleramt. Darstellung und Auswirkungen insbesondere während des ersten Weltkrieges, Diss., Bonn 1969.

[14]   Arnulf Huegel: Kriegsernährungswirtschaft Deutschlands während des Ersten und Zweiten Weltkrieges im Vergleich, Konstanz 2003, S. 27–30.

[15]   Huegel, Kriegsernährungswirtschaft Deutschlands, S. 47–49.

wurden in großer Zahl importiert.[16] Eine der Ursachen für das Zurückfallen
der landwirtschaftlichen Produktion hinter den Bedarf der wachsenden Bevölkerung war die sehr schleppend verlaufende Modernisierung der bayerischen
Landwirtschaft. Der größte Teil der Höfe verfügte über so kleine Betriebsflä-
chen, dass eine rationale Bewirtschaftung kaum möglich war und die Produktion trotz vieler Verbesserungen nur mäßig zunahm. Beim Roggen, dem am
meisten angebauten Getreide, erzielte man 1871/80 einen durchschnittlichen
Hektarertrag von 11,5 Doppelzentnern, bis 1900/1910 steigerte man diesen auf
15,9. Bei den anderen Getreidesorten bewegte sich der Zuwachs in ähnlicher
Größenordnung. Nur bei Kartoffeln war er größer, hier lag der Hektarertrag
1871/80 bei 86, 1901/10 aber bei 124 Doppelzentnern.[17] Auch beim Viehbe-
stand ist eine Zunahme zu verzeichnen. So nahmen zwischen 1873 und 1912
die Rinder von ca. 3,07 auf 3,56 Millionen und die Schweine von 0,87 auf 1,81
Millionen zu. Da gleichzeitig aber auch die Bevölkerung wuchs, verringerte
sich bei den Rindern der Bestand in Relation zur Bevölkerung sogar, und zwar
von 1000 Menschen zu 623 Tieren im Jahr 1873 auf noch 521 im Jahr 1912.
Nur bei Schweinen entfielen 1912 mehr Tiere pro Kopf der Bevölkerung; 1873
kamen auf 1000 Menschen 178 Tiere, 1912 aber 296.[18]

Anders als die Landwirtschaft haben sich die Bereiche Gewerbe und Industrie,
Handel und Verkehr in Bayern in den Jahrzehnten vor dem Krieg sehr expan-
siv entwickelt. Von der Zahl der Beschäftigten her rangierten noch 1906 die
traditionellen Gewerbezweige mit Abstand an der Spitze: Mit fast 200 000
Beschäftigten nahm das Handelsgewerbe die erste Position ein, es folgten das
Bekleidungsgewerbe mit fast 165 000, das Baugewerbe mit 149 000 und die Industrie der Nahrungs- und Genussmittel mit über 130 000. Mehr als 101 000
Menschen arbeiteten im Gastgewerbe, 98 000 in der Industrie der Holz- und
Schnitzstoffe, 97 000 in jener der Steine und Erden. Immerhin schon fast
90 000 Beschäftigte aber zählte der Maschinenbau und knapp 87 000 die
Metallverarbeitung. Noch immer stark war auch die Textilindustrie mit nun
rund 80 000 Beschäftigten. Mit deutlichem Abstand folgte das Verkehrswesen
mit über 24 000 Beschäftigten, die chemische Industrie mit mehr als 23 000,
die Druckindustrie mit annähernd 21 000 sowie die Papierindustrie und die
Sparte Bergbau, Hütten und Salinen mit jeweils um die 20 000 Beschäftigten. Vergleicht man diese Zahlen mit denen von 1895, so sieht man, dass der
prozentual größte Zuwachs mit 83,3 Prozent im Maschinenbau stattgefun-

[16] Dirk Götschmann, Wirtschaftsgeschichte Bayerns. 19. und 20. Jahrhundert,
      Regensburg 2010, S. 247.
[17] Götschmann, Wirtschaftsgeschichte Bayerns, S. 244.
[18] Ebd., S. 247.

»Ausstellungen haben den Zweck, die Entwicklung und den Stand der wirtschaftlichen Tätigkeit zu zeigen und zu einem gesunden Wetteifer anzuspornen.« (Georg von Schuh, Erster Bürgermeister der Stadt Nürnberg, über die Bayerische Jubiläums-Landes-Ausstellung 1906).

den hat. Auch bei manchen der größeren Branchen war der Zuwachs beachtlich, besonders beim Handelsgewerbe mit 52,2 Prozent und beim Baugewerbe mit 38,9 Prozent; in der Industrie der Nahrungs- und Genussmittel waren es 25,7 Prozent. Das Bekleidungsgewerbe dagegen wuchs nur noch um 8,9 Prozent. Bei den kleineren Branchen gab es einige mit starken Zuwachsraten, so beim Verkehrsgewerbe (71,7 Prozent), Druckgewerbe (62,5 Prozent), bei Bergbau, Hütten und Salinen (60,7 Prozent), Papierindustrie (41,7 Prozent), Industrie der Steine und Erden (37,1 Prozent), Metallverarbeitung (32,5 Prozent) und der Chemischen Industrie (26,7 Prozent). Aber auch die Gastwirtschaften legten um 37,6 Prozent zu.

Typisch für Bayerns Industrie und Gewerbe war die Dominanz von Kleinbetrieben und damit auch von Selbstständigen. Aber auch hier ist eine deutliche Verschiebung in Richtung von Mittel- und Großbetrieben mit der damit verbundenen Zunahme von abhängig Beschäftigten zu beobachten. Waren 1895 noch 19 Prozent der in Industrie und Gewerbe Beschäftigten in »Al-

leinbetrieben« tätig, so waren es 1907 nur
noch 10,7 Prozent. Dagegen wuchs der Prozentsatz der in Betrieben mit mehr als 200
Beschäftigten von 10,8 auf 15,7 Prozent und
der in Betrieben mit 51 bis 200 Beschäftigten von 11,1 auf 13,2 Prozent.[19] Die Zahl
der Alleinbetriebe verringerte sich im gleichen Zeitraum von 190 257 auf 145 225,
während die der Betriebe mit mehr als 200
Beschäftigten von 243 auf 467 und die mit
51 bis 200 Beschäftigten von 1197 auf 2006
anstieg. Der Prozentsatz der Selbstständigen
im Bereich von Gewerbe und Industrie verringerte sich gleichzeitig von 29,4 auf 21,7
Prozent.[20] Diese Verschiebung zu Mittel-
und Großbetrieben verlief in Bayern jedoch
weniger dynamisch als auf Reichsebene.

In Ermangelung von verlässlichen Angaben zur Wertschöpfung in den einzelnen Wirtschaftsbereichen muss man auf
die Steuereinnahmen zurückgreifen, um
deren volkswirtschaftlichen Stellenwert zu
bestimmen. Eine solche Analyse, beruhend

Postkarte zur Gewerbeschau 1912.

auf den Einnahmen von 1912, nahm der Leiter des statistischen Büros vor:
»Hauptträger der Steuerkraft sind – im Gegensatz zu früher nicht mehr die
Landwirtschaft, vielmehr – die städtischen und gewerblichen Berufe. Leisten
die mit diesen Berufen stark besetzten Regierungsbezirke Oberbayern, Mit-
telfranken und Pfalz – dieselben Regierungsbezirke, welche übrigens fast die
Hälfte der Eisenbahneinnahmen liefern – zu den gesamten Steuereinnahmen
des Jahres 1912 doch nicht weniger als 2/3 (34,28 + 17,12 + 12,42 = 63,82 %).
In den anderen Regierungsbezirken ist der Anteil erheblich geringer. Oberpfalz
trägt nur 4,97 %, Niederbayern nur 5,73 %; sie sind rein fiskalisch genommen ziemlich negative Provinzen. München bringt im Jahre 1912 allein fast
1/3 (33 %) der direkten Steuern auf, zusammen mit Nürnberg und Augsburg
leistet es 2/5 (39 %) aller direkten Steuern. Die 12 Städte mit über 50 000 Einwohnern zahlen mehr als die Hälfte aller direkten Staatssteuern. Wie schon
aus diesen Daten erhellt, sind die Hauptträger der direkten Steuern die städtischen und gewerblichen Berufe, die ihr Einkommen aus Gehalt, Lohn, Gewer-

[19] Ebd., S. 167.
[20] Ebd., S. 166.

109

bebetrieben, Kapital usw. weiter beziehen. Und zwar sind es – entsprechend dem sozialen Prinzip der jüngsten Steuerreform – die höheren Einkommen mit über 10 000 M, die größeren gewerblichen Betriebe, die größeren Kapitalien, die obschon ihre Träger an Zahl ziemlich gering sind, die Hauptsteuerlast tragen.«[21]

Die Organisation der Kriegswirtschaft

Nie zuvor wurden Gesellschaft und Wirtschaft derartig vollständig für die Kriegsführung eingespannt, wie es in diesem Krieg geschah. Die gesamte Produktivkraft, soweit sie nicht zur Existenzsicherung unabdingbar war, wurde für die Kriegsführung mobilisiert. Angesichts der Situation, in der sich das Reich im Ersten Weltkrieg befand, gab es dazu auch keine Alternative. Deutschland war nahezu vollständig vom Weltmarkt abgeschnürt, womit seiner Wirtschaft, die in einer starken Abhängigkeit sowohl vom Import wichtiger Rohstoffe wie von den Erlösen stand, die sie durch den Export von Waren und Dienstleistungen erzielte, ein großer Teil ihrer bisherigen Basis fehlte. Die verbliebenen Produktionskapazitäten mussten deshalb umso umfassender für die Versorgung der Streitkräfte mit allem, was für die Kriegsführung notwendig war, genutzt werden.

Sofort nach Verhängung des Kriegszustandes wurde deshalb eine staatliche Planwirtschaft etabliert. Die Grundlage dafür bildete das am 4. August 1914 erlassene »Gesetz über die Ermächtigung des Bundesrates zu wirtschaftlichen Maßnahmen«. Dieses räumte dem Bundesrat die Befugnis ein, eigenmächtig solche Maßnahmen anzuordnen, die zur »Abhilfe wirtschaftlicher Schädigungen« nötig seien.[22] In der Folge wurde eine wahre Flut von Verordnungen erlassen, mit denen eine »staatlich reglementierte Kriegszwangswirtschaft« entstand.[23] Im Verlauf des Krieges entwickelte sich eine vielgliedrige Bürokratie, die sich aus zahlreichen zivilen und militärischen Dienststellen zusammensetzte. Dieser Apparat sollte die gesamte wirtschaftliche Tätigkeit im Reich organisieren und lenken. Die wichtigste dieser Dienststellen war die beim preußischen Kriegsministerium eingerichtete Kriegsrohstoff-Abteilung, deren Leitung Walther Rathenau innehatte.[24]

Ergänzt wurde diese Bürokratie von den »Reichsstellen«, die für die Erfas-

---

[21]   Friedrich Zahn: Bayern in der deutschen Volkswirtschaft vor, in und nach dem Krieg, in: Zeitschrift des K. B. Statistischen Büros 1918, S. 175–198, S. 179.

[22]   Hans Gotthard Ehlert: Die wirtschaftlichen Zentralbehörden des deutschen Reiches 1914 bis 1919 (Beiträge zur Wirtschafts- und Sozialgeschichte Bd. 19), Wiesbaden 1982, S. 34.

[23]   Ebd.

[24]   Ebd., S. 39.

sung und Verteilung von Rohstoffen und bestimmter Güter zuständig waren. Sie setzten sich jeweils aus einer Verwaltungs- und einer Geschäftsabteilung zusammen, wobei letztere in der Regel privatwirtschaftlich, zumeist in Form einer GmbH oder einer AG, organisiert waren. Solche Reichsstellen bewirtschafteten alle Rohstoffe und kriegswichtigen Güter, womit sie de facto die Kontrolle über die gesamte Industrie und das produktive Gewerbe ausübten. Zudem organisierten sie die gesamte Ernährung der Zivilbevölkerung.[25] Im Verlauf des Krieges entwickelten sich diese Reichsstellen zu »staatlich lizensierten Oligopolen«, die sich den Vorwurf gefallen lassen mussten, vor allem die Interessen der Großunternehmen wahrzunehmen.[26]

In dieser zentralistischen Kriegszwangswirtschaft war die gesamte Produktion – von der Zuweisung der Rohstoffe und Arbeitskräfte über die Löhne bis hin zu den Preisen – staatlich reglementiert.[27] Geleitet und kontrolliert wurde sie von Berlin aus von Beamten und Offizieren, von denen die meisten mit den Verhältnissen in Bayern nicht vertraut und die auch kaum gewillt waren, auf bayerische Besonderheiten und Empfindlichkeiten Rücksicht zu nehmen. Das hatte zur Folge, dass sich die Kritik an der Zwangswirtschaft in Bayern sehr rasch mit antipreußischen Ressentiments verband, die mit der Kriegsdauer immer stärker wurden. Denn die Bemühungen sowohl von Seiten der bayerischen Regierung wie von Interessensvertretern der bayerischen Wirtschaft, Bayerns Industrie und Gewerbe einen solchen Anteil an den Rüstungsaufträgen zu verschaffen, wie er dem Anteil Bayerns am Reich entsprochen hätte, waren von nur sehr begrenztem Erfolg.[28]

Die Entwicklung der Landwirtschaft

Die Auswirkungen dieser Kriegszwangswirtschaft waren in den einzelnen Wirtschaftsbereichen sehr unterschiedlich. So schien die Landwirtschaft oberflächlich betrachtet von ihr sogar zu profitieren. Zu diesem Schluss kam jedenfalls die amtliche Statistik, die deren Situation im Frühjahr 1918 folgendermaßen beschrieb: »Die Leistungen der Landwirtschaft erfolgten in der Regel zu befriedigenden Preisen, so daß die Getreide- und Viehwirtschaft sich für die bayerischen Landwirte im Krieg gut rentierte. Die bayerischen Mühlen wurden bei der öffentlichen Bewirtschaftung von Getreide ausreichend berücksichtigt und beschäftigt. Obst und Wein erzielten Preise, wie sie die einschlägigen Er-

---

[25] Ebd., S. 37.
[26] Ebd., S. 45.
[27] Ebd., S. 43.
[28] Dazu siehe Gabriele Sperl: Wirtschaft und Staat in Bayern 1914–1924, Wien 1996, S. 50–57.

zeugungsgebiete Bayerns bisher nicht kannten. Holz fand ebenfalls sowohl als Nutz- wie Brennholz Absatz zu wesentlich höheren Preisen als sonst, so daß auch hier über die Selbstkosten hinaus ein bemerkenswerter Gewinn für die Besitzer der Staats- wie der Privatwaldungen erzielt werden konnte. (...) Dies alles war mit ein Grund, daß auch bei Grundstücksverkäufen ansehnliche Preise erzielt wurden.« Man konstatierte eine deutliche Verbesserung der landwirtschaftlichen Einkommen, was zu einer »gewissen Anreicherung« geführt habe, die viele Landwirte zur Rückzahlung von Hypotheken und Schulden genutzt hätten. Demnach betrug die Summe der Rückzahlungen bei der bayerischen Hypotheken- und Wechselbank 1913 nur 4,8 Millionen, 1917 aber 8,3 Millionen Mark. Bei der Landwirtschaftsbank wurden 1913 Kapitalrückzahlungen in Höhe von circa 3 Millionen Mark getätigt, 1917 aber in Höhe von 5,5 Millionen. Und die Einlagen bei der landwirtschaftlichen Zentraldarlehenskasse seien von einem maximalen Vorkriegsstand in Höhe von 31,6 Millionen auf 151,6 Millionen Mark im Jahr 1916 gewachsen. Allerdings müsse man berücksichtigen, dass es sich bei diesen Einnahmen nicht durchweg um Reingewinne handle; teilweise seien sie Betriebsmittel, die derzeit nicht investiert werden könnten.[29] Dass das Einkommen der landwirtschaftlichen Betriebe tatsächlich zumindest nominell teilweise erheblich zulegte, ist auch daraus zu ersehen, dass das Steuersoll einiger stark argrarisch geprägter Rentamtsbezirke im Jahr 1917 den des Jahres 1912 um bis zu 81 Prozentpunkte übertraf.[30]

Tatsächlich aber hat die Landwirtschaft während des Krieges sehr stark von ihrer Substanz gezehrt. Und dies nicht nur deswegen, weil wegen des Mangels an Mineraldünger, und zwar vor allem an Stickstoffdünger und Düngerphosphaten, die für den Erhalt der Ackerfruchtbarkeit am wichtigsten waren,[31] die Böden ausgelaugt wurden. Hinzu kam, dass wegen der Inanspruchnahme nahezu aller Produktionsmittel für den »Heeresbedarf« kaum neue landwirtschaftliche Geräte und Maschinen produziert wurden und auch deren sachgemäße Instandsetzung und Wartung unterblieb. Selbst der Zustand der Zugtiere verschlechterte sich vielfach erheblich, da auch die Futtermittel der Zwangsbewirtschaftung unterlagen und zu knapp bemessen waren. Kohlen- und Treibstoffmangel erschwerte und verzögerte die Arbeiten zusätzlich; so konnte beispielsweise das Getreide oft erst mit großer Verzögerung ausgedroschen werden, wodurch die Verluste durch Mäusefraß stark zunahmen.

---

[29]   Zahn, Bayern in der deutschen Volkswirtschaft, S. 182f.
[30]   Ebd., S. 186.
[31]   Friedrich Aereboe: Der Einfluss des Krieges auf die landwirtschaftliche Produktion in Deutschland, Berlin/Leipzig 1927, S. 42f.

Die Mechanisierung der Landwirtschaft: Dreschflegel wurden durch Dreschmaschinen ersetzt.

Stark litten die landwirtschaftlichen Betriebe vor allem auch unter der Einziehung aller wehrfähigen Männer, denn dadurch verloren sie ihre qualifiziertesten Arbeitskräfte. Diese Lücke konnte weder durch Gefangene noch durch jene Hilfskräfte geschlossen werden, die nach den Bestimmungen des Gesetzes über den »vaterländischen Hilfsdienst« vom 5.12.1916 auch in der Landwirtschaft zum Einsatz kamen. Sehr unzulänglich geregelt war auch die Beurlaubung von aus dem landwirtschaftlichen Bereich stammenden Soldaten. Sie sollten grundsätzlich die Möglichkeit erhalten, zumindest an der Feldbestellung und an den Erntearbeiten teilnehmen zu können. Aber diese Beurlaubungen erfolgten sehr willkürlich, oft zum falschen Zeitpunkt und für zu kurze Zeiträume und schufen daher keine echte Abhilfe.[32]

Der bereits durch diese Faktoren bedingte Rückgang der landwirtschaftlichen Produktion wurde durch massive Eingriffe von Seiten des Staates weiter verstärkt. In der Absicht, die Versorgung vor allem der städtischen Bevölke-

---

[32] Diese und weitere Probleme der Landwirtschaft kamen häufig in der Abgeordnetenkammer des Bayerischen Landtags zu Sprache. So beispielsweise im Plenum in der 369. Sitzung am 21.11.1917, Stenographische Berichte der Kammer der Abgeordneten, Bd. 16, S. 407–409.

rung mit Grundnahrungsmitteln zu niedrigen Preisen sicherzustellen, ordnete man wiederholt Maßnahmen an, die letztlich den gegenteiligen Effekt hatten. Das zeigte sich schon bei dem kurz nach Kriegsbeginn verfügten Verfütterungsverbot für Brotgetreide, das bald darauf auf Speisekartoffeln ausgeweitet wurde und schließlich zur Anordnung der zwangsweisen Abschlachtung eines großen Teils des Schweinebestandes führte.

Insbesondere die vielfach praktizierte Festsetzung von Höchstpreisen für verschiedene landwirtschaftliche Produkte erwies sich als kontraproduktiv. Denn dadurch ging der Anreiz verloren, den Anbau dieser Produkte zu steigern oder diese überhaupt auf den Markt zu bringen. Das wiederum hatte zur Folge, dass die Reichsstellen, welche die Versorgung der städtischen Bevölkerung mit Nahrungsmitteln sichern sollten, ihre Aufgabe mangels Masse nur sehr unzulänglich erfüllen konnten.[33] Aber erst im Frühjahr 1917 zog man daraus Konsequenzen. Man beschloss nun, das bisherige System von Verboten und Höchstpreisen durch »eine sachgemäße Preisgestaltung für alle Erzeugnisse der Tierhaltung und des Bodens« zu ersetzen.[34] Erkennbare positive Wirkung gezeigt hat aber auch dies nicht.

Der Zustand, in dem sich die Landwirtschaft am Ende des Ersten Weltkrieges befand, wurde von zeitgenössischen Fachleuten sehr kritisch bewertet, wobei man der Zwangswirtschaft vor allem in Hinblick auf die langfristig wirkenden Schäden einen bedeutenden Anteil beimaß. Wegen der Blockade sei man in Deutschland darauf angewiesen gewesen, die eigene Bodenproduktion voll auszuschöpfen: »Diese wäre allerdings bei freier Wirtschaft erheblich weniger geschwächt, als dies bei der Zwangswirtschaft der Fall gewesen ist. Ganz besonders aber hätte sich die deutsche Bodenproduktion nach Beendigung des Krieges, auch eines verlorenen Krieges, viel schneller wieder erholen können, wenn es niemals eine Zwangsbewirtschaftung gegeben hätte.«[35]

Die Indienstnahme der Landwirtschaft für den Zweck der Kriegsführung war somit zwar umfassend, aber nicht effektiv. Vor allem bewirkten die vom Staat ergriffenen Maßnahmen nicht die erforderliche Steigerung der landwirtschaftlichen Produktion, vielmehr haben sie unübersehbar dazu beigetragen, dass diese nicht unerheblich zurückging. Ihr wichtigstes Ziel, die Sicherstellung einer ausreichenden Ernährung der gesamten Bevölkerung, haben sie damit verfehlt. Zudem haben sie die Leistungsfähigkeit der Landwirtschaft derartig reduziert, dass diese mehrere Jahre benötigte, um wieder den Vorkriegsstand zu erreichen. Noch im Jahr 1925 lag in Bayern der durchschnittliche Hektarer-

---

33 Aereboe, Der Einfluss des Krieges, S. 51.
34 Ebd., S. 54.
35 Ebd., S. 106.

trag bei Getreide wie Kartoffeln deutlich hinter dem von 1907 zurück, so etwa beim Winterweizen um –6,5 Prozent, beim Winterroggen um –13,5 Prozent, beim Sommerroggen um –16,7 Prozent, beim Hafer um –34 Prozent und bei den Kartoffeln schließlich um –6,6 Prozent.[36]

Die Entwicklung von Industrie und Gewerbe

Sehr unterschiedlich haben sich dagegen Industrie und Gewerbe unter den Bedingungen des Krieges und der Kriegszwangswirtschaft entwickelt. Hier kann man auch deutlicher zwischen Gewinnern und Verlierern unterscheiden. Anders als dies bei der Landwirtschaft der Fall war, schienen viele gewerbliche Produkte und Dienstleistungen im Krieg entbehrlich. Waren Betriebe, die solche herstellten und anboten, nicht in der Lage, ihre Produktion auf »Heeresbedarf« umzustellen, so konnten sie auf längere Sicht nicht fortbestehen. Denn sie erhielten keine Rohstoffe, zudem wurden ihre Arbeitskräfte abgezogen. Der »Heeresbedarf« war jedoch so umfangreich, dass eine solche Umstellung vielfach auch solchen Betrieben möglich war, die dazu auf den ersten Blick kaum geeignet schienen. In einem Bericht heißt es dazu: »Selbst ein Teil unserer Spielwarenindustrie, die durch Unterbindung der Ausfuhr stark darniederlag, konnte sich auf die Herstellung von Zünder einrichten. Die Hut- und Filzindustrie behalf sich bei Helmen und Käppis mit Filz als Ersatz von Leder und konnte auf diese Weise Aufträge für ihre Arbeiterschaft sich beschaffen. Zahlreiche Konfektionsbetriebe, und zwar nicht nur der Herren-, sondern auch der Damenkonfektion, richteten sich auf die Herstellung von Uniformen ein. Schirmfabriken stellten aus ihrem Lager von wasserdichten Schirmbezügen Ärmelwesten her, für die bei den in den Schützengräben befindlichen Truppen großer Bedarf herrschte. Elektrizitätsbetriebe übernahmen die Lieferung von Metallknöpfen, auch von Granaten, Zündern und Scheinwerfern, Fahrradfabriken die Lieferung von Eisengestellen für Lazarette. Nähmaschinenfabriken verwandelten sich in Werkstätten für Gewehrbestandteile oder fabrizierten Schrapnells, Pianofabriken Patronenhülsen, Unternehmungen für Karussellbauten stellten Baracken her, Strohhutflechtereien, Korbwarenindustrie, selbst Porzellanbetriebe machten Geschoßkörbe in Massen. (...) Die chemischen Fabriken spezialisierten sich auf Sanitätsmaterialien und pharmazeutische Präparate, die Papierindustrie verlegte sich auf die Fabrikation von Papiersäcken an Stelle von Jutesäcken. Auch die Kinderwagenindustrie arbeitete für den Kriegsbedarf. Die gesamte Tuchindustrie widmete sich der Herstellung von Militärtuch, Decken; mechanische Baumwollfabriken sind

---

[36] Die bayerische Berufsstatistik 1925 (Beiträge zur Statistik Bayerns Bd. 111), München 1926, S. 19.

ebenfalls mit großen Militärlieferungen befaßt. In Webereien wurden Zelttücher fürs Militär angefertigt. Maschinenfabriken übernahmen vielfach die Herstellung von Granaten. Prägeanstalten stellten Erkennungsmarken für das Militär her. Dampfsägen lieferten Bretter für Militärbaracken, mit deren Errichtung das Zimmerhandwerk Aufträge bekommen hat.«

Das in diesem Bericht entworfene Bild erscheint jedoch entschieden zu positiv. Tatsächlich gab es eine Reihe von wichtigen Branchen, in denen die Produktion sehr stark eingeschränkt werden musste. Dazu gehörten, um nur die wichtigsten zu nennen, die »Industrie der Nahrungs- und Genussmittel«, zu der die Statistik alle Betriebe zählte, in denen Lebensmittel erzeugt und verarbeitet wurden (einschließlich der Brauereien), die Industrie der Steine und Erden, zu der auch die umfangreiche Porzellan- und Glasindustrie zählte, die Textil- und die Bekleidungsindustrie, das Baugewerbe sowie die Industrie der Holz- und Schnitzstoffe. Besonders in diesen Bereichen mussten zahlreiche Betriebe stillgelegt werden. Von solchen Stilllegungen besonders betroffen waren wieder jene Betriebe, deren Inhaber einberufen wurden. Das aber waren überwiegend Kleinbetriebe, darunter auch viele Handwerksbetriebe, von denen viele auf dem Land angesiedelt waren, wie zum Beispiel Schmiede, Schlosser, Wagner und Büttner. Unter der Schließung dieser Werkstätten hatte deshalb besonders die Landwirtschaft zu leiden.

Dass nicht nur viele kleine, sondern auch zahlreiche größere Betriebe schließen mussten, war dagegen die Folge der Vergabepraxis bei den Heeresaufträgen. Denn diese wurden von staatlichen Vermittlungsstellen vergeben, die leistungsstarke Unternehmen bevorzugten, welche rasch große Kontingente liefern konnten. Und da die Aufträge größtenteils von der preußischen Heeresverwaltung ausgingen und von Vermittlungsstellen in Norddeutschland vergeben wurden, war Bayern aber bei dieser Auftragsvergabe ohnehin benachteiligt. Erst nach massiven Protesten gegen diese Praxis wurden die rund 10000 bayerischen Betriebe, die 1917 für Heeresaufträge gemeldet waren, stärker berücksichtigt.[37] Auch von den zwangsweisen Stilllegungen, welche die Heeresverwaltung auf der Grundlage des »Hilfsdienstgesetzes« vom 5.12.1916 anordnete, waren gerade in Bayern viele Betriebe betroffen. Dazu zählten auch zahlreiche Brauereien, was auf heftige Kritik stieß.[38]

Welche Folgen die Kriegszwangswirtschaft für Bayerns Wirtschaft hatte, lässt sich sehr gut den Berichten und Debatten entnehmen, die in der Abgeordnetenkammer des bayerischen Landtags vorgetragen und geführt wurden. So wurde die Situation der Wirtschaft in einem Bericht des Kriegswirtschaftsaus-

---

[37] Friedrich Zahn, Bayern in der deutschen Volkswirtschaft vor, in und nach dem Krieg, in: Zeitschrift des K.B. Statistischen Büros 1918, S. 175–198, S. 181.

[38] S. beispielsweise die Debatte in der 397. Sitzung der Abgeordnetenkammer am 14.11.1917, Stenographische Berichte, Bd. 16, S. 533ff.

schusses im November 1917 wie folgt geschildert: »Der Mangel an Rohstoffen habe schon im Jahre 1915 zu Einschränkungen in verschiedenen Gewerbe- und Industriebetrieben geführt; es sei nur an die Textilindustrie erinnert. Die Baumwolleinfuhr sei schon im Jahr 1915 ins Stocken gekommen. Ähnlich sei es anderen Betrieben ergangen. Zunächst schränkten die Fabrikherren teilweise freiwillig, teilweise durch Zwang ihre Betriebe in der Weise selbst ein, daß sie nicht mehr ganztägig oder nur an einzelnen Wochentagen arbeiteten. So sei die Schuhindustrie aus Ledermangel im November 1916 gezwungen gewesen, ihre Betriebe nur mit 40 bis 50 Prozent zu beschäftigen. Schuhfabriken seien nun zuletzt zwangsweise syndiziert worden. In Pirmasens seien 600 Arbeiter aus der Schuhindustrie der Rüstungsindustrie zugeführt worden. In ein Zwangssyndikat sind dann auch die Seifenindustrie zusammengeschlossen worden. Etwa 10 Betriebe von 120 seien noch beschäftigt. (...) Die für Bayern so bedeutsame Porzellan- und Glasindustrie soll eine Zusammenlegung erfahren. Von Vereinigungen sei gesprochen worden, welche die Steinindustrie, Steingutfabriken, die Ton- und Ziegelindustrie, Zündholzfabriken, Bleistiftfabriken, Buchdruckereien, Zeitungsbetriebe, Gerbereien, Margarinefabriken, Bäckereien, Gastwirtschaften usw. betreffen. Am eingehendsten behandelte der Ausschuß die für Bayerns Volkswirtschaft so wichtige Frage der Zusammenlegung der Brauereien und der Höhe des für das Sudjahr 1917/18 zu gewährenden Kontingents.«

Wie man diesem Bericht weiter entnehmen kann, hatten die – zunächst vor allem durch Ausschluss von der Rohstoffversorgung, dann auch durch behördliche Anordnung – erzwungenen Stilllegungen und Zusammenlegungen von Betrieben gravierende negative Folgen sowohl für die Volkswirtschaft wie für die Staatsfinanzen Bayerns. Mit überzeugenden Argumenten vertrat der Ausschuss die Auffassung, dass manche dieser Maßnahmen auch im Hinblick auf deren Ziel, die Steigerung der Produktion, eher schädlich als nützlich gewesen seien. Noch gewichtiger war allerdings die gleichfalls nachvollziehbare Vermutung des Ausschusses, dass manche dieser Maßnahmen auf Initiative norddeutscher Wirtschaftskreise erfolgt seien, die auf diese Art ihre süddeutsche Konkurrenz dauerhaft auszuschalten oder zu schwächen versuchten.[39]

Dass die Entwicklung von Bayerns Wirtschaft unter diesen Rahmenbedingungen ungünstig verlaufen sein musste, liegt auf der Hand. Dennoch überrascht das Ausmaß des Einbruchs, den man bei einem Vergleich der Beschäftigtenzahlen von 1906 und 1916 feststellen kann:[40]

---

[39] 397. Sitzung vom 14. November 1917, Stenographische Berichte der Kammer der Abgeordneten, Bd. 16, S. 532–538, hier S. 532–535.

[40] Die Kriegs-Volkszählungen vom Jahre 1916 und 1917 in Bayern. Beiträge zur Statistik Bayerns, Bd. 89, 1919, S. 139, Übersicht 49.

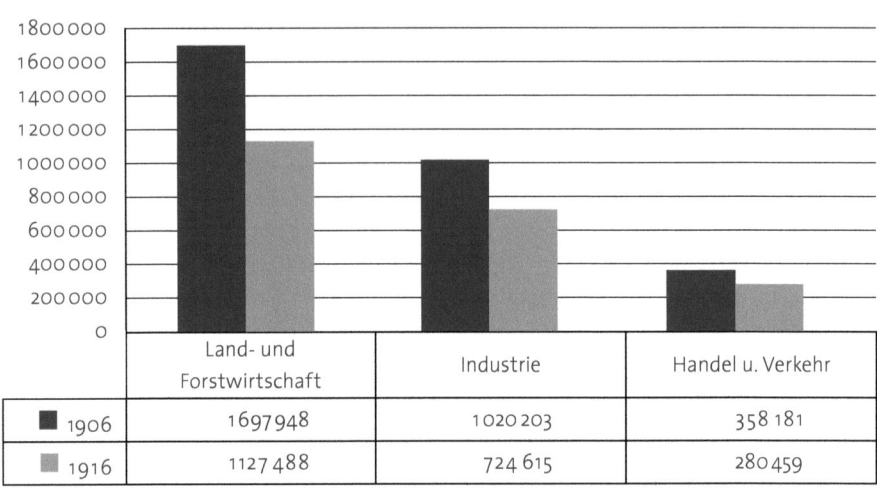

Die Erwerbstätigen nach Berufsabteilungen 1906 und 1916

	Land- und Forstwirtschaft	Industrie	Handel u. Verkehr
■ 1906	1697948	1020203	358181
■ 1916	1127488	724615	280459

Bedingt durch den Militäreinsatz vieler Männer hat sich auch das Verhältnis von Männern und Frauen deutlich verschoben:

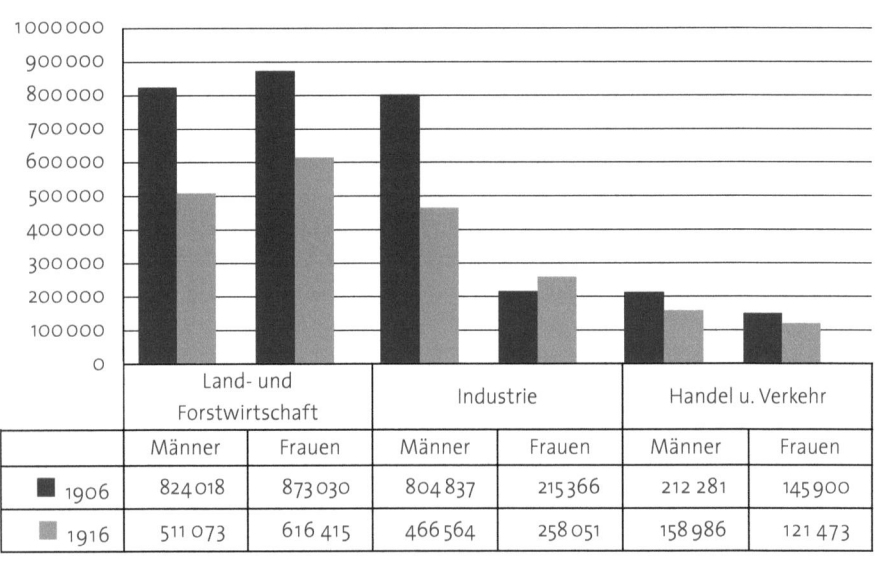

Die Erwerbstätigen nach Berufsabteilungen und Geschlecht 1906 und 1916

	Land- und Forstwirtschaft		Industrie		Handel u. Verkehr	
	Männer	Frauen	Männer	Frauen	Männer	Frauen
■ 1906	824018	873030	804837	215366	212281	145900
■ 1916	511073	616415	466564	258051	158986	121473

Innerhalb der Berufsabteilungen, insbesondere in der von Gewerbe und Industrie, bewirkte die Ausrichtung auf den Kriegsbedarf tief greifende Schwerpunktverlagerungen.[41] Vom Arbeitsplatzabbau am stärksten betroffen war die Landwirtschaft, die 1916 gegenüber 1906 um 567 000 Arbeitskräfte und 33,8 Prozent geschrumpft war. Danach folgten:

Branche	Rückgang absolut	Rückgang in Prozent
Baugewerbe	109 000	63,4
Industrie der Steine u. Erden	58 000	64,8
Gast- u. Schankwirtschaften	45 000	49,5
Holz- u. Schnitzstoffgewerbe	39 000	40,3
Nahrungs- u. Genussmittelgewerbe	36 000	29,0
Metallverarbeitung	36 000	34,8
Spinnstoffgewerbe	32 000	43,3
Handelsgewerbe	23 000	13,3
Bekleidungsgewerbe	15 000	10,2

Eine Zunahme an Beschäftigten hatten nur zwei Berufsgruppen aufzuweisen, nämlich die chemische Industrie, wo die Zahl der Beschäftigten von 25 000 auf 65 000 stieg, das waren 156,1 Prozent, und die »gewerblichen Personen ohne nähere Bezeichnung«, deren Zahl von 1834 Personen auf 26 752 anstieg, das war ein Zuwachs um 1358,7 Prozent. Den starken Anstieg der letztgenannten Gruppe schrieb man jedoch einer mangelhaften statistischen Erfassung zu.

Auch innerhalb der Betriebe vollzogen sich tief greifende Veränderungen. In nahezu allen Branchen wuchs der Anteil der Frauen erheblich an, doch war dieser in einigen besonders hoch. So in der chemischen Industrie, die 26 000 Frauen mehr beschäftigte, was einem Zuwachs von 421,6 Prozent entsprach, und im Maschinenbau, wo es 10 000 Frauen oder 257,4 Prozent waren.[42] 1916 gab es sechs Berufsgruppen, in denen mehr Frauen als Männer tätig waren. In der Landwirtschaft betrug ihr Anteil 55,3 Prozent, im Spinnstoffgewerbe 70,4 Prozent, im Bekleidungsgewerbe 62,1 Prozent, im Reinigungsgewerbe 66,4 Prozent, im Handelsgewerbe 54,7 Prozent und im Gast- und Schankwirtschaftsgewerbe 66,3 Prozent.

Auch der Anteil von Jugendlichen und Kindern an den Beschäftigten nahm deutlich zu. Nach einem Bericht der bayerischen Gewerbeinspektion, der 1917 auf der Grundlage der Zahlen von 3677 Betrieben mit insgesamt 587 006 Beschäftigten erstellt wurde, hat die Zahl der über 16 Jahre alten männlichen

---

[41] Die Kriegs-Volkszählungen vom Jahre 1916 und 1917 in Bayern. Beiträge zur Statistik Bayerns, Bd. 89, 1919, S. 150ff.

[42] Die Kriegs-Volkszählungen vom Jahre 1916 und 1917 in Bayern. Beiträge zur Statistik Bayerns, Bd. 89, 1919, S. 152.

König Ludwig III. (3. v. r.) besucht das Wacker-Werk, 1918.

Das Wacker-Werk im Jahr 1920..

Arbeiter von 430 544 im Jahr 1913 auf 295 703 im Jahr 1917 abgenommen, das war ein Rückgang von 31,32 Prozent. Dagegen war die Zahl der weiblichen Arbeitskräfte im Alter über 16 Jahren von 129 181 auf 224 187, das waren 37,54 Prozent, angestiegen. Die Zahl der Jugendlichen im Alter von 14 bis 16 hatte im gleichen Zeitraum von 51 223 auf 56 610 zugelegt, das waren 8,56 Prozent, die der Kinder unter 14 Jahren aber von 3700 auf 11 506, das waren 221 Prozent.[43]

Eine weitere Folge der Kriegswirtschaft mit ihrer starken Benachteiligung von Kleinbetrieben war die Verstärkung des schon vor dem Krieg erkennbaren Trends zu größeren und Großbetrieben. Die Zahl der Betriebe mit mehr als 1000 Beschäftigten wuchs von 1906 bis 1917 von 39 auf 45 (15 Prozent), die Zahl ihrer Beschäftigten von 75 000 auf 120 000 (73 Prozent).[44] Im Maschinen-, Instrumenten- und Apparatebau wuchs die Zahl der Betriebe mit mehr als 50 Beschäftigten von 198 auf 228, die Zahl ihrer Beschäftigten von 64 194 auf 73 862. Mehr als 1000 Beschäftigte hatten davon 1906 erst 10, 1917 aber schon 17 Betriebe; deren Beschäftigtenzahl wuchs von 25 117 auf 49 859. Gleichzeitig sank die Zahl der Kleinbetriebe von 9687 auf 7235, die der darin Beschäftigten von 16 316 auf 10 773. Bei den Mittelbetrieben (6–50 Beschäftigte) ist ein Rückgang der Betriebe von 799 auf 675 und der Beschäftigten von 12 148 auf 11 193 zu verzeichnen. Noch deutlicher waren die Verschiebungen im Sektor »Eisen- und Metallverarbeitung«. Hier sank die Zahl der Kleinbetriebe im gleichen Zeitraum von 17 492 auf 12 839 und die der Mittelbetriebe von 1540 auf 933, während die der Großbetriebe von 176 auf 257 zunahm. In Großbetrieben arbeiteten 1906 erst 29 571, 1917 aber 87 438 Menschen. Die Zahl der Betriebe mit mehr als 1000 Beschäftigten hat sich von 3 auf 18, die der hier Beschäftigten von 6470 auf 44 280 erhöht. In der chemischen Industrie konzentrierte sich das Wachstum auf zwei Betriebe; einer davon war die BASF in Ludwigshafen, der andere das Unternehmen Wacker in Burghausen. Sie zählten 1906 zusammen 9841, 1917 aber 15 156 Beschäftigte.

Langfristige Auswirkungen und Folgen

In den offiziösen Darstellungen, denen die oben wiedergegebenen Informationen hauptsächlich entnommen sind, wurde die Wirkung des Krieges auf die wirtschaftliche Entwicklung Bayerns trotz mancher Einschränkungen letztlich positiv bewertet. Wie alle Verlautbarungen, die in den Kriegsjahren von offizieller Seite getätigt wurden, sollten unverkennbar auch diese statistischen

---

[43] Bericht des Abgeordneten Simon in der 489. Sitzung vom 23.10.1918, Stenographische Berichte Bd. 19, S. 51.

[44] Zahn, Bayern in der deutschen Volkswirtschaft, S. 181. Zu beachten ist, dass auch in dieser Aufstellung die Betriebsinhaber als Beschäftigte miterfasst sind.

Auswertungen der zunehmenden Missstimmung in der Bevölkerung entgegen-
wirken und deren Durchhaltewillen stärken. Um der Glaubwürdigkeit willen
musste man jedoch selbst hier manche der unübersehbaren negativen Auswirkungen des Krieges einräumen. So wies man darauf hin, dass man bei dieser Bilanz nicht außer Acht lassen dürfe, dass es sich um eine Kriegsbilanz
handle: »Die Kriegsverhältnisse nötigten im großen Umfang zum Raubbau,
wie mit dem landwirtschaftlichen Boden so mit den industriellen Anlagen
und Maschinen, auch mit den menschlichen und motorischen Arbeitskräften.
Landwirtschaftliche und industrielle Vorräte, Wagen, Pferde usw. wurden
aufgebraucht, Kleider aufgetragen, es fehlten zu Meliorationen, Reparaturen,
Neuanschaffungen die Hände und die Arbeitsmittel (Nährstoffe, Kunstdünger, Futtermittel, Baumaterialien, sonstige Rohstoffe). (...) Was jetzt an Neu-
anschaffungen und usw. unterblieb (...) wird später mit wesentlich teureren
Betriebskapitalien nachgeholt werden müssen.«[45]
  Sehr viel ungünstiger und damit zweifellos realistischer beurteilte man die
Situation der Wirtschaft Bayerns und deren zukünftige Entwicklung auf par-
lamentarischer Ebene. In dieser Hinsicht herrschte auch trotz aller sonstigen
Differenzen quer durch alle politischen Lager weitgehend Übereinstimmung.
Schon lange vor Beendigung des Krieges erörterten die Abgeordneten auch die
Probleme, die mit der Umstellung von der Kriegs- auf die Friedenswirtschaft
unvermeidbar verbunden sein würden und wie man diese am besten bewältigen
könne. Auch in diesen Debatten zeigte sich ein breiter Konsens. Dazu gehörte
vor allem auch die Überzeugung, dass Bayern einen überproportional großen
Teil der Kriegslasten getragen habe: »Bayern war in diesem Kriege in der Haupt-
sache Lebensmittelkammer für das Reich und Lieferant der Mannschaft in
gewaltiger Weise. Wir konnten uns dafür keine entsprechenden Gegenleistungen
schaffen. (...) Der Krieg goß einen Milliardensegen aus über den Norden aus den
Kriegsaufträgen, aus den Geschäften der zentralistischen Kriegsgesellschaften
in Berlin. Hierdurch fand eine kolossale Vermögensverschiebung statt, Bayern
hatte außerordentlich wenig von diesem Milliardensegen. Aber die Opfer, die
es als Lebensmittelkammer brachte, waren außerordentlich schwer. Der Ersatz
reicht aber nach keiner Seite, um nur einigermaßen diese Opfer wett zu machen.
(...) Bayern – das darf heute konstatiert werden und darüber sollen wir nicht im
unklaren bleiben – wurde in diesem Krieg viel ärmer, weil andere Teile des Reiches, insbesondere der Norden, bedeutend reicher geworden sind.«[46]
  Für diese negative Entwicklung machte man hauptsächlich zwei Umstände
verantwortlich: Zum einen den, dass die Kriegszwangswirtschaft unter preu-

---

[45] Zahn, Bayern in der deutschen Volkswirtschaft, S. 184.
[46] Ausführungen des Abgeordneten Held in 384. Sitzung am 23.10.1917, Stenogra-
      phische Berichte, Bd. 16, S. 207.

ßischem Kommando gestanden habe, weshalb die Interessen der bayerischen Wirtschaft entschieden zu kurz gekommen seien. Und zum zweiten den geringen Industrialisierungsgrad Bayerns, denn diesem sei es zuzuschreiben, dass Bayerns Wirtschaft nicht in dem Maße an der Rüstungsproduktion beteiligt worden sei, der Bayerns Anteil am Reich entsprochen hätte. Es herrschte deshalb weitgehend Übereinstimmung nicht nur zwischen allen im Landtag vertretenen politischen Kräften, sondern auch zwischen Parlament und Regierung, dass Industrie und Gewerbe nach dem Krieg gezielt ausgebaut werden müssten, um Bayern künftig einen angemessenen Anteil an der Wirtschaftsleistung des Reiches zu verschaffen.

Darüber, wie sich die Verhältnisse in den folgenden Jahren tatsächlich weiterentwickelt haben, gibt die erste Volks- und Berufszählung der Nachkriegszeit Aufschluss. Sie wurde im Juni 1925 und damit zu einem Zeitpunkt durchgeführt, an dem sich die wirtschaftlichen Verhältnisse wieder weitgehend normalisiert hatten. Auf den ersten Blick vermittelt diese Statistik den Eindruck, dass die langfristige Entwicklung der Wirtschaft durch den Krieg kaum beeinflusst und weiter in den Bahnen verlaufen sei, wie sie sich schon in den letzten Jahrzehnten des 19. Jahrhunderts abzeichneten. So war etwa der Anteil, den die von Land- und Forstwirtschaft Lebenden an der Bevölkerung ausmachten, von 40,3 Prozent im Jahr 1907 auf 35,1 Prozent im Jahr 1925 zurückgegangen, womit sich die Verlagerung zwischen den großen Wirtschaftsbereichen in etwa dem gleichen Tempo fortgesetzt hatte wie in den Jahrzehnten zuvor.

Und doch hatten sich Verhältnisse nachhaltig und tief greifend gewandelt. Das lässt sich bereits an einigen wenigen grundlegenden Daten der Statistik ablesen. So etwa nahm die Zahl aller gewerblichen Niederlassungen von 1907 bis 1925 von 261 505 auf 242 736 ab, während die Zahl aller dort Beschäftigten von 996 189 auf 1 260 417 zunahm.[47] Entfielen somit 1907 im Durchschnitt 3,8 Beschäftigte auf einen Betrieb, so waren es 1925 knapp 5,2. Der bereits konstatierte Trend zur Formierung von größeren und Großbetrieben hielt also auch nach dem Krieg an, und er war in den Branchen am größten, die am stärksten wuchsen. Das waren der Maschinen-, Apparate- und Fahrzeugbau, die elektrotechnische Industrie, die Bereiche Feinmechanik und Optik sowie die chemische Industrie. Bayerns Wirtschaft holte damit ihren Rückstand gegenüber anderen Teilen des Reiches beschleunigt auf. Das hatte zur Folge, dass der Anteil der Selbstständigen an der Erwerbsbevölkerung zurückging und jener der Arbeiter und Angestellten entsprechend zulegte, wodurch sich auch Bayerns Sozialstruktur der des Reiches weiter annäherte.[48]

---

[47]   Angaben nach: Statistisches Jahrbuch für den Freistaat Bayern 1926, S. 166.
[48]   Zu dieser Entwicklung siehe Götschmann, Wirtschaftsgeschichte Bayerns, S. 319–323.

Das weiter anhaltende kräftige Wachstum insbesondere der Industrie war nicht zuletzt dem Umstand zuzuschreiben, dass man in den Chefetagen großer deutscher Unternehmen während des Krieges das Entwicklungspotenzial der bayerischen Wirtschaft entdeckt hatte. Das belegen die vielen Neugründungen von Industrieunternehmen und die Aufstockung von deren Kapital; sowohl Zahl wie Kapital der in Bayern ansässigen Aktiengesellschaften sind während des Krieges stark angestiegen. Und diese Entwicklung brach mit dem Krieg keineswegs ab, sondern setzte sich danach sogar verstärkt fort, die Zahl der Aktiengesellschaften wuchs in den folgenden Jahren in Bayern schneller als auf Reichsebene.[49]

Besonders augenfällig wurde das neu erwachte Interesse des großen Kapitals an Bayern bei der Verlegung der Geschäftsführung der »Gutehoffnungshütte, Aktienverein für Bergbau und Hüttenbetrieb« (GHH) von Oberhausen nach Nürnberg 1923.[50] Dieser weltweit agierende Konzern[51] übernahm zunächst ein großes Eisenwerk in Nürnberg, 1920/21 dann auch die MAN und die »Fritz Neumeyer AG« (Nürnberg). Zu letzterer gehörten u.a. auch die vormaligen »Bayerischen Geschützwerke« die seit 1919 als »Bayerische Maschinenwerke Fritz Neumeyer KG« firmierten; sie waren 1915 zu gleichen Teilen von Fritz Neumeyer und der »Friedrich Krupp A.G. Essen« gegründet worden.[52] In den folgenden Jahren und Jahrzenten hat der GHH-Konzern als (Mit-)Eigentümer zahlreicher in Bayern ansässiger Unternehmen eine wichtige Rolle in der bayerischen Wirtschaft gespielt. Auf die zahlreichen weiteren Verbindungen großer, zumeist in Westdeutschland ansässiger Konzerne (u.a. Röchling, Thyssen und Flick) mit bayerischen Unternehmen kann hier nur verwiesen werden.[53]

Dieses verstärkte Engagement großer deutscher Unternehmen in Bayern ist vor dem Hintergrund einer Verlagerung des deutschen Außenhandels zu sehen. Die Blockade des Seewegs nach Westen, über den bis 1914 der Großteil dieses Handels abgewickelt worden war, zog eine starke Aufwertung sowohl der Donau als Schifffahrtsweg wie auch der über diesen Weg und das Schwarze Meer erreichbaren Staaten als Handelspartner nach sich. Vor diesem Hintergrund wird auch Ludwigs III. starker Einsatz für Annexionen verständlich, mit denen die vom Atlantik zum Schwarzen Meer führenden Wasserstraßen vollständig unter deutsche Kontrolle gebracht worden wären. Bezeichnenderweise wurde auch die Realisierung des Projekts »Großschifffahrtstraße«, die Rhein und Donau

---

49 Ulf Jörg Zabel: Finanzielle Verflechtungen der bayerischen Wirtschaft außer Landes 1918 bis 1933. Aufgezeigt am Beispiel ausgewählter Aktiengesellschaften (Diss. München 1986), München 1989, S. 39–44; Tabellen 1 und 2, S. 276f.

50 Ebd., S. 48f.

51 Ebd., S. 57–67.

52 Ebd., S. 54.

53 Ausführliche Informationen dazu bietet das o.g. Werk von Zabel.

verbinden sollte, noch während des Krieges beschlossen. Dieses wurde auch nach der Niederlage weiterverfolgt, 1921 wurde die Rhein-Main-Donau-A. G. gegründet und die Arbeit an dieser Wasserstraße in Angriff genommen.

Die Perspektiven der bayerischen Wirtschaft waren somit 1918 tatsächlich besser denn je. Denn seit der Gründung des deutschen Zollvereins 1834, dem Österreich ferngeblieben war, hatte sich Bayern am Rande des deutschen Wirtschaftsraums und fernab von dessen wichtigsten Handelsrouten und Auslandsmärkten befunden. Dies aber änderte sich während des Krieges grundlegend. Nun wurden die deutschen Handelsbeziehungen nach Ost- und Südosteuropa und in den Schwarzmeerraum von großer Bedeutung, und damit ging zwangsläufig eine erhebliche Aufwertung des Wirtschaftsstandorts Bayern einher. Diese Entwicklung setzte sich in der Zwischenkriegszeit fort: »Der Anteil Deutschlands am Außenhandel der Südoststaaten erhöhte sich im Zuge einer vom Dritten Reich nicht nur fortgesetzten, sondern noch intensivierten Wirtschaftsoffensive allein in den Jahren 1933 bis 1937 auf der Ausfuhrseite von 18 auf 24 Prozent und beim Import sogar von 21 auf 31 Prozent.«[54] Das Volumen des gesamten Donauverkehrs, der mit Ende des Krieges eingebrochen war, wuchs bis 1936 wieder auf das Vorkriegsniveau, und der Umschlag im Regensburger Hafen nahm im Zeitraum 1925 bis 1938 von 279 000 auf 1 328 000 Tonnen und damit sogar um das Viereinhalbfache zu.[55]

Der Zweite Weltkrieg und die ihm folgende wirtschaftliche Abschottung des »Ostblocks« haben diese Entwicklung dann zwar für Jahrzehnte unterbrochen. Als 1989 jedoch der »Eiserne Vorhang« aufgezogen wurde und ein gemeinsamer europäischer Wirtschaftsraum entstand, setzte sie sich fort. Und dies mit einer völlig neuen Dynamik, denn in der Zwischenzeit hatten sich die ehedem stark agrarisch geprägten Staaten Südosteuropas zu Industriestaaten weiterentwickelt.

Nachhaltige Wirkung hatte aber auch der Umstand, dass die konservativen politischen Kräfte während des Krieges zu der Erkenntnis gelangt waren, dass der politische Stellenwert eines Landes im Industriezeitalter maßgeblich von seiner wirtschaftlichen Leistungsfähigkeit abhängt. Die Folge davon war, dass sie der Förderung von Industrie und Gewerbe nun in Bayern einen deutlich höheren politischen Stellenwert einräumten als vor 1914. Eines der wichtigsten Resultate dieser geänderten Einstellung war die rasche Realisierung einer landesweiten, flächendeckenden Stromversorgung, mit der sich Bayern in den 1920er-Jahren endgültig als moderner Wirtschaftsstandort etablierte.

Vor allem mit seinem Engagement für den Bau der Großschifffahrtsstraße

---

54 Vinzenz Kotzina: Die Donau und Österreich in europäischer Sicht, in: Südosteuropa-Jahrbuch 5 (1961) S. 121–144, S. 125.
55 Ebd., S. 125; S. 117.

und eine landesweiten Stromversorgung schon vor der Jahrhundertwende hat Ludwig somit einen wirtschaftspolitischen Weitblick bewiesen, wie man ihn bei keinem seiner Vorgänger erkennen kann. Der Erste Weltkrieg hat aber nicht nur verhindert, dass diese Politik Früchte tragen konnte; er ließ auch Ludwigs sozialpolitisches Engagement für den Mittelstand wirkungslos verpuffen. Dass sich sogar der bäuerliche Mittelstand in den kritischen Tagen des Novembers 1918 nicht für den Erhalt der Monarchie engagierte, zeigt, dass die Verdienste, die sich Ludwig III. vor dem Krieg als Wirtschaftspolitiker objektiv erworben hat, angesichts der schweren Opfer und Entbehrungen, die man den Menschen im Krieg abforderte, für die Zeitgenossen nicht ins Gewicht fielen.

Literatur

Friedrich Aereboe: Der Einfluss des Krieges auf die landwirtschaftliche Produktion in Deutschland, Berlin/Leipzig 1927.

Hans Gotthard Ehlert: Die wirtschaftlichen Zentralbehörden des deutschen Reiches 1914 bis 1919 (Beiträge zur Wirtschafts- und Sozialgeschichte Bd. 19), Wiesbaden 1982.

Dirk Götschmann, Wirtschaftsgeschichte Bayerns. 19. und 20. Jahrhundert, Regensburg 2010.

Arnulf Huegel: Kriegsernährungswirtschaft Deutschlands während des Ersten und Zweiten Weltkrieges im Vergleich, Konstanz 2003.

Ulrike Leutheusser und Hermann Rumschöttel (Hrsg.): Prinzregent Luitpold von Bayern. Ein Wittelsbacher zwischen Tradition und Moderne, München 2012.

Bernhard Löffler: Die bayerische Kammer der Reichsräte 1848–1918, Grundlagen, Zusammensetzung, Politik (Schriftenreihe zur bayerischen Landesgeschichte, Bd. 108), München 1996.

Manfred Günther Plachetka: Die Getreide-Autarkiepolitik Bismarcks und seiner Nachfolger im Reichskanzleramt. Darstellung und Auswirkungen insbesondere während des ersten Weltkrieges, Diss., Bonn 1969.

Gabriele Sperl: Wirtschaft und Staat in Bayern 1914–1924, Wien 1996.

Friedrich Zahn: Bayern in der deutschen Volkswirtschaft vor, in und nach dem Krieg, in: Zeitschrift des K.B. Statistischen Büros 1918.

Ulf Jörg Zabel: Finanzielle Verflechtungen der bayerischen Wirtschaft außer Landes 1918 bis 1933. Aufgezeigt am Beispiel ausgewählter Aktiengesellschaften (Diss., München 1986), München 1989.

Prof. Dr. Dirk Götschmann lehrte von 2000 bis 2013 Neuere und Neueste Geschichte unter besonderer Berücksichtigung der Landesgeschichte an der Universität Würzburg.

Matthias Röschner

Förderer und Protektor

Die Rolle Ludwigs III. in der Gründungs- und Aufbauphase
des Deutschen Museums

Die Einbindung Prinz Ludwigs in das Netzwerk Deutsches Museum

Die Gründungs- und Aufbauphase des Deutschen Museums von 1903 bis
1925 war geprägt vom Engagement, Ideenreichtum und Durchhaltevermögen
Oskar von Millers (1855–1934). Sein umfassendes Konzept sah vor, in einem
Deutschen Museum von Meisterwerken der Naturwissenschaft und Technik
die »Sammlung, Darstellung, Erforschung und Vermittlung der technischen
Kultur«[1] zu verwirklichen. Neben den Objektsammlungen plante Miller daher
bereits von Beginn an ein Archiv zur Geschichte der Naturwissenschaft und
Technik, eine entsprechende Fachbibliothek sowie ein Forschungs- und Vortragsprogramm. Sein Vorhaben zielte darauf ab, die Leistungen von Technikern und Ingenieuren auf eine Stufe mit anderen kulturellen Errungenschaften
zu stellen.

Anfangs standen dem ambitionierten Plan allerdings weder ein Gebäude
noch Museumsobjekte noch Personal oder größere Finanzmittel zur Verfügung. Als strategische Stütze zur raschen Umsetzung seiner Museumsidee setzte von Miller auf ein umfangreiches Netzwerk von einflussreichen Persönlichkeiten. Durch seine Projekte als Ingenieur hatte er nationale und internationale
Kontakte aufgebaut, die es nun bei der Verwirklichung seines Museums zu
nutzen galt.

Um bereits vor einer offiziellen Verkündung der Museumsidee den Standort München abzusichern, war die Bereitstellung des Alten Nationalmuse-
ums als provisorischer Ausstellungsraum entscheidend. Förderlich war auch,
dass bereits im Vorfeld der Gründung Spenden in Höhe von 260000 Mark
eingeworben werden konnten.[2] Zur weiteren Vorbereitung bildete Miller ein

---

[1] Wilhelm Füßl: Oskar von Miller (1855–1934). Eine Biographie, München 2005,
S. 255. Der Museumsname, der auf einen Vorschlag Oskar von Millers zurück-
geht, ist Ergebnis eines Wettbewerbs im Jahr 1905. Zur Museumsgeschichte in
diesen Jahren allgemein vgl. auch Wilhelm Füßl: Gründung und Aufbau 1903–
1925, in: Wilhelm Füßl/Helmuth Trischler (Hrsg.): Geschichte des Deutschen
Museums. Akteure, Artefakte, Ausstellungen, München 2003, S. 59–101.

[2] Vgl. Elisabeth Kraus: Repräsentation, Renommee, Rekrutierung. Mäzenatentum
für das Deutsche Museum, München 2013 (Deutsches Museum Preprint 9), S. 23.
Unter anderem waren dies Spenden von Georg Krauss und Hugo von Maffei in

Provisorisches Komitee, das mit 37 hochrangigen – vorwiegend Münchner – Wissenschaftlern, Ingenieuren und Industriellen sowie mit Vertretern städtischer und staatlicher Behörden besetzt war. Darunter waren zum Beispiel Wilhelm Conrad Röntgen, Rudolf Diesel, die Industriellen Georg Krauss und Hugo von Maffei sowie der Münchner Bürgermeister Wilhelm von Borscht, die sich später auch in den Gremien des Museums engagierten. Zum *inneren Zirkel* gehörten Oskar von Miller und der Direktor der TH München Walther von Dyck, die dann beide zusammen mit dem Industriellen Carl von Linde den ersten Museumsvorstand bildeten. Um die Zielgruppe der Ingenieure direkt ansprechen zu können, wirkte Miller als Vorsitzender des Bayerischen Bezirksvereins des Vereins Deutscher Ingenieure (VDI) darauf hin, die Gründungsversammlung des Museums im Rahmen der VDI-Hauptversammlung des Jahres 1903 in München abzuhalten.

Gerade weil es darum ging, eine möglichst breite Zustimmung und Förderung aus allen politischen und gesellschaftlichen Gruppen zu gewinnen, war die Einbindung Prinz Ludwigs von Bayern als hoher Repräsentant des bayerischen Königshauses ein zentrales strategisches Ziel, das Miller bereits im ersten Aufruf zur Gründung des Museumsvereins formulierte. Der direkte Kontakt zur Realisierung dieser Überlegungen war zunächst vor allem über Oskar von Millers Bruder Ferdinand geknüpft worden, der ein persönlicher Freund von Ludwigs Vater, Prinzregent Luitpold, war.[3] Während das Verhältnis zwischen Miller und Prinz Ludwig in den folgenden Jahren immer enger werden sollte, wurde die gesamte *offizielle* Korrespondenz zu Museumsfragen üblicherweise mit dem Hofmarschallamt beziehungsweise dem königlichen Kabinett geführt.

Auf diesem Weg ließ Prinz Ludwig am 24. Mai 1903 eine Anfrage Oskar von Millers beantworten, dass er gerne bereit sei, »das Protektorat über den zu gründenden Verein zu übernehmen«[4]. Eingeschlossen in diese Zusage war auch die Sitzungsleitung der bevorstehenden Gründungsversammlung. Ein persönliches Vorsprechen des Vorbereitungskomitees, um das Miller gebeten hatte, hielt Ludwig in dieser Sache für nicht erforderlich. In der Einladung zur konstituierenden Sitzung und zum Aufruf zur Gründung des Museumsvereins konnten die drei wichtigsten Punkte der bisherigen Vorbereitungen öffentlichkeitswirksam verkündet werden. Dabei wurde an allererster Stelle die Funktion Ludwigs bei dem künftigen Unternehmen herausgestellt:

Höhe von 100 000 beziehungsweise 80 000 Mark; Carl von Linde und Rudolf Diesel spendeten je 25 000 Mark, Oskar von Miller 10 000 Mark.

3   Vgl. Füßl, Miller, S. 181.

4   Otto Graf von Holnstein (Hofmarschallamt) an Oskar von Miller, 24.5.1903; Deutsches Museum, Archiv (im Folgenden DMA), VA 4033 / 1.

»1. (...) Prinz Ludwig hat das Protektorat über den zu gründenden Verein angenommen.

2. Zur provisorischen Unterbringung des Museums ist das ehemalige Nationalmuseum zur Verfügung gestellt worden.

3. Die math[ematisch] phys[ikalische] Sammlung der Akademie wird einen Grundstock des Museums bilden.«[5]

Zur Gründungsversammlung am 28. Juni 1903 im Festsaal der Bayerischen Akademie der Wissenschaften kamen Vertreter von Behörden des Reiches, der Bundesstaaten und einiger Städte, Repräsentanten aus Wissenschaft und Industrie sowie die bedeutendsten deutschen Ingenieure und zahlreiche Pressevertreter. Dies entsprach ganz den Vorstellungen Millers und den Überlegungen des vorbereitenden Komitees, die den nationalen Charakter des zu gründenden Museums betonen wollten.

In seiner Begrüßungsansprache stellte Prinz Ludwig, der persönlich den Vorsitz der Versammlung übernommen hatte, zunächst kurz die Ziele des zu gründenden Museumsvereins vor. Er äußerte den Wunsch, »dass das Museum nicht nur den Söhnen der Stadt, in der es sich befindet, des Landes, dessen Hauptstadt diese ist, unseres größeren Vaterlandes, des Deutschen Reiches, sondern auch der ganzen Menschheit zugute kommen möge«[6]. Denn nicht zuletzt durch die Fortschritte in Wissenschaft und Technik seien – trotz mancher Rückschläge – Lebenserwartung und Lebensqualität stetig gestiegen.

Die konstituierende Sitzung verlief sehr erfolgreich: Sympathiebekundungen und Stiftungszusagen wurden von Vertretern aller wichtigen Gruppen ausgesprochen, die Satzung wurde beschlossen, die Gremien gewählt. Diese waren im Einzelnen der Vorstand (Miller, Dyck, Linde), der eher politisch ausgerichtete Vorstandsrat (Repräsentanten des Reiches, der bayerischen Regierung und Vertreter von relevanten Verbänden und Organisationen) sowie der Ausschuss (Einzelpersönlichkeiten aus Wissenschaft, Technik und Industrie). Gerade Vorstandsrat und Ausschuss hatten den Zweck, das ideelle und materielle Kontaktnetzwerk zur gezielten Sammlung von Museumsobjekten und zur finanziellen Unterstützung aufzubauen.

---

[5] Protokoll über die Sitzung des vorbereitenden Komitees für die Gründung eines Museums von Meisterwerken der Naturwissenschaft und Technik in München vom 20.6.1903; DMA, VA 3979.
[6] Bericht über die unter dem Vorsitze S[eine]r Königl[ichen] Hoheit des Prinzen Ludwig von Bayern am 28. Juni 1903 (...) erfolgte Gründung des Museums von Meisterwerken der Naturwissenschaft und Technik [im Folgenden: Gründungsversammlung], S. 3; DMA, VA 4201.

Gründungsversammlung im Festsaal der Bayerischen Akademie der Wissenschaften, 28. Juni 1903. Ölgemälde von Max Mayrshofer. Im Bildmittelgrund Prinzregent Luitpold und Prinz Ludwig.

Zum Abschluss der Sitzung ergriff Prinz Ludwig nochmals das Wort. Er sprach seine Freude darüber aus, dass das Deutsche Museum auch auf die Zustimmung gerade der bayerischen Provinzstädte gestoßen sei, wo gegenüber der Hauptstadt München eine »grundsätzliche Eifersucht« bestehe. Ausdrücklich dankte der Protektor auch den nicht-bayerischen Teilnehmern an der Sitzung für ihr Einverständnis des Standorts München. An den Persönlichkeiten, die dem Museum angehören sollen, könne man ersehen, dass »wir keine speziell partikularistische Stiftung damit machen wollen«[7].

In diesem Sinne wurde Kaiser Wilhelm II. unmittelbar nach der Gründungsversammlung informiert. In seinem Antworttelegramm versprach der Kaiser für die Zukunft seine volle Unterstützung, um die »deutschen Naturwissenschaften und Technik, die ja schon jetzt in der ganzen Welt eine so hoch angesehene Stellung einnehmen«[8] weiter zu fördern. Und der Kaiser löste dieses Versprechen ein, indem er an der Grundsteinlegung des Museums am 12. November 1906 und der Eröffnung der provisorischen Sammlung im Alten Nationalmuseum teilnahm. Das persönliche Wohlwollen und Interesse Kaiser Wilhelms II. für das Deutsche Museum drückte sich auch in der – von Miller geradezu eingeforderten – Stiftung des Modells des Linienschiffes *Rheinland* im Wert von 100 000 Mark aus.[9]

Auf Einladung Kaiser Wilhelms II. wurde die vierte Jahresversammlung am 17. Dezember 1907 in der Technischen Hochschule Berlin abgehalten. Von Seiten des Museums versprach man sich dadurch, die Unterstützung des Kaisers und der Reichsbehörden und damit den nationalen Charakter des Deutschen Museums zu bestärken. Zudem sollten Vertreter von Wissenschaft und Industrie im Norden des Reiches zur Unterstützung angeregt werden. Der Kaiser höchstpersönlich nahm an der mehrstündigen Versammlung teil, die von Prinz Ludwig geleitet wurde. Dieser betonte in seiner Eröffnungsrede nochmals den Charakter des Museums als *Reichsanstalt*.

Die repräsentative Stellung Prinz Ludwigs verfestigte sich in den folgenden Jahren des Aufbaus. Über die Entwicklungen des Bauverlaufs und über die Sammlungstätigkeit beziehungsweise Einwerbung von Objekten wurde der Protektor regelmäßig auf dem Laufenden gehalten. Satzungsänderungen wurden ihm vor den jeweiligen Ausschuss-Sitzungen vorgelegt, an denen er bis auf eine Ausnahme während des Ersten Weltkrieges regelmäßig teilnahm. Wie ein bemerkenswertes Beispiel vom März 1914 zeigt, wurde er dabei in einzelnen Fällen ganz konkret um Rat gefragt: Es ging um »zwei für die Wissenschaft

---

7   Bericht über die Gründungsversammlung am 28.6.1903, S. 16; DMA, VA 4201.
8   Abdruck des Telegramms im Bericht über die Gründungsversammlung am 28.6.1903, S. 19; DMA, VA 4201.
9   Vgl. Jobst Broelmann: Deutsches Museum. Panorama der Seefahrt, München 2006, S. 90–98.

Porträtfotografien von Prinz Ludwig und Prinzessin Marie Therese in Schmuckrahmen, 1906. Geschenk anlässlich der Grundsteinlegung des Deutschen Museums an Oskar von Miller.

und Technik ganz begeisterte Frauen«[10], die den Wunsch geäußert hatten, gegen eine Spende von 5000 Mark in den Ausschuss des Deutschen Museums aufgenommen zu werden. War der Museumsvorstand zunächst zurückhaltend, fand dies der Schirmherr »durchaus sympathisch«[11], zumal es der Satzung grundsätzlich nicht widerspreche. Kriegsbedingt wurde die Entscheidung über die Aufnahme von Frauen in den Ausschuss aber erst 1920 verkündet.

Die Funktionen des Protektors im Museum

Das Programm zu den Jahresversammlungen und die richtungweisenden Redebeiträge Ludwigs wurden von Museumsseite eng mit dem Hofmarschallamt abgesprochen. Bisweilen lieferte Oskar von Miller Textbausteine zu Redebeiträgen,

[10]   Oskar von Miller an Otto von Dandl (Kabinett König Ludwigs III.), 18.3.1914; DMA, VA 819/3.
[11]   Otto von Dandl (Kabinett König Ludwigs III.) an Oskar von Miller, 21.3.1914; DMA VA 819/3.

die der Schirmherr fast wortgleich während der Jahresversammlungen vortrug. So übermittelte der Museumsgründer im November 1906 den Vorschlag, dass Prinz Ludwig im Rahmen der Sitzung zur Grundsteinlegung aus seiner eigenen Sicht die Grundidee des Museums zum Ausdruck bringen möge: »dass nämlich durch die Wissenschaft die Technik und durch die Technik alle Gebiete der Volkswirtschaft gefördert werden, besonders durch die Landwirtschaft, die ganz zu Unrecht öfter in Gegensatz der Wissenschaft und Technik gebracht wird.«[12]

Im Rahmen der Jahresversammlung von 1905 beabsichtigte Miller, eine groß angelegte Spendenkampagne zu starten. Um die Begeisterung der beiden vorangegangenen Sitzungen noch zu steigern, sei die »Beteiligung [des Schirmherrn] gerade in diesem Jahr von allergrösster Bedeutung«. Miller stellte Prinz Ludwig in eine Reihe mit bedeutenden bayerischen Königen: »Abgesehen davon würde ich es aber auch für ausserordentlich bedeutungsvoll erachten, wenn München, das unter der Aegide König Ludwigs I. der Sammelpunkt der Künstler und zur Zeit König Max II. der Sammelpunkt der Dichter war, in Zukunft mit dem grössten technischen Museum der Welt auch der Mittelpunkt aller wissenschaftlich-technischen Bestrebungen würde.«[13] Die Begeisterung und das technische Verständnis des Prinzen seien bereits jetzt in der ganzen Welt bekannt. Mit diesen salbungsvollen Worten verband Oskar von Miller allerdings seinen eigentlichen Wunsch: »Eine würdige Form, um die ersten Männer der Wissenschaft und Technik in dauernde Beziehung mit dem bayerischen Herrscherhaus zu bringen, könnte nach meiner unmassgeblichen Ansicht darin gefunden werden, dass eine einfache Einladung, wie sie etwa zu Hofkonzerten zu erfolgen pflegt, in diesem Falle zu einer wissenschaftlichen Veranstaltung des Kgl. Hofes erfolgen würde, wobei vielleicht einer der hervorragendsten Gelehrten und einer der bekanntesten Techniker des Deutschen Reiches einen kurzen, aber bedeutungsvollen Vortrag halten würde.«[14]

Auch dieser Vorschlag Millers stieß auf offene Ohren: Die wissenschaftlichen Festvorträge, die ab 1905 im Wittelsbacher Palais stattfanden, wurden zum festen Bestandteil des Begleitprogramms der Jahresversammlungen. Diese gesellschaftlich und wissenschaftlich attraktiven, exklusiven Veranstaltungen übten auf die Ausschussmitglieder ihren ganz besonderen Reiz aus und dienten nicht zuletzt der Kontaktpflege. Während die Einladungen im Namen Prinz Ludwigs ausgesprochen wurden, stellte das Museum das Vortragsprogramm zusammen und kümmerte sich um die prominenten Redner aus dem deut-

---

[12] Oskar von Miller an Wilhelm von Leonrod (Adjutant Prinz Ludwigs), 4.11.1906; DMA, VA 804/2.
[13] Oskar von Miller an Wilhelm von Leonrod (Adjutant Prinz Ludwigs), 5.5.1905; DMA, VA 802/1.
[14] Ebd.

schen Sprachraum. Den ersten Festvortrag dieser Reihe hielt der in Berlin tätige Chemiker und Nobelpreisträger Jacobus Henricus van't Hoff über das Teylers Museum in Haarlem. Der Berliner Elektrotechniker Adolf Slaby bestritt den Vortrag über Otto von Guericke im darauffolgenden Jahr anlässlich der Grundsteinlegung des Museums. Daran nahm auch Kaiser Wilhelm II. teil, der in persönlichem Kontakt zu Slaby stand. Als weitere Referenten konnten unter anderem der Göttinger Mathematiker Felix Klein, der Begründer des Wiener Technischen Museums Wilhelm Exner, der Leverkusener Chemiker und Industrielle Carl Duisberg und der spätere Nobelpreisträger für Chemie Walther Nernst gewonnen werden. Der Präsident der Kaiser-Wilhelm-Gesellschaft Adolf von Harnack beschloss die wissenschaftliche Vortragsreihe unter königlichem Protektorat, die in der Regierungszeit Ludwigs vom Wittelsbacher Palais in die Residenz verlegt wurde, im Februar 1917 bezeichnenderweise mit einem Beitrag über *Sicherheit und Grenzen geschichtlicher Erkenntnis.*

Technik und Wissenschaft als Interessensschwerpunkte des Schirmherrn

Ludwigs Affinität zu Naturwissenschaft und Technik – vor allem unter ökonomischen Gesichtspunkten – drückte sich bereits lange vor seinem Engagement für das Deutsche Museum aus. Dabei lag sein besonderes Interesse in der Landwirtschaft sowie dem Ausbau von Wasserkanälen und Wasserkraftwerken. Prinz Ludwig, der als junger Mann Vorlesungen unter anderem in Volkswirtschaft gehört hatte, war seit 1868 Ehrenpräsident des Zentralkomitees des Landwirtschaftlichen Vereins in Bayern und setzte sich unter anderem für die Technisierung des Ackerbaus, die Einführung von Kunstdünger sowie für die Züchtung leistungsfähiger Rinderrassen ein. In seinem Privatschloss, dem Hofgut Leutstetten am Starnberger See, betrieb er selbst mit fortschrittlichen Methoden Landwirtschaft. Den Ausbau eines Rhein-Main-Donau-Kanals unterstützte er nachdrücklich[15], ebenso die Verleihung des Promotionsrechts an die Technische Hochschule München im Januar 1901[16].

Seine Redebeiträge anlässlich der Jahresversammlungen des Deutschen Museums spiegeln diese Interessensschwerpunkte wider. Wiederum auf einen Impuls Oskar von Millers hin lud Prinz Ludwig im Jahr 1904 die Teilnehmer an der

---

[15] Vgl. Alfons Beckenbauer: Ludwig III. von Bayern 1845–1921. Ein König auf der Suche nach seinem Volk, Regensburg 1987, S. 72–89 und Hans-Michael Körner: Ludwig III. Totengräber der Monarchie?, in: Alois Schmid/Katharina Weigand (Hrsg.): Die Herrscher Bayerns. 25 historische Porträts von Tassilo III. bis Ludwig III., München 2001, S. 380–381.

[16] Vgl. Wolfgang Hermann (Hrsg.): Technische Universität München. Die Geschichte eines Wissenschaftsunternehmens, verfasst von Martin Pabst und Margot Fuchs, München 2006, Bd. 1, S. 122.

Jahresversammlung auf sein Gut Leutstetten ein und nahm dies zum Anlass, über die Bedeutung der Technik und Naturwissenschaft für die Landwirtschaft zu sprechen. Es kam aber auch eine andere »Ausnutzung der technischen Errungenschaften (...), nämlich das Wasserwerk, welches das ganze Würmtal mit Quellwasser versorgt«[17], zur Sprache. Bis hin zum Musikprogramm – mit dem Prinz-Ludwig-Marsch des Komponisten Hans Dietrich zur Eröffnung – wurde der Besuch genauestens mit dem Museumsgründer abgestimmt.[18]

In der Jahresversammlung des Jahres 1908 nannte Prinz Ludwig als eine überaus wichtige Aufgabe der Technik die Aufbereitung des durch Städte und Industrie verunreinigten Wassers sowie die Verminderung der durch die Industrie verursachte »Rauch- und Rußbelästigung. (...) Ja noch mehr: Es ist Aufgabe der Technik, nicht nur diese Schädlichkeiten zu beseitigen, sondern aus den jetzt lästigen Rückständen für die Allgemeinheit nützliche Stoffe zu gewinnen, sei es für die Landwirtschaft, sei es für die Industrie.«[19] Doch nicht nur auf die – im heutigen Sinne – ökologischen Probleme ging der Schirmherr ein, sondern auch auf die ökonomische Notwendigkeit des Ausbaus von Wasserstraßen, die für die wirtschaftliche und industrielle Entwicklung Bayerns als *Binnenstaat* unerlässlich seien. Dies gelte gerade für München und die Industriestadt Augsburg zum Kohletransport, da der Energiebedarf nicht allein durch Wasserkraftwerke zu kompensieren sei. In diesem Zusammenhang sah er die Bedeutung des Deutschen Museums darin, »immer das Beste und Neueste, was Naturwissenschaft und Technik uns bieten«[20], als Lösungsvorschläge zur Verfügung stellen zu können.

Ludwigs Fortschrittsglaube und Affinität zu technischen Errungenschaften belegt beispielhaft sein Besuch bei dem Fotografen Arthur Traube (1878–1948), der in München die Firma Uvachrom Gesellschaft für Farbenphotographie aufgebaut hatte.[21] Sehr anschaulich schildert Traube in einem Brief an seine Eltern die Begegnung mit dem König im Oktober 1917: »Also, Herrschaften, es war reizend! Der Mann ist gar kein König, sondern ein liebenswürdiger, freundlicher, gesprächiger, alter Herr, mit dem ich mich über die wichtigsten Lebensmit-

---

[17] Verwaltungsbericht über das erste Geschäftsjahr (1903/04), Bericht über die Ausschuss-Sitzung am 28.6.1904, S. 36; DMA, VA 4202.

[18] Vgl. Wilhelm von Leonrod (Güteradministration Prinz Ludwig) an Oskar von Miller, 16.5.1904; DMA, VA 801/3.

[19] Verwaltungsbericht über das fünfte Geschäftsjahr (1907/08), Bericht über die Ausschuss-Sitzung am 1.10.1908, S. 19; DMA, VA 4206.

[20] Verwaltungsbericht über das siebte Geschäftsjahr (1909/10), Bericht über die Ausschuss-Sitzung am 29.9.1910, S. 23; VA 4208.

[21] Arthur Traube ist Erfinder und Namensgeber der »Uvatypie«, einem Verfahren zur Herstellung farbiger Diapositive und Farbabzüge. Freundlicher Hinweis von Dr. Cornelia Kemp, Kuratorin der Abteilung Foto und Film am Deutschen Museum, die auch die Kopie des hier zitierten Briefes zur Verfügung gestellt hat.

telfragen, über den Preussenhass hier in München u.s.w. ca. eine halbe Stunde unterhalten habe.«[22] Der Fototermin selbst verlief unkompliziert. Allerdings hatte der König »einen schwarzen Civilanzug angehabt, der natürlich für Farbenaufnahmen nicht gut ist«. Der König bedauerte dies und versicherte, sehr gerne bei nächster Gelegenheit in farbenprächtiger Uniform aufgenommen zu werden.

Erwähnenswert sind auch die in den Objektsammlungen des Deutschen Museums überlieferten Glasplatten von Porträtstudien des deutsch-amerikanischen Kunstfotografen Frank Eugene (1865–1936), der in der Lehr- und Versuchsanstalt für Photographie in München tätig war. Die Aufnahmen Prinzregent Ludwigs vom 24. Februar 1913 sollten als Vorlage für ein Repräsentationsbild in Mittelschulen dienen.[23] Insgesamt war Ludwigs Interesse für Porträtfotografie, das sich an den zahlreich überlieferten Aufnahmen ganz unterschiedlicher Fotoateliers ausdrückt[24], durchaus zeittypisch.

An vielen Studienfahrten, die vom Vorstand organisiert wurden, nahm Prinz Ludwig ebenfalls persönlich teil. Dabei kam sein Interesse für die fachlichen Themen des Museums ebenso zum Ausdruck wie dessen Bedeutung für die Kontaktpflege. So hieß es in einem Dankschreiben des Museumsvorstands für die Teilnahme an einer Exkursion nach Augsburg, dass der Prinz »kein Opfer scheut, wenn es gilt, dem Deutschen Museum neue wichtige Beziehungen zu erschließen.«[25] Dass Ludwig anlässlich einer solchen Exkursion zusammen mit Graf von Zeppelin »in dem wohlbewährten Luftschiff des Herrn Major von Parseval«[26] gefahren ist, kann ebenfalls als Beweis dieser ideellen Unterstützung gedeutet werden.

---

[22] Arthur Traube an seine Eltern, 27.10.1917; George Eastman House, Rochester, Collection Arthur Traube o. Sign. Hinweise auf diese Fotografien von Arthur Traube, der 1932 in die USA auswanderte, haben sich leider bislang nicht gefunden.

[23] Vgl. die digitalisierten Fotografien mit erläuternden Texten im Internetauftritt des Deutschen Museums: www.deutsches-museum.de/sammlungen/foto-und-film/frank-eugene/negative/muenchner-jahre.

[24] Vgl. Geheimes Hausarchiv, Wittelsbacher Bildersammlung zu Ludwig III. Darin enthalten sind Porträtfotografien von rund 25 Fotoateliers, u.a. Atelier Elvira (München), Josef Paul Böhm (München), Bernhard Dittmar (München), Franz Grainer (München), Theodor Hilsdorf (München), Heinrich Hoffmann (München), Carl Lang (Chur), Richard Wörsching (Starnberg).

[25] Deutsches Museum an Freiherr von Lassberg (Hofmarschallamt), 2.11.1911; DMA, VA 813/3.

[26] Verwaltungsbericht über das siebte Geschäftsjahr (1909/10), Bericht über die Ausschuss-Sitzung am 29.9.1910, S. 39; DMA, VA 4208.

Porträtaufnahme Prinzregent Ludwigs von Bayern des Kunstfotografen Frank Eugene, 1913.

Fundraising für das Deutsche Museum

Die »Begeisterung des bayerischen Königshauses für die Errichtung einer deutschen Nationalanstalt in München«[27] drückte sich schon früh in direkten Zuwendungen aus. Bereits unmittelbar nach der Museumsgründung stiftete Prinzregent Luitpold Porträtgemälde von Carl Friedrich Gauß und Joseph von Fraunhofer. Prinz Ludwig selbst sicherte dem Museum Baumaterialien aus seinen Ziegeleien im ungarischen Sárvár zu. Geldstiftungen – in Höhe von insgesamt 100 000 Mark – sind erst in der Regierungszeit Ludwigs nachgewiesen.[28] Ebenso verhält es sich mit Exponatstiftungen: Zum zehnjährigen Jubiläum des Deutschen Museums stiftete er im Jahr 1913 das Modell des von König Ludwig I. initiierten Donau-Main-Kanals, um »die Kenntnis von den Schiffahrtsstraßen und ihren Segnungen auch durch das Deutsche Museum in weiten Volkskreisen«[29] zu verbreiten. Im Dezember 1914 ist die Stiftung einer »Anzahl farbenphotographischer Aufnahmen aus den Nibelungensälen der k[öniglichen] Residenz«[30] belegt, die der Münchner Hoffotograf Arthur Schneider angefertigt hatte. Diese Autochrome sowie die zugehörige Aufbewahrungskiste mit königlichem Wappen und eine Projektionsvorrichtung sind in der Abteilung Fotografie des Deutschen Museums erhalten.

Ludwig nahm auch direkten Einfluss auf Stiftungen von Exponaten, wie an einigen Beispielen deutlich wird. So ging auf ein Treffen mit Graf Max von Berchem die Stiftung eines Fraunhofer-Teleskops zurück. Die Überlassung der Buntpapiersammlung Hübel, die sich heute im Archiv des Deutschen Museums befindet und als eine der bedeutendsten Sammlungen ihrer Art in Europa gilt, resultierte ebenfalls aus dem persönlichen Einsatz Ludwigs III. Bei einer Begegnung mit Felix Hübel in Leipzig, der hier eine bedeutende Großbuchbinderei leitete, leistete er die Überzeugungsarbeit, wie Hübel selbst schrieb: Erst dieses Gespräch habe ihn »auf die Idee [gebracht ...] da er ursprünglich an das Germanische Nationalmuseum gedacht hatte«[31]. Erwähnenswert ist auch die

---

[27]   So die Einschätzung Millers hinsichtlich der königlichen Stiftungen. Oskar von Miller an Wilhelm von Leonrod (Adjutant Prinz Ludwigs), 4.11.1906; DMA, VA 804/2.

[28]   Vgl. hierzu und zum *fürstlichen Mäzenatentum* allgemein Kraus, Repräsentation, S. 23–26.

[29]   Urkunde über die Stiftung des Modells vom Ludwig-Donau-Main-Kanal, 1.10.1913; DMA, HS 08036. Das Modell im Maßstab 1:400, das ab 1921 im Museum ausgestellt wurde, wurde im 2. Weltkrieg zerstört (Inv.-Nr. 49543).

[30]   VA 1946/1: Vermögensverwaltung König Ludwig III. an Deutsches Museum, 29.11.1914. Für den Hinweis wiederum ein großer Dank an Dr. Cornelia Kemp, Kuratorin für Foto und Film am Deutschen Museum. Die Autochrome sind inventarisiert unter den Nummern Inv.-Nr. 43309–43326.

[31]   Aktenvermerk Deutsches Museum, 19.2.1914, DMA, VA 1945.

Oskar von Miller, Prinz Ludwig von Bayern und Graf von Zeppelin nach der Landung des Parseval-Luftschiffes am 28. September 1910 in München.

Stiftung eines astronomischen Fernrohrs durch Reichsrat Ernst Graf von Moy, das als »eines der wertvollsten Objekte unseres Museums«[32] bezeichnet wurde.

Der Protektor unterstützte diesen wichtigen Teil der Museumsarbeit in Sachen *Fundraising* zudem mit sogenannten Anerkennungsschreiben für besonders hervorragende Stiftungen in Form von Geld, Museumsobjekten oder Baumaterial. Die jährlich zwischen zehn und dreißig Dankschreiben wurden in der Regel von Museumsseite entworfen, zum Teil bereits auf den Briefbögen des Hofmarschallamtes beziehungsweise Kabinetts bis zur Unterschrift vorbereitet und anschließend an die Stifter im Namen des Protektors versendet. Hinweise auf direkte Dankschreiben des Schirmherrn an Stifter sind in den Museumsakten nur vereinzelt belegt, zum Beispiel 1909 an Ferdinand Graf von Zeppelin für dessen Jahresbeitrag in Höhe von 5000 Mark

---

[32] Vorstand des Museums an Otto von Dandl (Kabinett König Ludwig III.), 7.11.1913; VA 817/3.

oder an Gustav Krupp von Bohlen-Halbach für seine Stiftung über 50000 Mark im Jahr 1907.[33] Darüber hinaus unterstützte das bayerische Königshaus die Verleihung von Orden und anderen Ehrungen für ganz herausragende Stifter.[34] Dass diese Maßnahmen (abgesehen von der Publikation der Stiftungen an verschiedenen Stellen) ihre Wirkung nicht verfehlten, zeigt die Rückantwort eines Stifters vom Februar 1914 nach Erhalt seines Dankbriefes. Er sagte dem Museum zu, »weitere sehr wertvolle Instrumente, Urkunden usw.«[35] zu stiften.

Das Protektorat in der Regierungszeit Ludwigs

Das schon in der Prinzenzeit außergewöhnliche Engagement für die Entwicklung des Deutschen Museums setzte sich in der Prinzregenten- und Königszeit fort. Bereits wenige Wochen nach seinem Regierungsantritt lud Prinzregent Ludwig den Vorstand des Museums am 3. Januar 1913 zu einer Audienz ins Wittelsbacher Palais, um Oskar von Miller und seine Abordnung über die Beibehaltung der Schirmherrschaft zu informieren. Der Vorstand wiederum war davon überzeugt, dass dies »von unseren zahlreichen Mitarbeitern und Förderern in allen Teilen des Reiches mit grösster Begeisterung aufgenommen wird und dass hieraus unserem Museum neue wertvolle Förderungen erwachsen werden«[36]. In der Jahresversammlung 1913 zum zehnjährigen Bestehen des Museums stellte der Akademiepräsident Karl Theodor von Heigel in seiner Begrüßung die großen Verdienste des Schirmherrn um das Deutsche Museum heraus, worauf dieser erwiderte, »daß ich ein Werk, an dessen Zustandekommen ich mitgewirkt habe und dessen Blühen mich erfreut, jetzt, wo ich über eine größere Macht verfüge, nicht seinem Schicksal überlasse, sondern dasselbe fördere soviel ich kann.«[37]

Der Erste Weltkrieg beeinträchtigte die Entwicklung des Deutschen Museums jedoch massiv. Es mussten nicht nur kriegswichtige Baumaterialien abgegeben werden, es waren auch viele Mitarbeiter und Förderer aufgrund ihres Kriegseinsatzes nicht mehr verfügbar. Das Museum selbst wurde um finanzielle Unterstützung von Kriegsmaßnahmen aufgefordert. Auf der Jahresversammlung am 26. und 27. Oktober 1914, die auf Einladung der beiden

---

[33] Vgl. DMA VA 809/3 und VA 817/3.

[34] Vgl. DMA VA 886. In einigen Fällen ist die Verleihung des Michaelsordens III. Klasse an Förderer des Museums belegt.

[35] Oskar von Miller an Otto von Dandl (Kabinett König Ludwig III.), 16.2.1914; DMA, VA 819/3.

[36] Vorstand des Museums an Otto von Dandl (Kabinett Prinzregent Ludwig), 8.2.1913; DMA VA 817/3.

[37] DMA, VA 4208. Verwaltungsbericht über das zehnte Geschäftsjahr (1912/13), Bericht über die zehnte Ausschuss-Sitzung am 1.10.1913, S. 22; DMA, VA 4211.

Der König besichtigt den Zug.

Ludwig III. besichtigt zusammen mit Oskar von Miller den Bayerischen Lazarettzug Nr. 2, 1915.

Vorstandsratsvorsitzenden des Museums Gustav Krupp von Bohlen und Halbach und Carl Duisberg in Essen und Leverkusen abgehalten wurde, wurde die Stiftung von 50000 Mark an König Ludwig III. beschlossen, der an dieser Sitzung nicht teilnahm. Dieser legte fest, das Geld für die Ausstattung des *Bayerischen Lazarettzugs Nr. 2* für Verwundete zu verwenden.[38]

---

[38] Vgl. hierzu und zum Folgenden: Deutsches Museum (Hrsg.): Der Bayerische Lazarettzug Nr. 2, welcher auf Befehl Sr. Majestät des Königs Ludwig III. v. Bayern unter Mitwirkung des Deutschen Museums ausgerüstet und Sr. Majestät dem

An der technischen und medizinischen Ausstattung der insgesamt 29 Wagen beteiligte sich das Deutsche Museum – auch aufgrund seiner ausgezeichneten Kontakte zur Industrie. Der Zug erhielt unter anderem einen Operations- und Röntgenwagen, einen Desinfektionswagen sowie eine Telefonanlage. Als Stifter der Einrichtung wurden u. a. die Firmen Siemens & Halske und die Münchner Polyhos GmbH gewonnen. Bereits im Januar 1915 übergab König Ludwig III. den Lazarettzug dem Deutschen Kaiser, der ihn der 6. Armee zuordnete.

Der Lazarettzug stand einerseits als ein Symbol für die praktische Anwendung von Naturwissenschaft und Technik, andererseits als ein Zeichen für die enge Verbindung des Deutschen Museums zu seinem Protektor. In diesem Fall sah sich allerdings das Museum in der Pflicht, durch Geldspenden und Kontakte den Schirmherrn finanziell und ideell zu unterstützen. Für diesen öffentlichkeitswirksamen Zweck dürften die Rüstungsunternehmen wie Krupp auch gerne zu einer Spende bereit gewesen sein.

Auf der elften Jahresversammlung am 6. Februar 1917 ergriff König Ludwig III. zum letzten Mal das Wort in seiner Funktion als Protektor des Deutschen Museums. Er versuchte dabei, den Grundgedanken des Museums auf die damalige Kriegsphase zu übertragen: »Dank eben der Naturwissenschaft und Technik [sei es gelungen,] nahezu für alles uns Fehlende Ersatz zu finden«[39] und die Ernährung der Bevölkerung sicherzustellen. Die feindlichen Boykottmaßnahmen seien zudem durch die Entwicklungen auf dem Gebiet der drahtlosen Telegrafie oder der U-Boot-Technik wirkungslos geworden, sodass er der Zukunft mit Vertrauen entgegen sehe. Der Optimismus Ludwigs III. war letztlich nichts weiter als eine Durchhalteparole. Aufgrund der Kriegsauswirkungen konnte die für den Herbst 1917 geplante Ausschuss-Sitzung ebenso wenig stattfinden wie die Jahresversammlungen in der unmittelbaren Nachkriegszeit. Das Museum erlebte in diesen Jahren der Umwälzungen seine schwierigste Zeit.

Verbundenheit über die Monarchie hinaus – Resümee

Die Verbundenheit des Deutschen Museums und Oskar von Millers zum königlichen Schirmherrn überdauerte die Monarchie. Dass dessen Wohlwollen und persönlicher Einsatz zum Erfolg des Deutschen Museums beigetragen

---

Deutschen Kaiser zur Verfügung gestellt wurde. München [1915] (Abhandlungen und Berichte 14) und Johannes-Geert Hagmann: Vorbild und Vorführrobjekt. Das Deutsche Museum und der Bayerische Lazarettzug No. 2, in: Kultur und Technik 1 (2014), S. 22–25.

[39] Verwaltungsbericht über das dreizehnte Geschäftsjahr (1915/16), Bericht über die Ausschuss-Sitzung am 6.2.1917, S. 31; DMA, VA 4214.

hatten, wurde 1921 im ersten Verwaltungsbericht nach dem Ersten Weltkrieg prominent erwähnt: »Unser Protektor König Ludwig III. hat nicht nur alle unsere Versammlungen geleitet und denselben durch wichtige Ansprachen besondere Bedeutung verliehen, er hat nicht nur alle unsere Studienfahrten (...) mitgemacht, sondern er hat auch jedes Jahr die gesamte Vorstandschaft und den Ausschuß zu sich zu Gast geladen, um den jährlichen Festvorträgen eine erhöhte Bedeutung zu verleihen und um mit den zahlreichen Förderern des Museums persönlich Fühlung nehmen zu können.«[40] Bereits diese wenigen Sätze zeigen das beachtliche Engagement Ludwigs (III.) von Bayern als Protektor des Deutschen Museums:

Schon beim ersten Aufruf zur Gründung des Museums war er ein zentrales Element des Gründerkreises und konnte das Potenzial des Deutschen Museums in repräsentativer und ideeller Hinsicht enorm steigern. Bei der Bildung des umfassenden Unterstützernetzwerkes – von Kaiser Wilhelm II., den Deutschen Bundesstaaten und Städten über Großindustrielle und Nobelpreisträger bis hin zu den Technikern und Ingenieuren – trug er sehr zur »Strahlkraft der Neugründung«[41] als überregionale, gesamtstaatliche Einrichtung bei.

Ganz konkret waren es die Einladungen auf sein Gut Leutstetten und zu Festvorträgen in seine Residenz, die persönliche Teilnahme an Exkursionen des Museums, die Anregungen zu und Dankschreiben für Stiftungen, aber auch allein seine Anwesenheit und programmatischen Redebeiträge bei den Jahresversammlungen, die die Museumsaktivitäten in der Gründungs- und Aufbauphase des Museums insgesamt erheblich förderten und *adelten*.

Der erstaunliche Enthusiasmus für das technisch-naturwissenschaftliche Museum in München erklärt sich vor allem auch mit den persönlichen Interessensschwerpunkten Ludwigs und mit seiner Zielrichtung, die Reputation des Königreiches Bayerns auf naturwissenschaftlichem und technischem Gebiet zu stärken. Dass er in vielen Fällen durch das Museum instrumentalisiert oder zumindest beeinflusst wurde, nahm Ludwig bereitwillig in Kauf.

Insgesamt ist die Sichtweise, die anlässlich der Jahresversammlung am 6. Mai 1925 zur Eröffnung des Museums am heutigen Standort geäußert wurde, nicht allzu *höfisch* zu verstehen: »Das Deutsche Museum dankt seinem Protektor außerordentlich viel; [...] man kann wohl sagen, daß er das Deutsche Museum in den Sattel gesetzt hat.«[42]

---

[40] Verwaltungsbericht über das 16.–18. Geschäftsjahr (1918–1921), Bericht über die Jahresversammlung 1921, S. 3; DMA, VA 4217. Seinen *unauslöschlichen Dank* brachte der Museumsvorstand auch in einem Telegramm an »Seine Majestät König Ludwig, Schloß Wildenwart« zum Ausdruck.

[41] Kraus, Repräsentation, S. 26.

[42] Verwaltungsbericht über das 21. Geschäftsjahr (1923–1925), Bericht über die Ausschuss-Sitzung am 6. Mai 1925, S. 11; VA 4219.

Literatur

Beckenbauer, Alfons: Ludwig III. von Bayern 1845–1921. Ein König auf der Suche nach seinem Volk, Regensburg 1987.

Deutsches Museum (Hrsg.): Der Bayerische Lazarettzug Nr. 2, welcher auf Befehl Sr. Majestät des Königs Ludwig III. v. Bayern unter Mitwirkung des Deutschen Museums ausgerüstet und Sr. Majestät dem Deutschen Kaiser zur Verfügung gestellt wurde. München [1915] (Abhandlungen und Berichte 14).

Füßl, Wilhelm: Oskar von Miller (1855–1934). Eine Biographie, München 2005.

Ders.: Gründung und Aufbau 1903–1925, in: Wilhelm Füßl/Helmuth Trischler (Hrsg.): Geschichte des Deutschen Museums. Akteure, Artefakte, Ausstellungen, München 2003, S. 59–101.

Kraus, Elisabeth: Repräsentation, Renommee, Rekrutierung. Mäzenatentum für das Deutsche Museum, München 2013 (Deutsches Museum Preprint 9).

Matthias Röschner ist Historiker und stellvertretender Leiter des Archivs des Deutschen Museums (seit 2009). Nach Geschichts- und Lateinstudium und Promotion in Mainz war er Archivreferendar im Landesarchiv Baden-Württemberg und an der Archivschule Marburg (2002–2004), danach Referent im Staatsarchiv Ludwigsburg (2004–2009).

Katharina Weigand
Der vielfach Vergessene
Die Rolle Georg von Hertlings in der deutschen und bayerischen Politik

Das Amt des Vorsitzenden im Ministerrat des Königreiches Bayern und die Intensität der Zusammenarbeit mit König Ludwig III. markieren, vor der Übernahme der Reichskanzlerschaft, den Höhepunkt in Hertlings politischer Karriere. Gleichwohl darf man diese Karriere nicht auf die Jahre von 1912 bis 1917 reduzieren. Man braucht den Blick auf den Wissenschaftler und Parlamentarier seit den 60er-Jahren des 19. Jahrhunderts, um seiner Laufbahn gerecht zu werden und um seine Rolle in der bayerischen Politik während der Ludwig III.-Zeit zu verstehen.

In eine zutiefst katholische Familie, aber gerade nicht in eine zutiefst katholische Welt, wurde Georg von Hertling am 31. August 1843 in Darmstadt hineingeboren. Der Vater, Jakob Freiherr von Hertling, war Rat am Hofgericht in Darmstadt und Großherzoglich Hessischer Kammerherr – ein Katholik in Diensten des überwiegend protestantisch geprägten Großherzogtums Hessen-Darmstadt. Die streng gläubige Mutter, Antonie von Hertling, stammte aus einer angesehenen Frankfurter Familie. Früh, im Alter von sieben Jahren, verlor Georg von Hertling den Vater, die Erziehung der insgesamt vier Kinder lag von da an ganz in den Händen der Mutter.

In Darmstadt besuchte Georg von Hertling das Gymnasium, 1861 legte er sein Abitur ab. Nicht ganz leicht fiel ihm anschließend die Entscheidung, welches Studienfach er wählen solle. Den entscheidenden Impuls, sich besonders der Philosophie zu widmen, scheint Georg von Hertling von seinem Vetter Franz Brentano erhalten zu haben, dieser wurde 1872 zum Philosophieprofessor an der Würzburger Universität berufen. In München, wo Georg von Hertling sein Studium fortsetzte, fühlte er sich anfangs fremd, die altbayerische Wesensart behagte ihm nicht. Nachdem er jedoch in der bayerischen Haupt- und Residenzstadt einer katholischen Studentenverbindung, der Aenania, beigetreten war, hatte er offensichtlich ein Ziel gefunden, das seinem Leben von nun an die Richtung vorgab. Denn lobend hob er in seinen Memoiren hervor, was die Basis dieser Vereinigung bildete: feste »religiöse [man muss hinzufügen: katholische] Überzeugung« einerseits und »ernstes wissenschaftliches Streben«[1] andererseits und damit eine Kombination von Glaube und Ratio, deren Möglichkeit den

---

[1] Georg von Hertling: Erinnerungen aus meinem Leben, Bd. 1, Kempten/München 1919, S. 42.

Georg von Hertling

Katholiken während des 19. Jahrhunderts von protestantischer Seite vielfach abgesprochen wurde. Tatsächlich wirkte und kämpfte Georg von Hertling sein ganzes Leben lang an der Seite der politisch aktiven, für die Sache des Katholizismus streitenden, die Gleichberechtigung ihrer Glaubensbrüder fordernden deutschen Katholiken, an den verschiedensten Fronten, mit den unterschiedlichsten Mitteln. Niederlagen sollten ihm dabei freilich nicht erspart bleiben.

Hertling studierte in München, Münster und Berlin, wo er seine Dissertation über Aristoteles verfasste. 1864 wurde er zum Dr. phil. promoviert, sein Doktorvater war der protestantische Philosoph Friedrich Adolf Trendelenburg; 1867 habilitierte Hertling sich an der Universität Bonn. Doch das dortige Klima erwies sich als zunehmend frostig für den großdeutsch gesinnten katholischen Hessen, vor allem nachdem Preußen im deutschen Krieg von 1866 gegen Österreich gesiegt hatte. Volle fünfzehn Jahre lang musste Hertling in Bonn als Privatdozent ausharren. Obwohl er eine beachtliche Liste von Publikationen und auch Lehrerfolge vorweisen konnte, verweigerte ihm die Philosophische Fakultät der Universität Bonn 1875 und 1879 die Ernennung zum außerordentlichen Professor, ein Titel, der noch nicht einmal mit einem Besoldungsanspruch verbunden war.

Intensiv verfolgte Georg von Hertling die kirchenpolitischen Auseinandersetzungen dieser Jahre. Doch er setzte sich schon bald mit diesen Ereignissen, die unter der Bezeichnung »Kulturkampf« in die Geschichte eingegangen sind, nicht nur auseinander, seit 1875 bezog er als Reichstagsabgeordneter der 1870 bzw. 1871 in Preußen bzw. im Reich gegründeten katholischen Zentrumspartei aktiv Stellung. Sein enger Kontakt zu Ludwig Windthorst, dem unbestrittenen Führer des Zentrums und scharfen parlamentarischen Gegner Bismarcks, daneben aber auch »sein grundsätzlich klardurchdachtes Auftreten zugunsten einer zu schaffenden Arbeiterschutzgesetzgebung«[2], verhalfen Georg von Hertling innerhalb kürzester

---

[2]   Karl Bachem: Hertling, Georg Freiherr (später Graf) v., in: Deutsches Biographisches Jahrbuch, Überleitungsband II: 1917–1920, Berlin/Leipzig, S. 416–426, hier S. 417f.

Zeit zu Ansehen und Respekt – selbst beim politischen Gegner. Von 1875 bis 1890 und dann wieder von 1896 bis 1912 gehörte er dem Reichstag als Abgeordneter der Zentrumsfraktion an.

Nachdem Hertling sich als Abgeordneter und als Gründer der »Görres-Gesellschaft zur Pflege der Wissenschaft im katholischen Deutschland« (1876) allmählich einen Namen gemacht hatte, ging es auch mit seiner Universitätskarriere doch noch voran. 1880 wurde er vom preußischen Kultusminister Robert von Puttkamer zum Extraordinarius an der Universität Bonn ernannt, freilich noch immer gegen das Votum der dortigen Fakultät. Zwei Jahre später nahm Hertling den Ruf auf die Professur für Philosophie an der Münchner Ludwig-Maximilians-Universität an, trotz gewisser Anfeindungen von Seiten der selbst in München mehrheitlich liberal ausgerichteten Fakultät.

Georg von Hertling nahm seine

Unbestrittener Führer des Zentrums und enger Weggefährte Hertlings: Ludwig Windthorst, 1889.

Berufung nach München ernst und er begann, sich hier einzuleben. Neben seinen obligatorischen Pflichten betreute er an der Universität bald schon diverse Doktorarbeiten und Habilitationen, 1896 wurde er in die Königlich Bayerische Akademie der Wissenschaften aufgenommen, 1898 und 1900 lehnte er Rufe an die Universität in Bonn ab. Um den wachsenden Anforderungen an der Münchner Universität sowie als Präsident der Görres-Gesellschaft gerecht zu werden, verzichtete er 1890 darauf, sich erneut in den Reichstag wählen zu lassen. Seine politischen Kontakte rissen zwar keineswegs gänzlich ab, doch zeigte Hertling nie irgendwelche Ambitionen, sich als Kandidat für den Bayerischen Landtag aufstellen zu lassen, auch dann nicht, als sich die Patriotenpartei 1887 in »bayerisches Zentrum« umbenannt hatte. Fragt man nach den Gründen für diese auf den ersten Blick merkwürdige Enthaltsamkeit, so ist man mit seinem zumindest als zwiespältig zu bezeichnenden Verhältnis zu Bayern und seinen Bewohnern konfrontiert. Während seines bereits erwähnten kurzen Münchner Studienaufenthalts 1862 hatte er sich mit der altbayerischen Mentalität schwergetan. Nun, als wohlbestallter Professor, fiel ihm die Übersiedlung nach München offensichtlich leichter, es gelang ihm, sich mit Altbayern und seinen Bewohnern zumindest in Teilen zu arrangieren. Mit seiner Frau, Anna von Hertling, entdeckte er Mitte der 1880er-Jahre als Domizil für die jährliche Sommerfrische, die aufzusuchen für einen Münchner Professor Mitte des 19. Jahrhunderts geradezu ein gesell-schaftliches Muss darstellte, den Ort Ruhpolding. Offensichtlich konnte sich die Familie Hertling dort recht schnell eingewöhnen. Denn in seinen Erinne-rungen schwärmt Georg von Hertling einige Zeit später von den vielen Berg-touren, die er unternommen habe.

Gleichzeitig kam es jedoch immer wieder auch zu teilweise heftigen Abstoßungs-reaktionen zwischen Georg von Hertling und den Bayern. Vor allem sein Ver-hältnis zur Patriotenpartei bzw., seit 1887, zum bayerischen Zentrum muss man in Teilen als schwierig, ja als konfliktträchtig bezeichnen. Das hatte mehrere Ursachen.

Georg von Hertling, der von seinen Zeitgenossen zumeist als zurückhal-tender, vornehmer Gelehrter beschrieben wurde, war auch als Parlamenta-rier ein Verfechter der leisen Töne, ein Freund des diplomatischen Aushan-delns. Der häufig raue Ton, die bisweilen gar derben Auseinandersetzungen im Bayerischen Landtag müssen ihm ein Gräuel gewesen sein. Weit schwerer aber wog der Umstand, dass seit den späten 1880er-Jahren der linke Flü-gel des bayerischen Zentrums, der vor allem bäuerliche und kleinbäuerliche Wähler mobilisieren konnte, deutlich gegenüber dem bürgerlich-adeligen Flügel erstarkt war.

Hertling dagegen war durch und durch ein Vertreter des gehobenen bürgerli-chen Lagers. Überhaupt erschien ihm das bayerische Zentrum in weiten Teilen als eine Partei »der ›kleinen Leute‹, die argwöhnisch und mißtrauisch auf jeden blicken, der an Besitz und Bildung über ihnen steht«[3]. Was allgemein den Kurs des Zentrums anbelangte, so führte Hertling aus, dass es zwar lobenswert sei, »die Interessen der unteren Bevölkerungsschichten zu berücksichtigen, ›nur muß man die Gewähr haben, daß die Führung in der Hand der sozial und intellektuell höher Stehenden verbleibt‹, die dann das Parteivolk ›auf ein höhe-res Niveau‹ zu heben hätten.«[4]

---

[3]   Georg von Hertling: Erinnerungen aus meinem Leben, Bd. 2, hrsg. von Karl Graf von Hertling, Kempten/München 1920, S. 249.
[4]   Zit. nach Bernhard Löffler: Stationen parlamentarischen Wandels in Bayern, in: Zeitschrift für bayerische Landesgeschichte 58 (1995), S. 959–989, hier S. 980.

Statt sich also in die – aus seiner Sicht wohl – Niederungen des Bayerischen Landtags zu begeben, pflegte Hertling seit seiner Berufung nach München den Kontakt mit einigen wenigen dem bürgerlich-adeligen Lager angehörenden Vertretern des bayerischen Zentrums, etwa mit dem Reichstagsabgeordneten Konrad Graf von Preysing sowie mit Mitgliedern der sogenannten Hofpartei, zu denen u. a. der bayerische Gesandte in Berlin, Hugo Graf von und zu Lerchenfeld, der Chef der Geheimkanzlei des Prinzregenten, Peter von Wiedenmann, und Oberststallmeister Karl Graf Wolfskeel von Reichenberg gehörten. Insgesamt ist unübersehbar, dass Hertling, seit er in München war, trotz seiner Herkunft aus dem politischen Katholizismus, zum bayerischen Zentrum eher Distanz hielt, dass er stattdessen immer wieder – auf Bitten des Hofes – als eine Art unparteiischer Vermittler bei Konflikten zwischen dem liberalen Ministerium und den Zentrumsabgeordneten auftrat. Und wenn er glaubte, dass es erforderlich sei, dann war Hertling sogar bereit, massiv gegen das Zentrum Stellung zu beziehen, etwa im Jahr 1890, als der linke Zentrumsflügel um jeden Preis einen deutschen Katholikentag in München ausrichten wollte, was vom gesamten Ministerium, vom Hof sowie von Prinzregent Luitpold persönlich auf das Entschiedenste abgelehnt wurde, nachdem es 1889 im Landtag zwischen dem Zentrum und dem Ministerium erneut zu scharfen Auseinandersetzungen um kirchenpolitische Fragen gekommen war.

Neben seinem Bemühen um die Gleichberechtigung der Katholiken und ihre Integration ins Kaiserreich erkennt man in diesem Zusammenhang die zweite – und mindestens so wirkmächtige – politische Antriebsfeder bei Georg von Hertling: die Bewahrung der politischen Ordnung der konstitutionellen Monarchie und somit die Verhinderung einer Parlamentarisierung im deutschen Kaiserreich und gleichermaßen im Königreich Bayern. In diesem Zusammenhang gilt es noch einmal zu differenzieren: Auf der Ebene des Reichstags, angesichts des Umstandes, dass die Katholiken im Kaiserreich in der Minderheit waren, stand bei Hertling sicherlich das Motiv, die Sache der Katholiken zu befördern, im Vordergrund seines Engagements. Anders sah es dagegen in Bayern aus. Hier waren die Katholiken keine Minorität, hier verfügte die Partei des politischen Katholizismus im Landtag seit geraumer Zeit über die Stimmenmehrheit. Angesichts dieser Verhältnisse und angesichts der angesprochenen Demokratisierungsforderungen des linken Zentrumsflügels erschien es Georg von Hertling offensichtlich wichtiger, sich in Bayern primär für den Schutz des Systems der konstitutionellen Monarchie einzusetzen. Demgegenüber konnte der Kampf für die Gleichberechtigung der Katholiken in den Hintergrund treten.

Der Prinzregent, die ihn umgebenden Vertrauten, der Hof – sie alle registrierten sehr wohl diese politische Grundeinstellung des Münchner Philosophieprofessors und erfahrenen Zentrumspolitikers. Daher hatten sie ein Interesse daran,

Hertling weiterhin in die Politik, zumindest im Königreich Bayern, einzubinden. Aus diesem Grund wurde er 1891 zum Reichsrat der Krone auf Lebenszeit ernannt, er war also nun Mitglied der Ersten Kammer des Bayerischen Landtags. Von da an betraute man ihn immer wieder mit heiklen Vermittlungsaktionen zwischen der bayerischen Regierung, Kirchenvertretern und der Kurie in Rom, Tätigkeiten, die Hertling auch bald schon auf Reichsebene beschäftigen sollten, etwa wenn es um die Frage ging, wie in Zukunft das Jesuitengesetz von 1872 anzuwenden sei, wenn Auseinandersetzungen zwischen ultrakonservativen und eher liberal eingestellten Kirchenvertretern in Deutschland zu schlichten waren oder wenn das in Zentrumskreisen heiß umkämpfte Problem im Raum stand, ob die Kirche nur rein katholische Arbeitervereinigungen oder auch gemischt konfessionelle Gewerkschaften unterstützen solle. Hertling votierte in diesem Zusammenhang für die Stärkung konfessionell gemischter christlicher Arbeitervereinigungen, um auf diesem Wege den Aufstieg der Sozialdemokratie in Deutschland doch noch zu verhindern und um damit das System der konstitutionellen Monarchie zu bewahren und zu sichern.

Als es im Jahr 1911 in Bayern zu einer akuten Regierungskrise kam, zu der Ängste vor einem weiteren Erstarken der Sozialdemokratie erheblich beigetragen hatten, da agierte Georg von Hertling schon längst wieder, nämlich seit 1896, als Zentrumsabgeordneter im Reichstag in Berlin. Außerdem hatte ihn seine Partei 1909 zum Vorsitzenden der dortigen Zentrumsfraktion gewählt. Hertling war damals sicherlich überzeugt, den Gipfel seiner politischen Karriere erklommen zu haben. Doch dann erreichte ihn Anfang Februar 1912 das Angebot des Prinzregenten Luitpold, den Posten des Ministers des Kgl. Hauses und des Äußern sowie den Vorsitz im bayerischen Ministerrat zu übernehmen.

Dies war ein in mehrfacher Hinsicht überraschendes, ja sensationelles Angebot – zum ersten Mal ging ein solches Angebot an einen Mann der Zentrumspartei und damit der Mehrheitsfraktion im Bayerischen Landtag, der nun auch noch selbst die anderen Minister aussuchen durfte. Dem waren freilich ein lange andauernder Autoritätsverlust der liberalen Ministerien sowie die erwähnte Regierungskrise vorausgegangen. Im November 1911 war es im Bayerischen Landtag zum Eklat gekommen, als sich die Zentrumsfraktion geweigert hatte, den von der Regierung vorgestellten Entwurf des Verkehrsetats überhaupt nur zu beraten. Um diesen Vorgang in seiner ganzen Tragweite zu erfassen, bedarf es dreier Vorinformationen: Seit etwa der Jahrhundertwende war es erstens dem bürgerlich-adeligen Flügel des bayerischen Zentrums gelungen, den linken Flügel zurückzudrängen und die Tagespolitik wieder maßgeblich zu bestimmen. Nach dem Wortlaut der Bayerischen Verfassung stand – zweitens – dem Landtag kein Recht auf Überprüfung, Billigung oder Zurückweisung einzelner Etatposten zu, lediglich das Gesamtbud-

Ruhpolding, 1919. In der oberbayerischen Gemeinde verbrachte Hertling seit Mitte der 1880er-Jahre die Sommerfrische. Er verstarb dort im Jahr 1919.

get konnte gebilligt oder verworfen werden. Doch seitdem die Konservativen die Mehrheit in der Abgeordnetenkammer hielten, also seit 1869, hatte die Regierung häufig selbst den Weg der inoffiziellen Vorverständigung gesucht; dies war nun fast schon zu einer Art Gewohnheitsrecht geworden. Und drittens hatte es sich das Zentrum immer wieder mehrheitlich, sogar in den Zeiten schärfster kirchenpolitischer Auseinandersetzungen, versagt, das Druckmittel einer politischen Totalverweigerung einzusetzen, denn man wollte den regierenden Monarchen bzw. den Regenten, man wollte das monarchische Prinzip nicht auf diese Weise beschädigen. Nun aber, im November 1911, war es so weit gekommen: Das bayerische Zentrum lehnte es rundweg ab, über den Verkehrsetat auch nur zu sprechen und machte sich so, wenn man scharf argumentiert, eines Verfassungsbruchs schuldig.

Den politischen Hintergrund dieser Staatsaffäre bildeten Auseinandersetzungen zwischen dem Zentrum und dem linksliberalen Verkehrsminister Heinrich von Frauendorfer. Konkret ging es um Frauendorfers tolerante Haltung gegenüber dem gewerkschaftsnahen und sozialdemokratisch geprägten »Verband des Süddeutschen Eisenbahn- und Postpersonals«, während das Zentrum dem

Verband einen »staatsgefährdenden ›stillen Terrorismus‹«[5] unterstellte und eine scharfe staatliche Vorgehensweise forderte. Nach weiteren Zuspitzungen der Krise brachte selbst ein vertrauliches Gespräch zwischen dem Vorsitzenden im Ministerrat, Klemens Graf von Podewils-Dürniz, und Vertretern der Zentrumsfraktion keine Beruhigung der Lage, vor allem nachdem plötzlich die Drohung einer totalen Budgetverweigerung im Raum stand. Podewils glaubte daraufhin die Flucht nach vorne antreten zu müssen. Er forderte vom Regenten die Auflösung des Landtags und sofortige Neuwahlen. Luitpold erfüllte Podewils' Wunsch, worauf dieser am Wahltag pro forma zurücktrat. Denn Podewils ging fest davon aus, die Wahlen würden dem Zentrum den Verlust der Mehrheit in der Abgeordnetenkammer bescheren, woraufhin der Regent ihn erneut zum Vorsitzenden im Ministerrat berufen würde.

Das Zentrum reagierte zuerst geschockt, seit 1869 hatte die Krone nicht mehr zu dem finalen Mittel der Landtagsauflösung gegriffen. Doch dann fing man sich wieder, überzeugt davon, einen ernsten Kampf gegen die Bedrohung von links führen zu müssen, wie dies der Zentrumsabgeordnete Franz Xaver Lerno damals auf den Punkt brachte: »Das Unerhörte ist Ereignis geworden (...) Und warum? Weil wir als eine konservative Partei eingetreten sind dafür, daß die Grundlagen des monarchischen Staates aufrecht erhalten werden gegenüber Umstürzlern und Sozi, die begünstigt werden von einem der Minister. (...) Es handelt sich darum, wer in Bayern herrschen soll: Die Sozi oder konservativ-monarchisch-bürgerliche Gedanken.«[6]

Die Wahlen am 5. Februar 1912, bei der die Liberalen mit dem Bauernbund und den Sozialdemokraten ein Bündnis eingingen, brachten dem Zentrum zwar Stimmenverluste, doch es konnte die absolute Mehrheit im Bayerischen Landtag halten. Und nun passierte etwas, womit Graf Podewils offensichtlich nicht gerechnet hatte. Einerseits hatte das Bündnis der Liberalen mit den Sozialdemokraten in Hofkreisen, beim Prinzen Ludwig, dem nachmaligen König Ludwig III., aber auch bei seinem Vater, dem Prinzregenten Luitpold, zu gewissen Ängsten geführt. Andererseits äußerten sich enge Berater des Prinzregenten besorgt über einen andauernden Blockadezustand zwischen Regierung und Landtagsmehrheit, man befürchtete, dass die bayerische Staatsspitze über kurz oder lang handlungsunfähig werden würde. Aus diesem Patt führte freilich nur ein Weg: Es galt, nicht noch einmal Podewils oder einen anderen Liberalen, sondern nun einen Zentrumsmann zum Vorsitzenden im Ministerrat zu ernennen.

Konfrontiert mit der Aufforderung des Prinzregenten, das Amt des Vorsitzenden im Ministerrat zu übernehmen, reagierte Georg von Hertling im Februar 1912 alles andere als begeistert. Er bat sich Bedenkzeit aus, er sprach zuerst

5   Zit. nach Löffler, Stationen, S. 969.
6   Zit. nach Löffler, Stationen, S. 971f.

noch mit dem Grafen Podewils, dann mit dem Regenten, bevor er das ihm angetragene Amt annahm und dabei äußerte: »Aber Königliche Hoheit, ich hätte eher gedacht, daß die Frauentürme einstürzen, als daß Sie mich mit der Bildung eines Ministeriums beauftragen.«[7]

Persönlicher Ehrgeiz, wie ihm das der düpierte Graf Podewils unterstellte, hat Georg von Hertling sicherlich nicht in sein neues Amt getrieben. Schon 1908 hatte er seiner Frau gestanden: »Mit 65 Jahren muß man nichts mehr wollen.«[8] Die Ängste der politischen Gegner, er werde Bayern der Herrschaft der katholischen Kirche, zumindest aber der des Zentrums ausliefern, konnte der neue Vorsitzende im Ministerrat wahrscheinlich nicht recht nachvollziehen. Denn das hätte ja bedeutet, dass er, Hertling, der sich zeitlebens für den Erhalt der konstitutionellen Monarchie eingesetzt hatte, dieses Ideal nun verleugnen würde – das Gegenteil war der Fall. Er legte alle seine Parteiämter nieder, er trat sogar aus dem Zentrum aus. Die neue Regierung Hertling war alles andere als eine Regierung der Zentrumspartei, sie war vielmehr ein reines Beamtenministerium. Hertling selbst stellte sich bewusst in die Tradition seiner Vorgänger, er sah sich als Minister der Krone, als Minister einer konstitutionellen und eben nicht einer parlamentarischen Monarchie. Ungeklärt bleibt freilich, inwieweit Hertling selbst voller Unbehagen gespürt haben mag, dass mit seiner Berufung in das Amt des Vorsitzenden im Ministerrat ein Damm gebrochen, ein erster Schritt unternommen war, der dann eben doch zur Parlamentarisierung der Monarchie führen würde. Denn nun war unübersehbar geworden, dass die Zeiten, in denen sich eine vom Monarchen eingesetzte Regierung auf Dauer auch gegen den Willen der Mehrheit im Landtag hatte durchsetzen können, vorbei waren, selbst wenn die einmalige Berufung eines Zentrumspolitikers freilich noch weit entfernt war von der formellen, verfassungsrechtlichen Festschreibung der Parlamentarisierung im Königreich Bayern. Gleichwohl ist man geneigt, in diesem Zusammenhang von einer geradezu tragischen Rolle Hertlings zu sprechen.

Hertlings politisches Wirken seit 1912 brachte dem Königreich Bayern tatsächlich keine dramatischen Veränderungen. Sein Wirken galt weiterhin, ja verstärkt der Sicherung des monarchischen Prinzips. In diesem Zusammenhang gehört sein größtenteils recht ungeschicktes Agieren 1912 und 1913, als er alles daran setzte, dem Prinzregenten Ludwig vorzeitig, also vor dem Ableben des regierungsunfähigen Königs Otto, die bayerische Krone zu verschaffen. Wahr-

---

7   Zit. nach Karl Graf von Hertling: Ein Jahr in der Reichskanzlei. Erinnerungen an die Kanzlerschaft meines Vaters, Freiburg/Br. 1919, S. 6.

8   Zit. nach Rudolf Morsey: Georg Graf v. Hertling (1843–1919), in: Ders. (Hrsg.): Zeitgeschichte in Lebensbildern. Aus dem deutschen Katholizismus des 20. Jahrhunderts, Mainz 1973, S. 43–52, hier S. 49.

scheinlich hat Hertling der Sache der Monarchie in Bayern auf diese Weise eher geschadet denn genützt. Außerdem sah sich Hertling seit 1912 vor allem dem Ziel verpflichtet, eine Herrschaftsübernahme der Sozialdemokratie zu verhindern. Darüber hinaus versuchte er, die Stellung Bayerns gegenüber den Zentralisierungstendenzen, die von Berlin ausgingen, zu verteidigen.

Ein anderes politisches Feld, und hier unterscheidet sich Hertlings Vorgehensweise dann doch erheblich von der seiner Amtsvorgänger, betrifft das Zusammenleben von Staat und Kirche. Das angespannte Verhältnis zwischen dem bayerischen Staat und der römischen Kurie einerseits, zwischen dem bayerischen Staat und den Kirchenvertretern in Bayern sowie den Vertretern des politischen Katholizismus andererseits, begann sich nach langen Jahren des Streits und der Konfrontation deutlich zu entspannen. Und schließlich war es eines der Ziele Georg von Hertlings seit 1912, Bayern zu der, ja zur eigentlichen katholischen Macht im Kaiserreich werden zu lassen, denn er glaubte, hier ein schmerzhaftes Versäumnis der vorangegangenen bayerischen Regierungen wettmachen zu müssen: »Bayerns Beruf ist es, die katholische Vormacht im Reich zu sein. Daß es diese Aufgabe mehr als vierzig Jahre nicht begriffen hat, ist traurig genug: der jetzige König [Ludwig III.] aber ist durchaus davon erfüllt, und daß ich seine Auffassung teile, ja daß es dieser Gedanke ist, der mir meine jetzige Stellung wertvoll macht, brauche ich (...) nicht zu sagen.«[9]

Als besonders aufregend oder sensationell mag Hertlings Politik seit 1912 dem heutigen Zeitgenossen trotzdem nicht erscheinen. Und hinzu kommt noch, dass bereits zwei Jahre nach seiner Amtsübernahme, mit dem Ausbruch des Ersten Weltkrieges, ganz andere politische Prioritäten gesetzt wurden, gesetzt werden mussten, die Hertlings ureigenste Ziele teilweise als marginal, als vernachlässigenswert, als randständig erscheinen ließen, teilweise vertagte man sie gleich auf die Zeit nach dem Krieg. Hinzu kommt noch, dass Georg von Hertling bereits 1917 sein Amt als Vorsitzender im bayerischen Ministerrat wieder aufgab, um, von Kaiser Wilhelm II. nach Berlin gerufen, die Stelle des Reichskanzlers sowie die des preußischen Ministerpräsidenten einzunehmen.

Auch in diesem Amt – wie als Vorsitzender im bayerischen Ministerrat – muss man Georg von Hertling freilich als einen vielfach Vergessenen bezeichnen. Selbst wenn man das vernichtende Urteil des Fürsten von Bülow, wonach Hertling »infolge einer rasch fortschreitenden Arteriosklerose« damals bereits »körperlich verfallen«[10] gewesen sei, nicht teilt, so ist gleichwohl unübersehbar, dass der damals 74-jährige, nicht mehr allzu belastbare und schwer seh-

---

[9]   Zit. nach Hans-Michael Körner: Staat und Kirche in Bayern 1886–1918, Mainz 1977, S. 173.
[10] Bernhard Fürst von Bülow: Denkwürdigkeiten, Bd. 3: Weltkrieg und Zusammenbruch, hrsg. von Franz von Stockhammern, Berlin 1931, S. 273.

behinderte Hertling in Berlin gerade unter den obwaltenden Verhältnissen kaum noch reüssieren konnte.

Ein politisches Gespenst, das er immer bekämpft hatte, sollte ihm jedoch auch in Berlin gegenübertreten: der Niedergang der konstitutionellen Monarchie. Denn als die Generäle Hindenburg und Ludendorff eingestehen mussten, dass die militärische Niederlage der deutschen Truppen nicht mehr zu verhindern sei, da überließen sie der zivilen Regierung die Verhandlungen und damit auch die Verantwortung für die Bedingungen des Waffenstillstandes und des anschließenden Friedensvertrages. An der hierfür nötig gewordenen Umbildung der Reichsregierung, die auf eine weitgehende Parlamentarisierung hinauslief, konnte und wollte sich Hertling nicht beteiligen. Er demissionierte und erhielt am 3. Oktober 1918 seine Entlassung von Wilhelm II. Endgültig hatte Hertling jene politische Entwicklung eingeholt, die er immer hatte verhindern wollen. Dass er außerdem miterleben musste, dass die Revolution von 1918 ihren ersten Erfolg im Königreich Bayern verbuchen

Georg von Hertling, 1917.

konnte und dass der König, Ludwig III., die Flucht ergriff, ja dass die monarchische Staatsform schließlich in ganz Deutschland hinweggefegt wurde, all dies dürfte von Georg von Hertling als die wahre Katastrophe, als Zusammenbruch seiner Welt und seiner Ideale interpretiert worden sein, ganz abgesehen davon, dass zum Jahreswechsel 1918/19 recht chaotische Zustände in weiten Teilen Bayerns herrschten.

Den Zusammenbruch seiner Welt konnte und wollte Georg von Hertling nicht mehr verstehen. Seine folgenden Worte zeugen von der Hilflosigkeit, mit der er den Ereignissen des Jahres 1918 gegenüberstand: »Und daß es gar in Bayern einer von außen kommenden Agitation möglich war, das scheinbar so fest begründete Staatswesen in wenigen Stunden umzustürzen und die Monarchie, die, wie ich glaubte, nirgendwo so starke Wurzeln hatte wie bei uns, kurzerhand zu beseitigen, ist ein Rätsel, das auch ein künftiger Historiker kaum wird lösen können.«[11] Nur zwei Monate später war Georg von Hertling tot, gestorben an einem Herzschlag am 4. Januar 1919.

Literatur

Becker, Winfried: Georg von Hertling 1843–1919, Bd. 1: Jugend und Selbstfindung zwischen Romantik und Kulturkampf, Mainz 1981.

Becker, Winfried (Hrsg.): Georg von Hertling 1843–1919, Paderborn u.a. 1993.

Gies, Horst: Die Regierung Hertling und die Parlamentarisierung in Deutschland 1917/18, in: Der Staat. Zeitschrift für Staatslehre, öffentliches Recht und Verfassungsgeschichte 13 (1974), S. 471–496.

Hertling, Georg von: Erinnerungen aus meinem Leben, Bd. 1, Kempten/München 1919.

Hertling, Georg von: Erinnerungen aus meinem Leben, Bd. 2, hrsg. von Karl Graf von Hertling, Kempten/München 1920.

Hertling, Karl Graf von: Ein Jahr in der Reichskanzlei. Erinnerungen an die Kanzlerschaft meines Vaters, Freiburg/Br. 1919.

Körner, Hans-Michael: Staat und Kirche in Bayern 1886–1918, Mainz 1977.

Löffler, Bernhard: Stationen parlamentarischen Wandels in Bayern, in: Zeitschrift für bayerische Landesgeschichte 58 (1995), S. 959–989.

Morsey, Rudolf: Georg Graf v. Hertling (1843–1919), in: Ders. (Hrsg.): Zeitgeschichte in Lebensbildern. Aus dem deutschen Katholizismus des 20. Jahrhunderts, Mainz 1973, S. 43–52.

Weigand, Katharina: Georg von Hertling (1843–1919), in: Dies. (Hrsg.): Große Gestalten der bayerischen Geschichte, München 2012, S. 317–339.

Katharina Weigand, 1960 in Würzburg geboren, 1979–1988 Studium an der Julius-Maximilians-Universität Würzburg (Germanistik und Geschichte), 1988 Magister Artium, 1995 Promotion, seit 1995 an der Ludwig-Maximilians-Universität München, seit 2008 Akademische Oberrätin am Historischen Seminar der Ludwig-Maximilians-Universität München. Arbeitsschwerpunkte: Geschichte Bayerns im 19. Jahrhundert, Monarchie, Denkmäler und Historiografiegeschichte.

---

[11] Zit. nach Ernst Deuerlein: Deutsche Kanzler von Bismarck bis Hitler, München 1968, S. 216.

Hans-Michael Körner
Staat und Kirche im Königreich Bayern
Die Kirchenpolitik König Ludwigs III.

»Bayerns Beruf ist es, die katholische Vormacht im Reich zu sein. Daß es diese Aufgabe mehr als vierzig Jahre nicht begriffen hat, ist traurig genug: der jetzige König aber ist durchaus davon erfüllt, und daß ich seine Auffassung teile, ja daß es dieser Gedanke ist, der mir meine jetzige Stellung wertvoll macht, brauche ich Ihnen nicht zu sagen.«[1] Mit diesem dezidierten Credo wandte sich der Vorsitzende im Ministerrat des Königreiches Bayern, Georg von Hertling, am 12. März 1917 an den Berliner Zentrumspolitiker Matthias Erzberger. Unabhängig davon, dass diese Formulierung Teil der Argumentation gegen die geplante Errichtung einer päpstlichen Nuntiatur in der Reichshauptstadt (worunter die Bedeutung der Münchner Nuntiatur notwendigerweise erheblich hätte leiden müssen) war, gibt dieses Bekenntnis den Blick frei auf einen dramatischen Kurswechsel der bayerischen Kirchenpolitik, der sich seit der Jahrhundertwende zwar partiell angekündigt hatte, der in seiner vollen Wucht gleichwohl mit dem Profil und der Politik des letzten bayerischen Königs unauflöslich verbunden war.

Die Kirchenpolitik, allgemeiner noch die staatskirchlichen Beziehungen insgesamt stellten im ganzen 19. Jahrhundert und noch am Beginn des 20. Jahrhunderts kein Randphänomen der bayerischen Geschichte dar, sondern standen im Zentrum des innenpolitischen Geschehens. In dem halben Jahrhundert zwischen den ausgehenden 60er-Jahren des 19. Jahrhunderts und dem Ende der Monarchie 1918 können wir zwei kontrastierende Konstellationen beobachten: die Schärfe der kulturkampfartigen Auseinandersetzungen zwischen Staat und Kirche unter Johann von Lutz (Kultusminister 1869–1890, Ministerratsvorsitzender 1880–1890) einerseits und die sich ausbildende Allianz von Staat und Kirche unter dem maßgeblichen Einfluss von Ludwig III. und Hertling andererseits.[2]

---

[1] Zit. nach Hans-Michael Körner: Staat und Kirche in Bayern 1886–1918, Mainz 1977, S. 173.

[2] Vgl. dazu allg. und passim Körner, Staat; Ders.: Von der Konfrontation zur Kooperation: die spannungsreiche Beziehung zwischen Staat und Kirche, in: Ulrike Leutheusser und Hermann Rumschöttel (Hrsg.): Prinzregent Luitpold von Bayern. Ein Wittelsbacher zwischen Tradition und Moderne, München 2012, S. 177–188. Neu und zentral für den gesamten Themenkomplex Jörg Zedler: Bayern und der Vatikan. Eine politische Biographie des letzten bayerischen Gesandten am Heiligen Stuhl Otto von Ritter (1909–1934), Paderborn u. a. 2013.

Johann von Lutz (l.) und Georg von Hertling.

Man würde es sich in unangemessener Weise leicht machen, wenn man die Ursachen und Voraussetzungen für diesen Wandel allein in der Person des Monarchen erkennen wollte. Andererseits bliebe eine Skizze der hier in Rede stehenden kirchenpolitischen Verhältnisse naiv, dürftig und unvollständig, wollte man sie ohne die Berücksichtigung der religiös-kirchlichen Ausrichtung seiner Persönlichkeit in Angriff nehmen.[3] – Die religiöse Erziehung des jungen Prinzen, die weithin in den Händen seiner tief frommen Mutter lag, führte zu einem unspekulativen Religions- und Kirchenverständnis, dem Glaubenszweifel und Schwanken in religiösen Dingen fernlagen. Die Vorschriften der Kirche galten ihm nicht nur als objektive Norm, sondern auch als individuelle Richtschnur, und es gibt keinen Anlass, an dieser dezidierten Kirchlichkeit des Prinzen zu zweifeln. Echte Frömmigkeit, demonstrative Religiosität und das eigene Selbstverständnis als eines treuen Sohnes der Kirche bildeten jedoch nicht nur Konstanten seiner privaten Lebensführung, sie hatten auch vielfältige Auswirkungen hinein in den politischen Raum, wobei es im Einzelfall

---

[3]   Vgl. im Überblick Hans-Michael Körner: Ludwig III. Totengräber der Monarchie?, in: Alois Schmid und Katharina Weigand (Hrsg.): Die Herrscher Bayerns. 25 historische Portraits von Tassilo III. bis Ludwig III., München 2001, S. 376–388.

immer schwierig bleiben wird, die Gewichtungen in der Motivlage Ludwigs präzise zu benennen. Zeichnete sich schon die gesamte luitpoldinische Linie des Hauses Wittelsbach durch ein höheres Maß an Kirchlichkeit und Religiosität aus, so nahm Ludwig innerhalb dieses Familienzweiges nochmals eine Sonderrolle ein, und haftete ihm der Ruf des »schwarzen Prinzen« an. Dass etwa der preußische Gesandte am Münchner Hof, Philipp von Eulenburg, in solcher Katholizität nur ein Angst einflößendes Feindbild zu erblicken vermochte, ist vielfältig belegt: »Ich kenne diese Schweinehunde gar zu gut – dieses Zentrumspack lernt man in katholischen Ländern nach seinem wahren Wert schätzen: So lange der deutsche Kaiser protestantisch ist, wird er der katholischen Kirche zu mißtrauen haben!«[4]

Wenn man von der Aggressivität der Eulenburgschen Sprachhaltung absieht, dann erkennt man sehr wohl eine ausgeprägte Sensibilität, die die durchaus fließenden Übergänge zwischen religiöser und politischer Orientierung aufmerksam registriert. Ein knapper Hinweis auf die grundlegenden Strukturen der bayerischen Politik seit den 60er-Jahren des 19. Jahrhunderts erscheint deshalb an dieser Stelle geboten: Die Situation war davon bestimmt, dass »ein weltanschaulich liberales, politisch staatskonservatives, reichsfreundlich und staatskirchlich orientiertes Ministerium fortgesetzt gegen eine konservative, betont bayerisch-eigenstaatlich und katholisch bestimmte Mehrheit der Kammer der Abgeordneten regiert.«[5] Prinz Ludwig – und das ist für diesen Zusammenhang der zentrale Punkt – war von allen Mitgliedern des Hauses Wittelsbach der ministeriellen Vorherrschaft der Nationalliberalen in Bayern am entschiedensten entgegengetreten und hat sich dabei am weitesten der patriotischen Landtagsmehrheit angenähert. Ohne damit parlamentarische Tendenzen befördern zu wollen, lagen ihm, Ludwig, die Berührungsängste seines königlichen Vetters, Ludwigs II., völlig fern. Er, Prinz Ludwig, identifizierte sich mit den kirchenpolitischen Forderungen der Landtagsmehrheit, er setzte sich im Reichsrat ein gegen die Simultanschule, gegen die Kulturkampfpolitik des Ministeriums Lutz. Diese vielfältigen Frontstellungen waren das Resultat einer politisch-weltanschaulichen Überzeugung, eines religiösen Bekenntnisses und – in nationalpolitischer Hinsicht, worauf hier nicht näher eingegangen werden kann – einer föderativ dimensionierten Eigenstaatlichkeits-Ideologie.

4   Zit. nach John C. G. Röhl (Hrsg.): Philipp Eulenburgs politische Korrespondenz, Bd. 1: Von der Reichsgründung bis zum Neuen Kurs 1866–1891, Boppard 1976, S. 210.
5   Dieter Albrecht: Von der Reichsgründung bis zum Ende des Ersten Weltkrieges (1870–1918), in: Max Spindler (Hrsg.): Handbuch der bayerischen Geschichte, Bd. 4 / 1: Das Neue Bayern 1800–1970, München 1974, S. 283–386, hier S. 329.

Die von diesen Prinzipien getragene, durchaus individuelle Stabilität der politischen Existenz Ludwigs begegnet uns in den Jahren, als sein Vater, Prinz Luitpold, seit der Königskatastrophe von 1886 als des Königreiches Bayern Verweser agierte, sie ist evident, als unter Ludwigs maßgeblichem Einfluss Hertling[6] zum Ministerrats-Vorsitzenden und zum Minister des Kgl. Hauses und des Äußern avancierte, und sie bestätigt sich in der Loyalität gegenüber Hertling, als dessen dezidierte Katholizität den Widerspruch von Liberalen und Sozialdemokraten innerhalb wie außerhalb Bayerns herausforderte.

Die Ernennung Hertlings wird man nicht als Teil der bayerischen Kirchenpolitik am Beginn des 20. Jahrhunderts missverstehen dürfen; sie lässt sich weit eher im Horizont der bayerischen Verfassungsgeschichte und im Umfeld einer auf 1918 verweisenden Parlamentarisierungsdebatte ansiedeln. Und doch waren diese Ernennung und mehr noch ihre öffentliche Wahrnehmung konfessions- und kirchenpolitisch kontaminiert.

Hertling war zum Zeitpunkt seiner Berufung 1912 eine der führenden Persönlichkeiten des katholischen Deutschlands. Begründer und Vorsitzender der Görres-Gesellschaft, Reichstagsabgeordneter des Zentrums von 1875 bis 1890 und ab 1896, Fraktionsvorsitzender im Reichstag seit 1909, Mitglied des bayerischen Reichsrats seit 1891 und profilierter Vertreter der katholischen Gesellschafts- und Soziallehre, stellte sich seine Berufung vielen Zeitgenossen als eine Sensation dar. Die Angriffe in Parlament und Publizistik – verstärkt durch den engen zeitlichen Zusammenhang mit der neu aufgerollten Jesuitenfrage – sprachen von einer Ultramontanisierung Bayerns, von der Errichtung einer Zentrumsherrschaft, von einer Gefährdung der Reichseinheit, von drohenden Verfassungsverletzungen in Bayern selbst. Die Vorwürfe des liberalen Lagers und teilweise auch aus preußischen Regierungskreisen zielten auf das Ministerium Hertling als Vorhut des päpstlichen Stuhls in Deutschland, auf den bayerischen Ministerpräsidenten als Protektor des deutschen Katholizismus, auf die Polarisierung des Deutschen Reiches in ein katholisches Bayern und ein protestantisches Preußen, auf die Verletzung der paritätischen Grundordnung in Bayern und die Unterwerfung der bayerischen Politik unter das Diktat des römischen Weltherrschaftsanspruchs.

Von einem weiteren Vorwurf gegenüber Hertling war bislang noch nicht die Rede gewesen, der gleichwohl ins Zentrum der kirchenpolitischen Auseinandersetzungen in einem engeren Sinne gehört; dieser Vorwurf zielte darauf, dass Hertling, seinem Herkommen und seinem Selbstverständnis nach, nichts

---

[6] Vgl. grundlegend Katharina Weigand: Georg von Hertling (1843–1919), in: Dies. (Hrsg.): Große Gestalten der bayerischen Geschichte, München 2012, S. 317–339; zur Reaktion der Öffentlichkeit vgl. Körner, Staat, S. 200f.

Eiligeres zu tun haben werde, als sofort nach seinem Amtsantritt die Axt an das System des bayerischen Staatskirchentums zu legen. Um diesen Vorwurf, der nicht so ganz aus der Luft gegriffen schien, und die damit zusammenhängenden Probleme richtig einordnen zu können, muss man die Grundsatzentscheidungen der staatskirchlichen Ordnung vom Beginn des 19. Jahrhunderts in den Blick nehmen.

Staatskirchentum, Staatskirchenhoheit[7]: Hinter dieser Begrifflichkeit verbirgt sich der Umstand, dass es der weltlichen Macht – im bayerischen Herzogtum des späten Mittelalters früher und intensiver als andernorts – gelang, Privilegien der Kirche abzubauen, die Zuständigkeit der staatlichen Gewalt gegenüber der Kirche auszudehnen. Hierher gehören die teilweise Einbeziehung der Geistlichen in die staatliche Gerichtsbarkeit, die Beseitigung der Steuerprivilegien für den Klerus, der landesherrliche Konsens bei Pfründenbesetzungen oder die staatliche Oberaufsicht über das ortskirchliche Vermögen. Im Reformationszeitalter wurden die bestehenden Rechte weiter ausgebaut und durch vermehrte Visitationen, landesherrliche Bestätigung der staatlich überwachten Prälatenwahlen und wiederholte Dezimationen des Kirchenvermögens ergänzt. Unter Kurfürst Maximilian I. setzte sich diese Entwicklung im 17. Jahrhundert ungeschmälert, ja intensiviert fort, um sich im 18. Jahrhundert mit den Tendenzen der Aufklärung, des Josephinismus und des Gallikanismus zu verbinden. Unter den Kurfürsten Max III. Joseph und Karl Theodor wurde daraus ein relativ geschlossenes System landesherrlicher Kirchenhoheitsrechte, vervollständigt durch die verschärfte Staatsaufsicht über die Klöster, die nochmalige Ausdehnung der staatlichen Gerichtsbarkeit, die volle Ausprägung des landesherrlichen Plazets 1770.

Am Beginn des 19. Jahrhunderts standen dann das Ende der bisherigen staatlichen und kirchlichen Organisation in Bayern und der Zwang, in beiden Bereichen neue Grundlagen und Verfassungsformen zu finden. Aus der Sicht des bayerischen Staates, näherhin aus der seines leitenden Ministers Montgelas, war diese Aufgabe nur mit den überkommenen staatskirchlichen Mitteln zu meistern, die sich seit dem Spätmittelalter und dann vor allem in Absolutismus und Aufklärung herausgebildet hatten und die nun, unter gewandelten Voraussetzungen und mit durchaus neuer Intention, ihre volle Ausprägung finden sollten.

Die Umwandlung Bayerns in einen paritätischen Staat, in gleicher Weise Postulat der Aufklärung und schiere Notwendigkeit nach den Gebietserwer-

---

7   Vgl. im Überblick Hans-Michael Körner: Die Konstitution von 1808 und das System des bayerischen Staatskirchentums, in: Alois Schmid (Hrsg.): Die bayerische Konstitution von 1808. Entstehung, Zielsetzung, europäisches Umfeld, München 2008, S. 317–335.

bungen, die Einbeziehung der bisherigen reichsunmittelbaren Hochstifte und Stifte in den Staatsverband und die Herrschafts- und Vermögenssäkularisation im Gefolge des Reichsdeputationshauptschlusses: Montgelas ging davon aus, dass die anstehende Neuordnung der Verhältnisse nur mit dem überkommenen staatskirchlichen Instrumentarium, nur auf dem Weg der Unterordnung der Kirche unter den Staat, zu leisten war.[8]

Quer zu diesen Ambitionen eines staatspolitischen Pragmatismus stand der Zwang, sich mit dem Hl. Stuhl über Fragen des Bischofsernennungsrechtes und der Diözesangliederung verständigen zu müssen. Im Konkordat von 1817 gelang es dann tatsächlich, ein staatliches Nominationsrecht für die Besetzung der erledigten bischöflichen und erzbischöflichen Stühle im Königreich Bayern durchzusetzen. Um der Erreichung dieses Zieles willen verzichtete der bayerische Staat vorgeblich auf den Gesamtbestand des bayerischen Staatskirchentums und die paritätische Neuordnung des Königreiches, um beides dann, gleichsam durch die Hintertür, nämlich im Religionsedikt von 1818, publiziert als zweite Verfassungsbeilage, wieder einzuführen.

Die offensichtliche Unauflösbarkeit des Widerspruchs zwischen Konkordat und Religionsedikt, die in der Tegernseer Erklärung von 1821 nur vordergründig, aber durchaus tragfähig kaschiert worden war, stellte die zentrale Rahmenbedingung für die Ausgestaltung der staatskirchlichen Beziehungen bis zum Ende der Monarchie dar.[9] Einerseits stand damit dem bayerischen Staat das ungeschmälerte Instrumentarium des bayerischen Staatskirchentums gleichsam zur freien Verfügung; er konnte es, sehr vereinfacht ausgedrückt, in einem kirchenkritischen oder gar kirchenfeindlichen, aber auch in einem durchaus kirchenfreundlichen Sinn in der Praxis umsetzen. Andererseits war der Widerstand gegen das Religionsedikt ein Dauerthema der kirchlichen Kritik. Der bayerische Episkopat und der politische Katholizismus konnten diesen Widerstand je nach Bedarfslage der kirchenpolitischen Situation radikalisieren oder dämpfen. Die politische Programmatik der Patriotenpartei wie die des Zentrums verfügte in der Forderung nach Beseitigung der Bestimmungen des Religionsedikts im günstigsten Fall über ein Vehikel, mittels dessen innerparteiliche Verwerfungen zu homogenisieren waren. Die Liberalen sahen im bayerischen Staatskirchentum ein hoch willkommenes Kontrollinstrument zur Domestizierung des weltanschaulichen Gegners, und nach 1871 galt dieses Staatskirchentum als eines der verbliebenen königlichen Hoheitsrechte, was ihm nicht unerhebliche Sympathien zuführte

---

[8] Vgl. im Überblick Hans-Michael Körner: Geschichte des Königreichs Bayern, München 2006, S. 39–48.

[9] Vgl. Körner, Staat, S. 8–21.

Tief religiös: König Ludwig III. in Chur, 1919.

und möglicherweise König Ludwig II. veranlasste, die Kulturkampfpolitik von Minister Lutz mitzutragen, die sich ja im Kern als eine kirchenfeindliche Auslegung der Potenziale des bayerischen Staatskirchentums darstellte.

Angesichts dieser, hier nur knapp zu skizzierenden, Zusammenhänge wird man nachvollziehen können, wie ausgeprägt die Sorge unterschiedlicher politischer Lager war, Hertling, der vor 1912 immer wieder auf die Unvereinbarkeit von Religionsedikt und Konkordat hingewiesen hatte, werde seine Stellung als Ministerrats-Vorsitzender nutzen, um einer alten Zentrumsforderung, nämlich der nach Abschaffung des Religionsedikts, zum Durchbruch zu verhelfen. Dass diese Sorge letztlich unbegründet war, wurzelte einmal in der Loyalität Hertlings gegenüber der monarchischen Staatsidee, dem die Reduktion monarchischer Hoheitsrechte als ein Sakrileg gelten mochte. Und zum anderen lernte Hertling offensichtlich die Möglichkeiten schätzen, kirchliche Interessen und Anliegen gerade dank der bestehenden Eingriffsmöglichkeiten selbstständig befördern zu können. In diesem Zusammenhang wird man dann die Beobachtung ansiedeln, dass die Geschichte des Königreiches Bayern zwei Phasen der feindlichen Zuspitzung im staatskirchlichen Verhältnis auf der einen Seite und auf der anderen zwei Konstellationen der fruchtbaren Kooperation kennt: die Regierungszeit Montgelas' und die Ära Lutz einerseits, König Ludwig I. mit seinem Minister Carl von Abel und König Ludwig III. mit Georg von Hertling andererseits.

Wenn von konkreten kirchenpolitischen Maßnahmen und Entscheidungen der Jahre nach 1912 die Rede ist, dann wird man sich sehr schwertun, den jeweiligen Anteil des regierenden Monarchen und seines leitenden Ministers präzise zu benennen. In der Formulierung »Die Kirchenpolitik König Ludwigs III.« wird man deswegen nicht unbedingt eine Lösung dieser Gewichtungsproblematik sehen dürfen, sondern die Widerspiegelung des Verfassungsverständnisses von König und Minister erkennen.

Wenn man sich also den Konkretionen der bayerischen Kirchenpolitik nach 1912 zuwendet, dann fällt spontan und unmittelbar die Sonderstellung der Kriegsjahre nach 1914[10] auf: Die Auswahl von Bischofskandidaten war von den Erwartungen an den Episkopat in Kriegszeiten bestimmt; die diplomatischen Beziehungen zur Kurie in Rom wandten sich vornehmlich den Themen der Neutralität des Hl. Stuhls und der päpstlichen Friedensinitiativen zu; Person und Tätigkeit des Nuntius in München wurden unter außenpolitischen Gesichtspunkten beurteilt; konfessionellen Spannungen begegnete man energischer als früher bereits in ihren Anfängen. Unübersehbar ist ferner, dass nach 1914 die

---

[10] Vgl. ebd., S. 196f.

Vorstellungen der Reichsleitung in stei-
gendem Maße auch für die bayerische
Kirchenpolitik bestimmend wurden. So
versuchte etwa Hertling gemeinsam mit
Berlin, bei den Kardinalserhebungen des
Jahres 1916 eine Bevorzugung Frank-
reichs zu verhindern, und protestierte er
nach der Ernennung von drei französischen Kardinälen scharf gegen die Über-
gehung Deutschlands, das keinen neuen
Kardinal erhalten hatte.

Zu den bisherigen Feldern der Kirchenpolitik trat nach 1914 ein völlig neuer
Komplex hinzu: die Bemühungen des
Staates, die Kirche in den Dienst des
Krieges und der Bewältigung seiner
innenpolitischen Auswirkungen zu stellen und die vom Episkopat erwartete
Bereitschaft, die staatliche Autorität,
innere Ruhe und militärische Einsatz-
bereitschaft im Volk zu befördern. Vor
allem nach 1916 sahen sich die Regierungen veranlasst, angesichts einer drohenden kriegsfeindlichen oder zumindest kriegsmüden Volksstimmung und
des Anwachsens subversiver und antimonarchischer Strömungen bei der Kirche Unterstützung zu suchen. Während

Michael Kardinal von Faulhaber, Erzbischof
von München und Freising, 1917.

die Reichsleitung dabei in erster Linie wegen aggressiver Preußenfeindlichkeit
in den ländlichen Gebieten Bayerns besorgt war und den Einsatz von Geistlichen wünschte, bemühte sich die bayerische Regierung ganz allgemein um
eine beruhigende, das Durchhaltevermögen des Volkes und seine Treue zur
Monarchie festigende Tätigkeit des Klerus. In Berlin wie in München war
man überzeugt, dass für solche Aufgaben die Geistlichen am besten geeignet seien, dass »das autoritative Wort von der Kanzel«[11] am wirkungsvollsten
sein musste. – Die Bereitschaft der Bischöfe, Geistliche in den Dienst dieser
Durchhaltepolitik zu stellen, entsprang der Überzeugung, sich einem derartigen nationalen Anspruch gar nicht entziehen zu können. Ferner empfanden

[11]   Zit. nach ebd., S. 197.

sie diese Aufgabe nicht als eine auferlegte Pflicht, sondern handelten dabei aus
eigener Sorge um den militärischen Sieg und die bestehende Staats- und Gesell-
schaftsordnung. Und schließlich sah man darin eine Chance, den Prozess der
nationalen Rehabilitierung der katholischen Kirche im Kaiserreich in positiver
Weise abschließen und sich für die Zeit nach dem Krieg eine verbesserte Aus-
gangsbasis verschaffen zu können.

Unabhängig von dergestalt unmittelbaren Auswirkungen der Kriegssituation
auf das Verhältnis von Staat und Kirche war die Kirchenpolitik Hertlings –
und hier ist in der Tat von einer Deckungsgleichheit mit der Einstellung des
Königs auszugehen – letztlich davon bestimmt, dass er auch in der Politik als
praktizierender Katholik agierte, dass seine Hinwendung zu kirchlichen Positionen nicht Teil eines taktischen Kalküls war, dass er im weltanschaulichen
Liberalismus eine Gefahr für die bestehende Ordnung erblickte. – Die Jahre
nach 1912 bzw. 1914 als jene einer sich ausbildenden staatskirchlichen Allianz
zu bezeichnen, dürfte angesichts solcher Voraussetzungen nicht unangemessen
sein. Zwei abschließende Beispiele können hier in besonderer Weise erhellend
wirken und die Plausibilität des Allianz-Befundes augenfällig demonstrieren:
die Karriere Faulhabers als Bischof bzw. Erzbischof von Speyer und München
sowie die Einführung des Festes »Patrona Bavariae« im Mai 1916.

»Es ist dringend notwendig, während des Krieges den inneren Frieden in jeder
Beziehung aufrecht zu erhalten« und es sei »auf die Ordinariate in dem Sinne
einzuwirken, daß während des Kriegszustandes auch von geistlicher Seite die
größte Zurückhaltung bewahrt und alles vermieden wird, was den parteipo-
litischen oder konfessionellen Zwiespalt hervorzuheben oder gar zu verschär-
fen geeignet erscheint.«[12] Zwar war auch die Zeit nach 1914 von konfessionellen Spannungen nicht gänzlich frei, Pressezensur und andere präventive
Maßnahmen konnten den konfessionellen Burgfrieden jedoch im Ganzen
gewährleisten. Umgekehrt zeigen die Vorgänge um die Einführung des Festes der »Patrona Bavariae« in Bayern den ausgesprochen katholischen Akzent
der Hertlingschen Sammlungspolitik und seine Bereitschaft, auch eine gewisse
konfessionelle Anspannung durchaus in Kauf zu nehmen.

Im Mai 1916 erhob Papst Benedikt XV. auf ausdrücklichen Wunsch König
Ludwigs III. »die seligste Jungfrau Maria offiziell zur Patrona Bavariae«[13].
Die Einführung des Festes »Patrona Bavariae« wurde katholischerseits leb-
haft begrüßt; das protestantische Oberkonsistorium hingegen war skeptisch,

[12] Kriegsministerium an Kultusministerium, 13.10.1914, zit. nach ebd., S. 184.
[13] Zit. nach ebd., S. 185.

ob dies noch dem paritätischen Charakter des bayerischen Staates Rechnung trage. Obwohl das Fest vorderhand nur innerkirchlicher Natur war, trugen die Protestanten Sorge, dass daraus für ganz Bayern ein gebotener Feiertag werden könne. Der Präsident des protestantischen Oberkonsistoriums Bezzel äußerte die Besorgnis, »daß protestantische bayerische Staatsbürger in Gebieten mit vorwiegend katholischer Bevölkerung sich den Wirkungen eines katholischen Kirchenfestes auf das öffentliche Leben zu unterstellen hätten, das sich von den bisher in Geltung stehenden katholischen Kirchenfesten wesentlich unterscheidet – eines Festes nämlich, durch dessen Charakter die Protestanten des diesseitigen Bayerns ebenso in ihrer Eigenschaft als Protestanten, wie in ihrer Eigenschaft als Staatsbürger sich verletzt fühlen würden.«[14]

Die Sorge der protestantischen Kirchenleitung erschien durchaus berechtigt etwa angesichts eines Artikels in der »Bayerischen Staatzeitung« vom 15. Mai

Patrona Bavariae-Postkarte aus dem Jahr 1916

1916, in dem der Vorgang in eine Reihe gestellt wurde mit der Errichtung der Mariensäule durch Kurfürst Maximilian I. und dem Gebet Max Emanuels vor seinem Zug nach Wien 1683. Bezzel betonte demgegenüber, dass »die Zeiten anders geworden sind«, dass Bayern heute ein paritätischer Staat sei, in dem es nicht angehe, die Glaubensinhalte einer Konfession zum Maßstab auch des öffentlichen Lebens zu machen. Die Grenzen des innerkirchlichen Bereichs seien dadurch verlassen worden, dass Maria eben nicht nur zur Patronin der bay-

---

[14] Zit. nach ebd.

erischen Katholiken, sondern des Landes Bayern erhoben worden sei. »Aber damit, daß der Papst ›die seligste Jungfrau Maria‹ offiziell zur ›Patronin Bayerns‹ erhob, mußte in der ganzen katholischen Welt der Anschein entstehen, als ob ›Bayern‹ ein ›katholischer‹ Staat sei oder doch der protestantische Teil seiner Staatsbürger eine belanglose Minderheit, die für den päpstlichen Stuhl, wenn er für ein Land – nicht für eine Kirche oder Diözese – ein Patrozinium errichtet, nicht in Betracht zu kommen brauche.«[15] – Es ist aus den Akten nicht ersichtlich, dass diese Demarche die bayerische Staatsregierung sonderlich beeindruckt hätte!

Energie, gewandte Umgangsformen, Welterfahrenheit, rednerische Begabung und eine vornehme Erscheinung waren es, die Ministerium und Regent 1910 veranlassten, Michael Faulhaber[16] für die Übernahme des Speyerer Bischofsstuhles in Aussicht zu nehmen. Im unmittelbaren Anschluss an die Münchner Entscheidung konnte der bayerische Vatikangesandte berichten, dass die Wahl Faulhabers auf den Kardinalstaatssekretär »einen sehr günstigen Eindruck« gemacht habe, nachdem sich auch die Nuntiatur »wohlwollend geäußert«[17] hatte. »Mit Vergnügen«[18] war schließlich der Papst bereit, Faulhaber zu präkonisieren und bot von sich aus die Form einer Präkonisierungsbulle an, ohne das nächste Konsistorium abzuwarten, was die Neubesetzung Speyers beschleunigt erfolgen ließ. Die freudige Zustimmung der Kurie zur Wahl Faulhabers wurde vom Zentrum geteilt: »Eine große und zugleich eine frohe Überraschung bringt diese offizielle Meldung.«[19] – Binnen kurzer Zeit erwarb sich dann Faulhaber durch seine Tätigkeit in Speyer, sein öffentliches Auftreten etwa bei den Katholikentagen in Mainz und Metz 1911 und 1913, die Art und Weise, wie er bei seinem ersten ad-limina-Besuch in Rom die bayerischen und die deutschen Interessen vertrat und durch seine Stellung innerhalb des bayerischen Episkopats einen Namen, der ihn über das sonstige Niveau der bayerischen Oberhirten weit hinaushob.

Für unseren Zusammenhang ist entscheidend, dass sich zwischen Faulhaber und Hertling ein ausgesprochenes Vertrauensverhältnis herausbildete. Dieses war davon bestimmt, dass der bayerische Staat sich in den Augen Faulhabers die Anliegen der katholischen Kirche weithin zu eigen gemacht hatte und dass Faulhaber

---

[15]   Zit. nach ebd.
[16]   Vgl. im Überblick Hans-Michael Körner: Michael von Faulhaber (1869–1952), in: Weigand, Gestalten, S. 381–401.
[17]   Zit. nach Körner, Staat, S. 115.
[18]   Zit. nach ebd.
[19]   Zit. nach ebd.

nach Meinung Hertlings weder durch integralistische noch durch ultramontane Anspannung des katholischen Prinzips die konservative Allianz gefährdete. Das Urteil Hertlings aus dem Jahre 113 spricht Bände: »Der Herr ist noch jung, und wer weiß, was für ihn von der Vorsehung noch beschlossen ist.«[20]

Nach dem Ableben des Münchner Erzbischofs Bettinger 1917 gab es somit kaum einen Zweifel über dessen Nachfolger. – Liegt die eigentliche Bedeutung Faulhabers auch erst in der Zeit nach 1918, so kennzeichnen seine beiden Ernennungen für Speyer und München doch in allgemeiner Weise den Charakter der bayerischen Kirchenpolitik im letzten Jahrzehnt der Monarchie, während der Regierungszeit Ludwigs III. näherhin. Die Fähigkeit Faulhabers, strenge Kirchlichkeit mit rückhaltloser Staatsloyalität in Einklang bringen zu können, empfahl ihn für den Speyerer Bischofsstuhl und führte nach 1912 zu einer Interessensolidarität mit Hertling, dessen Absicht, »zum gemeinsamen Wohl des Staates und der Kirche«[21] zu wirken, in Faulhaber den geeigneten Partner fand. Da Hertling – und dieses ganz im Sinne Ludwigs III. – der Kirche mehr Selbständigkeit und einen größeren Freiheitsspielraum einräumte und ihre staatspolitische Bedeutung höher einschätzte als seine Vorgänger, konnte die Bereitschaft Faulhabers, nicht ein begrenztes kirchliches Interesse, sondern die Zusammenarbeit von Kirche und Staat in den Vordergrund zu stellen, Episkopat und Regierung näher aneinander heranführen, als dies vor 1912 je der Fall gewesen war: »Wir haben ja für den Friedensbund zwischen Staat und Kirche so schöne gemeinsame Ideale.«[22]

Wie sehr sich diese hoffnungsfrohen Perspektiven dann bis zum November 1918 verdunkelten und die staatskirchlichen Beziehungen letztlich dem revolutionären Sog keinen wirklichen Widerstand entgegenzustellen vermochten – das wäre dann freilich ein ganz anderes Thema!

Literatur

Körner, Hans-Michael: Staat und Kirche in Bayern 1886–1918, Mainz 1977.

Ders.: Ludwig III. Totengräber der Monarchie?, in: Alois Schmid/Katharina Weigand (Hrsg.): Die Herrscher Bayerns. 25 historische Portraits von Tassilo III. bis Ludwig III., München 2001, S. 376–388.

Ders.: Kulturkampf im Königreich Bayern. Staat und Kirche in der Regierungszeit König Ludwigs II., in: zur debatte. Themen der Katholischen Akademie in Bayern 2012, 1, S. 1–5

[20] Zit. nach ebd., S. 116.
[21] Zit. nach ebd., S. 117.
[22] Zit. nach ebd.

Ders.: Von der Konfrontation zur Kooperation: die spannungsreiche Beziehung zwischen Staat und Kirche, in: Ulrike Leutheusser/Hermann Rumschöttel (Hrsg.): Prinzregent Luitpold von Bayern. Ein Wittelsbacher zwischen Tradition und Moderne, München 2012, S. 177–188.

Ders.: Michael von Faulhaber (1869–1952), in: Weigand, Katharina (Hrsg.): Große Gestalten der bayerischen Geschichte, München 2012, S. 381–401.

Ders.: Georg von Hertling (1843–1919), in: Dies. (Hrsg.): Große Gestalten der bayerischen Geschichte, München 2012, S. 317–339.

Zedler, Jörg: Bayern und der Vatikan. Eine politische Biographie des letzten bayerischen Gesandten am Heiligen Stuhl Otto von Ritter (1909–1934), Paderborn u. a. 2013.

Hans-Michael Körner, 1947 in Eschlkam geboren, 1976 Promotion, 1988 Habilitation, 1991–1995 Professor für Neuere Geschichte mit besonderer Berücksichtigung der Landesgeschichte und der Didaktik der Geschichte an der Julius-Maximilians-Universität Würzburg, von 1995–2012 Inhaber des Lehrstuhls für die Didaktik der Geschichte an der Ludwig-Maximilians-Universität München. Vorstand des Archivs der Ludwig-Maximilians-Universität München. Mitglied der Kommission für bayerische Landesgeschichte bei der Bayerischen Akademie der Wissenschaften, Mitglied der Kommission für Zeitgeschichte, Mitglied der Sudetendeutschen Akademie der Wissenschaften, diverse Publikationen zur bayerischen Geschichte, vornehmlich im 19. Jahrhundert.

Andreas Strobl
Konservativ, katholisch, menschelnd
König Ludwig III. in der politischen Karikatur

Um Gegenstand der politischen Karikatur zu werden, muss man eine herausragende Rolle spielen. Prinz Ludwig von Bayern stand jedoch als Sohn des Prinzen Luitpold bis zu dessen Regierungsantritt als Prinzregent ganz im Hintergrund und auch nach 1886 lange noch in der zweiten Reihe der bayerischen Politik, sodass sich keine Gelegenheit bot, ihn in den Fokus zu nehmen. Hinzu kommt, dass Mitglieder der adligen Herrscherhäuser im Deutschland des 19. Jahrhunderts nicht zuletzt wegen der Zensur prinzipiell eher zurückhaltend karikiert wurden. Zwar war seit 1874 die Vorzensur abgeschafft, aber die Publikationen mussten nachträglich der Zensur vorgelegt werden und es gab vielfältige Möglichkeiten – insbesondere den Straftatbestand der Majestätsbeleidigung –, um die Verlage und Redaktionen unter Druck zu setzen.[1] Die Selbstzensur zum Eigenschutz war daher ein wichtiger Grund, warum sich die politische Karikatur in Deutschland lange zurückhielt.

Es muss also nicht verwundern, dass Prinz Ludwig bereits 51 Jahre alt war, als er erstmals Protagonist einer politischen Karikatur wurde.[2] Auslöser war

[1] Eine Zusammenfassung zum Status der Zensur bei: Maike Fuhrbach-Sinani: Dies Blatt gehört dem Staatsanwalt, in: Ursula E. Koch/Markus Behmer (Hrsg.): Grobe Wahrheiten – Wahre Grobheiten – Feine Striche – Scharfe Stiche. Jugend, Simplicissimus und andere Karikaturen-Journale der Münchner »Belle Epoque« als Spiegel und Zerrspiegel der kleinen wieder großen Welt. Katalog der Ausstellung des Instituts für Kommunikationswissenschaft der Ludwig-Maximilians-Universität, München 1996, S. 45f.

[2] Es wurden für diesen Aufsatz die auf www.simplicissimus.info hervorragend verschlagworteten Zeitschriften »Simplicissimus« und »Jugend« konsultiert, sowie in Stichproben die digitalisierten Versionen des »Kladderadatsch« und der Zeitschrift

ein kleiner Sturm im Wasserglas der innerdeutschen Diplomatie, den er bei einem außenpolitischen Auftritt ausgelöst hatte. Im Mai 1896 nahm er mit der deutschen Delegation an den Krönungszeremonien von Zar Nikolaus II. in Moskau teil. »Als der dortige deutsche Verein Prinz Heinrich von Preußen und dessen ›Gefolge‹ begrüßte, verwahrte sich Ludwig, die deutschen Fürsten seien ›nicht Vasallen, sondern Verbündete des deutschen Kaisers‹.«[3] Die Episode ist bezeichnend für den Prinzen, der schon 1870 der preußischen Hegemonie kritisch gegenüberstand und die bayerische Eigenständigkeit hochhielt. Es ist für seine Person wohl auch bezeichnend, dass er den Fauxpas des Moskauer Vereinsvorsitzenden spontan korrigierte. Dabei hatte er anscheinend nicht damit gerechnet, dass dies in Deutschland eine heftige Debatte über die Einheit des Reiches auslösen würde. In Preußen wurde Ludwigs Auftritt als gefährlicher Partikularismus interpretiert, in Bayern hingegen mit großer Sympathie aufgenommen. In der Presseausschnittsammlung der Gattin des Prinzen, Marie Therese von Österreich-Este, finden sich nicht nur zahlreiche Zeitungsartikel zu diesem Thema, sondern ausnahmsweise auch Karikaturen, die auf diese Vorgänge Bezug nehmen. Auf dem Titelblatt der Zeitschrift »Die Geissel«, die sich im Untertitel als »Der bayerische Kladderadatsch« bezeichnete, zeigt sich der unbekannte Zeichner weniger kritisch als von Ludwigs Statement begeistert.[4] Unter dem Titel »Zur Erinnerung an Moskau« sieht man rechts den Geist von König Ludwig II. über einer Menschenmenge schweben und darüber den Schriftzug »Verbündete nicht Vasallen« gesetzt. Links krönt Bavaria Prinz Ludwig mit einem Lorbeerkranz und spricht in der Unterzeile der Abbildung: »Im Namen des Volkes überreiche ich Dir edler Sprosse [sic] aus dem Hause Wittelsbach, diese Anerkennung.« Auf der Rückseite dieses Heftes sieht man in einer weiteren Abbildung Prinz Ludwig bei seiner Rede; hinter ihm steht der konsternierte Preußenprinz, während sich der Vorsitzende des Vereins tief vor dem Bayern verbeugt und anscheinend entschuldigt. Beide Bilder sind keine kritische politische Satire, sondern rein affirmativ im Sinne eines bayerischen Patriotismus. Über »Die Geissel« ist nichts weiter bekannt. Sie wurde von einem Karl Placht in München herausgegeben, doch war ihr

---

»Der wahre Jakob«. Weitere Stichproben in »Fliegende Blätter« verliefen negativ. In der Bildersammlung des Nachlasses des Königs und in der Sammlung mit Presseausschnitten der Königin Marie Therese, beide im Geheimen Hausarchiv, Bayerisches Hauptstaatsarchiv, gab es ebenfalls einige Funde, auf die mich Ulrike Leutheusser aufmerksam machte; für die Unterstützung im Geheimen Hausarchiv danke ich Dr. Gerhard Immler und seinen Mitarbeitern.

3   Zitiert nach: Wolfgang Zorn: Ludwig III., in: Neue Deutsche Biographie 15 (1987), S. 379–381 [Onlinefassung]; www.deutsche-biographie.de/pnd118729373.html (20.4.2014).

4   Zur Erinnerung an Moskau, in: »Die Geißel« I.24 (13.6.1896) Titelbild.

kein längeres Leben beschieden.[5] Wie ihr Vorbild, der 1848 gegründete Berliner »Kladderadatsch«, erschien sie wöchentlich und war auch im Aufbau des Inhalts – der Mischung aus literarischen und zeichnerischen Beiträgen und deren Anordnung – eine getreue Kopie des Vorbilds, aber ganz auf Münchner und süddeutsche Themen konzentriert.

Ein weiteres Bild der Ausschnittsammlung zeigt unter dem Titel »Sct. Michael redivivus« in ikonografischer Mixtur aus Hl. Michael und Hl. Georg den Prinzen, wie er mit einer Lanze die »Preußischer Partikularismus« beschriftete Schlange sticht; diese trägt eine Pickelhaube und will gerade den bayerischen Löwen verschlingen.[6] Der Vorwurf des Partikularismus wurde in Bayern also schnurstracks gegen das preußische Hegemonialstreben umgedreht und in anderen Zeitungen gar auf Ludwigs Biografie verwiesen. Eine eingeklebte Beilage zur »Neuen Freien Volks-Zeitung« zeigt das Bild »Verwundung Sr. Kgl. Hoheit des Prinzen Ludwig im Gefecht bei Helmstedt am 25. Juli 1866« und bringt einen »Aufruf an das bayerische Volk!«, der damit endet, dass der Prinz »die Würde unseres Staates, die Selbständigkeit unserer reindeutschen Heimath in muthvoller und überzeugender Weise zu wahren gewusst« habe. Mit dem Verweis auf den Deutschen Krieg von 1866 und die Feindseligkeit des Königreich Preußens gegenüber der – überwiegend süddeutschen – Allianz wurde also die Eigenstaatlichkeit über die Reichseinigung von 1870 gestellt. Dass Marie Therese von Österreich-Este als Habsburger Prinzessin mit ihrem Gatten dieselbe Sichtweise, wie sie die Zeitungsausschnitte zeigen, teilte, liegt nahe. Der Berliner »Kladderadatsch« griff hingegen den Vorfall nur in einem Gedicht auf, das beschwichtigend resümierte: »Und alles das um eines Prinzen / Ein wenig unbedachtes Wort.«[7] Doch ein Bild war das Ereignis außerhalb Bayerns nicht wert. Die gerade gegründeten Münchner Zeitschriften »Jugend« und »Simplicissimus« waren in den ersten Jahrgängen noch nicht politisch orientiert, sodass eine Karikatur über Prinz Ludwig ohnehin aus dem Rahmen gefallen wäre.

Nach dem Moskauer Vorfall weilte Ludwig erst einmal in Ungarn, reiste dann aber nach Kiel, wo sich Kaiser Wilhelm II. auf seinen alljährlichen Nordseetörn vorbereitete. Dort trafen sich beide und die zeitgenössischen Stimmen gingen auseinander, ob es sich nun um einen Canossagang des bayerischen Prinzen – vielleicht sogar auf Anweisung seines Vaters, wurde gemunkelt – oder um eine Bereinigung der Differenzen auf Augenhöhe handelte. »Die Geissel«

---

5   Die Bayerische Staatsbibliothek verzeichnet, dass mit Heft 50 im zweiten Jahrgang am 12. Dezember 1896 das Erscheinen eingestellt wurde.

6   Beschriftet ist der Ausschnitt mit »Volkszeitung« und auf den 15./16.6.1896 datiert; es handelt sich um die auch ansonsten oft ausgeschnittene »Neue freie Volks-Zeitung«.

7   Der Moskauer Zwischenfall, in: »Kladderadatsch« XLIX.25 (21.6.1896), Titels..

reimte am 4. Juli dazu: »Der Kaiser selbst hats anerkannt/Und schüttelte dem Bayernprinzen/Die brüderliche Freundeshand.« Auf der Rückseite des Heftes erschien ein »BBeck« signiertes Bild – er ist wahrscheinlich auch der Autor der anderen angesprochenen Bilder in der »Geissel« – mit dem Titel »Prinz Ludwig in Kiel 29. Juni 1896«, unterschrieben: »Wir sind Verbündete und keine Vasallen.« Man sieht Kaiser Wilhelm II. auf seinem Schiff dem Prinzen die Hand reichen. Über beiden schwebt Germania. In anderen Zeitungen, die sich in der Ausschnittsammlung finden, ist diese Szene auch im Stil von Reportagefotos als Holzstiche reproduziert. Die angesprochenen Bilder der »Geissel« sind zwar nicht im Reportagestil gehalten, aber politische Karikaturen im üblichen Sinne sind sie ebenso wenig. Insgesamt ist die Berichterstattung der »Geissel« patriotisch-monarchistisch geprägt und damit weit vom oppositionellen oder zumindest kritischen Geist entfernt, der politische Karikatur in der Regel auszeichnet. Allerdings war die Karikatur gekrönter Häupter – wie bereits erwähnt – auch 1896 noch eine heikle Angelegenheit. 1898 wurden zum Beispiel die Verleger des »Simplicissimus«, Albert Langen, sein Redakteur Frank Wedekind und der Zeichner Thomas Theodor Heine wegen Majestätsbeleidigung angeklagt, weil sich Wedekind und Heine über die Palästina-Reise Kaiser Wilhelms II. lustig gemacht hatten. Heine und Wedekind wurden zu Haftstrafen verurteilt, Langen floh ins Exil und konnte sich erst Jahre später freikaufen. Allerdings war mit diesem Prozess dann der Bann gebrochen.[8]

Ehe Prinz Ludwig erneut die Aufmerksamkeit der politischen Satire errang, dauerte es zehn Jahre. Die Karikaturen erreichten nun die Schärfe, die ihnen 1896 noch gefehlt hatte. 1906 setzte sich Ludwig für die Einführung des direkten relativen Mehrheitswahlrechts auch auf Landesebene in Bayern ein, wie es bereits für die Reichstagswahlen galt. Damit erwies er sich als wesentlich liberaler als Wilhelm II., der in Preußen am überkommenen Klassenwahlrecht festhielt. In der »Jugend« griff der politische Kolumnist mit dem Pseudonym »Karlchen« daraufhin das Lob des Parteivorsitzenden der SPD, August Bebel, auf, indem er ihn zitierte: »Würde Prinz Ludwig in eine unserer heutigen Versammlungen kommen können, so würde er einen lieben und herzlichen Empfang erleben, wie ihn ein sozialdemokratischer Redner noch nicht erlebt hat.«[9] Doch wird diese Eloge auf Ludwig in einem weiteren Text auf der gleichen Seite relativiert. Ein anonymer, langjähriger politischer Autor der Zeitschrift mit dem Kürzel »A. D. N.« berichtet unter dem Titel »Wie es kommen würde!« von einem – natürlich fiktiven – Auftritt Ludwigs in Berlin vor einer Versammlung der Sozialdemokraten. A. D. N. legt dem adligen Redner nahe liegende

---

[8] Vgl.: Helga Abret/Aldo Keel: Die Majestätsbeleidigungsaffäre des »Simplicissimus«-Verlegers Albert Langen, Frankfurt a. M. 1985.
[9] »Jugend« XI.5 (28.1.1906), S. 102.

Worte in den Mund: »Denn weil ihnen die Gottesgnade des Glaubens abhanden gekommen, ist ihnen auch der Glaube an das Gottesgnadentum abhanden gekommen (lang anhaltender Lärm, Schreie, Pfuirufe, Hoch die Revolution!). Sie missverstehen die Güte ihrer Fürsten«, will Ludwig noch fortsetzen, aber er wird von der wütenden Menge zu einem tragischen Abgang gezwungen. Dabei bricht er durch den Bühnenboden und sein Zylinder wird stellvertretend von der Menge zerfetzt. Deutlicher hätte man es wohl kaum auf den Punkt bringen können, wie sehr August Bebel mit seinem Statement an Ludwig vorbeigeredet hatte. Auf der folgenden Seite wird dies noch mit einer kleinen Illustration von Arpad Schmidhammer ergänzt, der ersten bildlichen Darstellung des Prinzen in der »Jugend«. Der bürgerlich wirkende Aristokrat im Gehrock und mit gezogenem Zylinder spricht in der Unterzeile: »Das kommt davon ... soeben hat mich einer auf der Straße ›Herr Genosse‹ angesprochen!«

Dem »Kladderadatsch« war die Angelegenheit nur ein kurzes Gedicht mit dem aufmunternden Ende wert: »Sprich frisch und wahr, und wenn du auch / Vom ›Vorwärts‹ noch so sehr gelobt wirst.«[10] Und in einem Nachtrag der »Jugend« vom Juni des gleichen Jahres beharrt der dargestellte Ludwig gegenüber dem Wortführer der erzkonservativen ostelbischen Junker, Elard von Oldenburg-Januschau: »Und erlauben Sie vielleicht gütigst, dass ich meine Ansichten äußere, ohne Ihnen vorher das Konzept zur Durchsicht vorgelegt zu haben?«[11] Damit wird auch in diesem Fall Ludwig als ein – in Süddeutschland selbstredend voller Sympathie gesehener – Vorreiter eines bayerischen Partikularismus gesehen. Das nächste Ludwig-Bild in der »Jugend« hieb in die gleiche Kerbe nord-südlicher Spannungen. Ein preußischer »Sankt Bureaukratius« vertröstet – wieder einmal – den Prinzen in Bezug auf dessen geliebtes, zu diesem Zeitpunkt bereits seit 18 Jahren verfolgtes Großprojekt, den Bau eines Rhein-Main-Donau-Kanals.[12]

Im gleichen Jahr, 1908, schlägt wohl zu Buche, dass Kronprinz Ludwig nun verstärkt die Aufgaben seines greisen Vaters übernahm, denn Olaf Gulbransson stellte ihn in einer humoristischen Berichterstattung von den Ereignissen in München rund um die Internationale Kunstausstellung im Ausstellungsgebäude am Königsplatz als prominenten Kunstbewunderer dar.[13] »Da war seine Königliche Hoheit unser gnädiger Prinz Ludwig, welcher jedes Detail, jede Figur einer eingehendsten und sachverständigen Prüfung unterzog«, lautet der Untertitel dieses Porträts, das den Prinzen ebenso liebevoll wie spöttisch beim intensiven Studium einer kleinen Aktstatuette zeigt. Ludwigs Brüder, die Prin-

---

[10]   »Kladderadatsch« LIX.5, Beiblatt (4.2.1906), S. 64.

[11]   »Jugend« XI.23 (3.6.1906), S. 501.

[12]   »Jugend« XIII.36 (1.9.1908), S. 862.

[13]   Olaf Gulbransson, Führer durch München während der Ausstellung II., in: »Simplicissimus« XIII.9 (1.6.1908), S. 152.

»Da war seine Königliche Hoheit unser gnädiger Prinz Ludwig, welcher jedes Detail, jede Figur einer eingehendsten und sachverständigen Prüfung unterzog.« (Olaf Gulbransson, »Simplicissimus«, 1. Juni 1908).

zen Alfons und Ludwig Ferdinand, werden ebenfalls in Bildern sowie die Schwestern im Text als Ausstellungsbesucher vorgeführt. Gulbransson gelingt es schon in dieser beiläufigen Zeichnung, ein Charakteristikum des Prinzen treffend auf die Spitze zu treiben: die immer etwas zu große Kleidung, die seiner zwar stattlichen, aber mit zunehmendem Alter gerne leicht gebeugten Gestalt etwas Verknittertes und damit Menschelndes gab. Dass der Prinz sich weit weniger als sein Vater für die Kunst interessierte, war kein Geheimnis und wird ebenso wie die Frechheit, dem aufrechten Katholiken gerade einen Frauenakt in die Hände zu drücken, mit seinem skeptischen Blick humorvoll thematisiert.[14]

Die »Jugend« griff das Kunstverständnis des Prinzen im folgenden Jahr ebenfalls auf und brachte in der Glosse »Der neue Plutarch« unter einer die Szene illustrierenden Vignette von Arpad Schmidhammer einen Bericht: »Prinz Ludwig von Bayern liebt die alte Kunst mehr als die moderne. Als beim Festmahl der Hundertjahrfeier der Münchner Akademie der bildenden Künste ein volles Rotweinglas umgeworfen wurde, sagte der Prinz lächelnd zu dem Pechvogel: ›So, jetzt lass'n S' das Tischtuch einrahmen. Dös is a ganz nettes sezessionistisches Bildl!‹«[15]

Gulbransson hatte sich schon mit seiner ersten Porträtkarikatur des Prinzen diesen Protagonisten erarbeitet, sodass er dessen weitere Auftritte nur mehr der Situation anpassen musste. Erstmals geschah dies für die heute berühmteste Karikatur Ludwigs, die Zeichnung

[14] »Ein echter innerer Bezug fehlte Ludwig auch zur Kunst.« Alfons Beckenbauer: Ludwig III. von Bayern 1845–1921. Ein König auf der Suche nach seinem Volk, Regensburg 1987, S. 141.

[15] »Jugend« XIV.21 (20.5.1909), S. 500; auf der folgenden Seite bringt der Kolumnist »Karlchen« ein Gedicht mit der Rede des Prinzen, die Karlchen zufolge eine Glückwunschdepesche von Wilhelm II. zu Folge hatte, weil Ludwig dessen Kunstgeschmack getroffen habe.

»Kaisermanöver«,[16] die in einer »Spezialnummer Manöver« erschien, also einem der Hefte, die ausschließlich einem Thema gewidmet waren, sei es der Sommerfrische, Weihnachten oder dem Fasching. Die alljährlichen Großmanöver boten dem »Simplicissimus« die Gelegenheit, die wichtigste Stütze der aristokratischen Gesellschaft, das Militär als eitel, grenzdebil und vergnügungssüchtig darzustellen. Etliche dieser Hefte hat Eduard Thöny ganz allein gezeichnet, da er gerade in der Darstellung von Soldaten brillierte. 1909 beteiligten sich auch die anderen Zeichner des »Simplicissimus«. Im September dieses Jahres fand das sogenannte Kaisermanöver mit über 100 000 Mann im württembergischen Bad Mergentheim unweit der bayerischen Grenze statt. Bei diesen großen Jahresmanövern wurde nicht zuletzt die Organisationsstruktur des deutschen Bundesheeres bestehend aus den Truppen der einzelnen deutschen Teilstaaten getestet. Kronprinz Ludwig war nominell der Befehlshaber der bayerischen Armee, aber seit seiner schweren Verwundung im Krieg gegen Preußen 1866 war ihm das Militär eher fremd. Kurz nach dem Kaisermanöver, am 3. Oktober 1909, wurde in Helmstadt – nicht weit von Bad Mergentheim – ein Denkmal zur Erinnerung an diese Verwundung errichtet. Der Prinz hielt zwar anlässlich der Einweihung eine Rede, die auch die deutsche Einheit beschwor,[17] aber im Bild von Gulbransson könnte der Wesensunterschied zwischen dem unwirschen Bayern und dem zackigen Preußen nicht präziser auf die Spitze getrieben sein. Letztlich ist damit erneut der Gegensatz von Nord- und Süddeutschland das Thema. Die Darstellung des Prinzen fand allerdings bei den offiziellen Stellen kein Gefallen: »Der bayerische Oberstaatsanwalt erblickte in der Karikatur eine Beleidigung des Prinzen Ludwig und bat seinen Stuttgarter Kollegen – seit 1903 wurde der »Simplicissimus« in Stuttgart gedruckt – um entsprechendes Vorgehen. In Stuttgart konnte man jedoch keine Beleidigung erblicken; ein Einschreiten gegen Gulbransson wurde abgelehnt.«[18]

In die gleiche Kerbe der kulturellen Divergenz hieb Gulbransson mit einer Zeichnung, bei der die Gestalt des Prinzen Ludwig wie eine Pause aus seinem vorherigen Bild wirkt. Unter dem Titel »Königsberg und Altötting« sieht man Ludwig genau ein Jahr später vor einer Gruppe katholischer Geistlicher stehen, die sich wie eine Wand hinter ihm aufgebaut haben.[19] Eine Laterne emporhe-

---

[16] Gulbransson, Kaisermanöver, in: »Simplicissimus« XIV.25 (20.9.1909), S. 424.

[17] Niemand geringerer als der Verleger der »Jugend« selbst nahm wenig später auf den Aspekt der Beziehungen zwischen Österreich und Deutschland in einem gänzlich humorfreien Widerspruch Bezug: Georg Hirth: Die Deutschen in Österreich und der bayerische Thronfolger, in: »Jugend« XIV.41 (7.10.1909), S. 983.

[18] Koch/Behmer, Grobe Wahrheiten, S. 72.

[19] Gulbransson, Königsberg und Altötting, in: »Simplicissimus« XV.26 (26.9.1910), S. 421.

»Seine Majestät erklären dem Prinzen Ludwig von Bayern die feindlichen Stellungen.« – »Kaisermanöver«, die wohl berühmteste Karikatur Ludwigs (Olaf Gulbransson, »Simplicissimus«, 20. September 1909).

bend spricht er: »Jetzt muaß i aa amal a Licht aufzünd'n; allaweil dös Nordlicht geht net.« Am 25. August hatte Wilhelm II. in Königsberg anlässlich einer Reise durch Ostpreußen eine seiner programmatischen Reden gehalten, in der er sein konservatives Weltbild vom Gottesgnadentum über die Rolle der Religion und der Geschlechter bis hin zu seinen außenpolitischen Vorstellungen dargelegt und eine heftige politische Debatte ausgelöst hatte. Im »Simplicissimus« hatte dies bereits ein Heft zuvor Anlass zu mehreren spöttischen Karikaturen gegeben. Nur drei Tage nach Wilhelm II. hielt Ludwig bei der Geburtstagsfeier eines Verwandten in Altötting eine Tischrede mit einem ebenfalls programmatischen Bekenntnis zum Katholizismus, die anschließend an die Öffentlichkeit gegeben wurde und wie eine Erwiderung auf Wilhelm II. gelesen werden konnte.[20] Die Bildidee des »Simplicissimus«, Ludwig als Anführer des katholischen Konservatismus in Opposition zum Oberhaupt der protestantischen Kirche Preußens zu setzen, lag also auf der Hand.[21] Die stattliche Erscheinung des Prinzen hatte nun endgültig ihre Charakterisierung in den etwas zu langen, knittrigen Hosenbeinen, so wie das Markenzeichen von Ludwigs Vater die kurze Lederhose und die gut eingetragene Trachtenjacke war. Ludwigs Image als ebenso sympathisch menschelnder wie streng katholischer und konservativer Herrscher war in der Karikatur damit geprägt. Der »Simplicissimus« hatte Ludwig schon vor dem »Kaisermanöver« als konservativen Politiker in den Fokus genommen. Ludwig Thoma, alias Peter Schlemihl, hatte in einem Gedicht das Plädoyer des katholisch-konservativen Prinzen für eine Reform der Erbschaftssteuer genüsslich gegen die »Erbschaftsschleicherkorps« seitens der Kirche ausgespielt.[22]

Am 9. Februar 1912 berief offiziell Prinzregent Luitpold – aber die politischen Dinge regelte inzwischen weitgehend sein Sohn – Georg von Hertling zum Vorsitzenden des bayerischen Staatsministeriums, was der heutigen Stellung des Ministerpräsidenten entspricht. Die Beauftragung eines Vertreters der Mehrheitsfraktion im Landtag mit dem Amt des Regierungschefs deutete auf eine beginnende Parlamentarisierung Bayerns hin. Thomas Theodor Heine, der Wortführer der »Simplicissimus«-Zeichner, nahm dies zum Anlass seiner ersten Karikatur Ludwigs, die den Titel »König Orterer« trägt.[23] Heine zeigt nicht

[20] Beckenbauer, Ludwig III., S. 97.
[21] Der Spiritus rector für Gulbranssons Bild dürfte Ludwig Thoma gewesen sein, der im »März«, einer weiteren Zeitschrift des Langen Verlags, einen programmatischen Text über Ludwigs Rede publizierte, vgl.: Beckenbauer, Ludwig III., S. 97.
[22] Peter Schlemihl, Bayerntreue, in: »Simplicissimus« XIV.10 (7.6.1909), S. 171. Der Autor Frido stößt ins gleiche Horn: Die Königsmannen, in: »Jugend« XIV.22 (27.5.1909), S. 526.
[23] »Simplicissimus« XVI.48 (26.2.1912), S. 833 (Titels.). Im gleichen Heft, S. 847, reimte Ratatöskr (Hans Erich Blaich) ein »Bayrisches Hochzeitskarmen« zu diesem Thema.

»Jetzt muaß i aa amal a Licht aufzünd'n; allaweil dös Nordlicht geht net.« (Olaf Gulbranssons Karikatur »Königsberg und Altötting«, »Simplicissimus«, 26. September 1910).

Hertling, sondern als »graue Eminenz« der bayerischen Politik Georg Ritter von Orterer, Altphilologe, bayerischer Gymnasialdirektor und Politiker der Zentrumspartei im bayerischen Landtag sowie im Reichstag. Seit 1899 war Orterer Präsident der bayerischen Kammer der Abgeordneten, der Funktion des heutigen Landtagspräsidenten
entsprechend, und 1912 in diesem Amt erneut bestätigt worden. Damit stellte der Zeichner die gestärkte Rolle der parlamentarischen Politik bereits zu Lebzeiten des Prinzregenten Luitpold als Schwäche der Monarchie dar, wobei der klein gewachsene Orterer im »Simplicissimus« ein beliebtes Ziel des Spotts und der Kritik am Einfluss der Religiös-Konservativen in Bayern war. Herablassend spricht Orterer zum Vertreter des Herrscherhauses: »Ich bin mit Ihrem Ministerium zufrieden, Königliche Hoheit.«

Im folgenden Jahr legte die Planung einer Zeremonie die Probleme der bayerischen Prinzregentenkonstruktion wieder einmal offen. Im August 1913 – Ludwig war nun selbst Prinzregent – sollte der 50. Jahrestag der Einweihung der Befreiungshalle in Kelheim gefeiert werden. Die 100-Jahrfeier der Völkerschlacht und die Einweihung des Leipziger Denkmals fanden hingegen erst im Oktober statt. Weil man den Kaiser nach Kelheim einladen wollte, ergaben sich umfangreiche Debatten, wer einlädt, wie die Feier zu gestalten sei und vor allem, wer dies alles letztlich zahlen sollte.[24] Da Ludwig die Planungen der Feierlichkeiten an sich zog, aber keinen ausreichenden Etat zur Ausrichtung zur Verfügung hatte, wurde die Diskussion schnell zu einer grundsätzlichen Frage der Stellung des nominellen Herrschers. Der »Simplicissimus« konnte sich derartige Diskussionen um das Prinzip monarchischer Herrschaft natürlich nicht entgehen lassen. Ohne Prinzregenten Ludwig selbst darzustellen, zeigte Olaf Gulbransson im Mai unter dem Titel »Die Verlegenheit von Kelheim« in einer Geschichte mit fünf Bildern die Ratlosigkeit des Landtags, wie die Einladung zu finanzieren sei.[25] In seiner Geschichte löste man das Dilemma durch eine Lotterie, deren Hauptpreis ein Adelstitel war, sowie durch sonstige Geldsammlungen. Nachdem die damit aufgebrachten Mittel noch nicht ausreichten, »überläßt man es den höchsten Herrschaften, ihr Essen selbst mitzubringen. Das entspricht übrigens einer guten altbayerischen Sitte«. Zu diesem Text sieht man im letzten Bild drei hohe Herren mit ihrem Radi und ihrem Bierkrug zur Festtafel schreiten, als handle es sich um einen Biergarten. Direkt parallel zum Fest in Kelheim erschien

---

[24] Siehe hierzu jüngst und ausführlich: Katharina Weigand: 100 Jahre Befreiungskriege oder 50 Jahre Einweihung der Kelheimer Befreiungshalle? Die Kelheimer Festlichkeiten des Jahres 1913, in: Die Befreiungshalle Kelheim. Geschichte, Mythos, Gegenwart, hrsg. von Christoph Wagner, Regensburg 2012, S. 293–310.

[25] »Simplicissimus« XVIII.9 (26.5.1913), S. 131.

»Ich bin mit Ihrem Ministerium zufrieden, Königliche Hoheit.« (Thomas Theodor Heines Karikatur »König Orterer«, »Simplicissimus«, 26. Februar 1912).

dann ein Titelbild von Gulbransson, auf dem der Prinzregent Wilhelm II. und einen weiteren in Hermelin gewandeten Herrscher – wohl seinen Sohn Friedrich Wilhelm – tatsächlich vor einem Biergarten begrüßt, auf dessen Eingangsschild

steht: »Grüß Gott! Tritt ein!!! Bring Geld herein!«²⁶ Er spricht zu den Eintreten-
den: »Guten Tag, meine Herren! Müssen S' schon mit wenig vorlieb nehmen! Es
hat halt nicht viel kosten dürfen!« Die SPD-nahe Satirezeitschrift »Der wahre
Jakob« brachte zum 18. Oktober ein Titelbild, das die Völkerschlacht der Feier
in Kelheim in zwei Bildern gegenüberstellte.²⁷ Auf der Szene in der Rotunde
der Befreiungshalle sieht man die Fürsten einander freudig umarmen, so auch
Wilhelm II. und Prinzregent Ludwig. Aus linker Perspektive handelte es sich
also um ein Freudenfest des Klassenfeinds, der auch ganz unter sich bleibt. Die
Abschirmung der hohen Herren aus Angst vor Attentaten hatte zu weiteren Diskussionen über die Feierlichkeiten geführt.

Der Streit über die Kelheimer Feier und die Zivilliste des Prinzregenten – also
seine finanzielle Ausstattung durch die Staatskasse – hielt noch bis zur Landtags-
sitzung am 28. und 29. November 1913 an: »Die Finanzierung der Kelheimer Feier drohte aber erst dann zum wirklichen Skandal zu werden, nachdem Minister
Hertling im Finanzausschuss des bayerischen Landtags, nach drängenden Fragen
über die Höhe der auf die Staatskasse übernommenen Kosten [sic], darauf hingewiesen hatte, ein Privatmann habe sich bereit erklärt, die für die Deckung aller
Kosten nötige Summe zu spenden. In der Kammer der Abgeordneten machte sich
daraufhin Empörung breit, einerseits, weil Hertling nicht gewillt war, den Namen
dieser spendablen Persönlichkeit preiszugeben, andererseits, weil ein solches Vorgehen den Eindruck aufkommen ließ, als habe ein reicher Privatmann ›sich das
Vergnügen erlaubt, die Fürsten einzuladen und die Herren sind gekommen.‹«²⁸
Eduard Thöny erfand unter dem Titel »Die Erhöhung der Zivilliste« eine Szene
aus dem Bayerischen Landtag, in der Georg von Hertling mit einer knittrigen
Hose und Reitstiefeln in den Händen den Abgeordneten zuruft: »Meine Herren,
wir müssen von jetzt ab Lackstiefel kaufen, und die Beschaffung eines Hosenstre-
ckers ist zur bitteren Notwendigkeit geworden!«²⁹ Die karikierende Ausstattung
des Regenten war damit zum Pars pro toto geworden.

Nahezu zeitgleich war der nächste Anlass, Ludwig zu karikieren, die Königs-
krönung. Gustav Brandt, Zeichner des »Kladderadatsch«, stellte unter dem Titel
»Heil Dir, König von Bayern!« einen Kleriker dar, der dem König mit den Worten

²⁶ Olaf Gulbransson, Willkommen in Kelheim!, in: »Simplicissimus« XVIII.22
    (25.8.1913), S. 353.
²⁷ Leipzig 1913/Kelheim 1913, in: »Der wahre Jakob« Nr. 711 (18.10.1913), Titel-
    bild [S. 333].
²⁸ Weigand, 100 Jahre Befreiungskriege, S. 304. Karl Arnolds erstes Titelbild hatte
    zuvor noch einmal auf die Bezahlung der Kelheimer Feier Bezug genommen: Karl
    Arnold, Frage an Hertling, in: »Simplicissimus« XVIII.37 (8.12.1913), S. 609. »Ich
    möchte nun doch mal definitiv wissen, welcher Hopfenhändler eigentlich mein Bier in
    Kelheim gezahlt hat!«, spricht dort Wilhelm II. zu Reichskanzler Bethmann Hollweg.
²⁹ »Simplicissimus« XVIII.37 (8.12.1913), S. 611.

»Majestät nehmen doch die Schutzhülle für die neue Krone gleich mit?« über die Krone noch seinen eigenen Hut stülpt, womit gesagt werden sollte, dass Ludwig nur dank der Mehrheitspartei im Landtag, dem klerusnahen Zentrum, die Königswürde erlangen konnte. Ähnlich formulierte es Gulbransson mit dem Bild »Die Kronlieferanten«, wo man einen Pfarrer sieht, der die Königskrone hinter seinem Rücken versteckt und zugleich die Hand gegenüber Hertling aufhält, während er spricht: »So, die Kron' hamm ma da; jetzt hoaßt's aber zahl'n!«[30] Wie nicht anders zu erwarten, stellte den Vorgang der Ernennung durch den Landtag und der Selbstkrönung Thomas Theodor Heine noch bissiger, aber eben auch in treffender Analyse dar.[31] Unter dem Titel »Von Gottes Gnaden«, der zugleich Schlagwort ist, zeigt er, wie 1806 Max I. Joseph von Napoleon gekrönt wird und 1913 Ludwig III. von seinem Staatsminister Hertling die Krone gereicht bekommt. Deutlicher ließ sich aus antimonarchistischer Sicht das Gottesgnadentum kaum bloßstellen. »Der wahre Jakob« ging sogar so weit, den nunmehr abgesetzten König Otto ins Spiel zu bringen. Ein anonymer Karikaturist zeigt »Die Untersuchungskommission in Fürstenried«, dem Sitz des geisteskranken Monarchen.[32] Orterer und Hertling beobachten den König durch ein Loch in der Wand, der daraufhin seinen Maßkrug vom Hofbräuhaus nach diesem Loch schmeißt. Orterer konstatiert daraufhin: »Ja, Majestät ist wirklich verrückt.«

Im »Simplicissimus« hatte Ludwig vor dem Krieg nur noch einen Auftritt, der ihn nicht nur konservativ, sondern auch hartherzig erscheinen ließ. In dem Bild Karl Arnolds »Der König und die Lehrer« spricht der Regent im familiären Ambiente einer bürgerlich und mit einem Entenbild betont geschmacklos eingerichteten Wohnung zu einer Abordnung von Lehrern: »Ja, meine Herren, wenn's Ihnen schlecht geht, warum betteln S' denn net? Die hochwürdigen Herren Kapuziner betteln ja aa!«[33] Diesmal fehlte also der menschelnde Aspekt in der Darstellung des Königs, der in seiner geknickten Haltung vom Anspruch seines Amtes überfordert wirkt.

Drei Monate nach dieser Karikatur war Krieg und damit natürlich keine offene Kritik mehr an der Staatsführung möglich. Auch in dem so regierungskritischen »Simplicissimus« wurde sie nicht mehr als opportun angesehen. Alle deutschen Satirezeitschriften verzichteten auf die Darstellung der Herrscherhäuser im Zu-

[30] »Simplicissimus« XVIII.34 (17.11.1913), S. 554.
[31] »Simplicissimus« XVIII.34 (17.11.1913), S. 533.
[32] »Der wahre Jakob«, Nr. 714 (29.11.1913), S. 385. Zuvor war schon »Ein König von Zentrums Gnaden« dargestellt, also der gleiche Tenor angeschlagen worden wie in den anderen Satireblättern; »Der wahre Jakob«, Nr. 712 (1.11.1913), S. 351.
[33] »Simplicissimus« XIX.6 (11.5.1914), S. 99.

Thomas Theodor Heine: »Von Gottes Gnaden« (»Simplicissimus«, 17. November 1913).

sammenhang der Tagespolitik. Und da es nicht die Zeit war, runde Geburtstage groß zu feiern, blieb der 70. Geburtstag König Ludwigs III. ebenfalls fast unbeachtet. Lediglich Karl Arnold, der ein Jahr zuvor noch den König als verstockten Konservativen hingestellt hatte, zeichnete ein Widmungsblatt, das einen winterlich eingemummten Soldaten vor einem Porträt des Königs zeigt.[34] Arnold war

[34] Karl Arnold, Ludwig III. von Bayern zum 70. Geburtstag, in: »Kriegsflugblätter. Beiblatt zur Liller Kriegszeitung« Nr. 8 (7.1.1915).

Karl Arnold: »Ludwig III. von Bayern zum 70. Geburtstag« (»Kriegsflugblätter. Beiblatt zur Liller Kriegszeitung« , 7. Januar 1915).

nun selbst Soldat in der 6. Armee unter der Führung von Kronprinz Rupprecht von Bayern. Die Zeichnung sollte vielleicht eine angemessene Würde zu diesem runden Geburtstag vermitteln, aber König und einfacher Soldat blicken gleichermaßen mürrisch drein, sodass das Blatt heute vor allem eine depressive Stimmung im ersten Kriegswinter vermittelt. Die siegesgewisse Heiterkeit vom August 1914 könnte nicht weiter entfernt sein. In der »Jugend« hatte man den Geburtstag des Monarchen ausgelassen, reproduzierte aber am 13. Mai ein Gemälde Walter Püttners, das den König, dem das Volk zujubelt, auf dem Balkon des Wittelsbacher-Palais zeigt.[35] Da die Bäume sommerlich wirken, erinnert die Szene eher an den August 1914. Das Titelbild dieses Heftes zierte Ludwigs Sohn Rupprecht als Anführer der 6. Armee, der am 18. Mai seinen – wenn auch nicht runden – Geburtstag feiern konnte.

Ähnlich unspektakulär waren die Bilder, die 1918 dem Ende des Königreiches gewidmet waren, wobei der Sturz der anderen gekrönten Häupter Deutschlands sich ebenfalls kaum in Karikaturen niederschlug. Bei Olaf Gulbransson hat in einer Bildgeschichte Anfang Dezember 1918 ein Münchner Bildhauer in seinem Atelier eine geniale Idee.[36] Er arbeitet gerade an einer Porträtbüste Ludwigs III., als jemand hereingestürzt kommt und ruft: »Revolution! Der König ist zum Teufel! Eisner ist Präsident der Republik!« Da sagt sich der Bildhauer: »Was, Eisner? Der hat doch auch einen Vollbart – und Brille trägt er auch! Gott sei Dank!« Er knetet – anscheinend mit wenigen Handgriffen – die Büste zu einem Eisner-Porträt um und spricht zufrieden: »So macht man Weltgeschichte im Atelier!« (siehe Seite 194). Dies blieb dann auch das letzte Porträt, das der »Simplicissimus« Ludwig widmete. Im gleichen Heft brach-

35 Walther Püttner, Vor dem Palais Ludwig III. in München, in: »Jugend« XX.20 (13.5.1915), S. 372.
36 Olaf Gulbransson, Im Wandel der Zeit, in: »Simplicissimus« XXIII.37 (10.12.1918), S. 455.

te Eduard Thöny den wenig spektakulären Systemwechsel auf den Punkt.[37] In einem Café sitzen Kartenspieler bei ihrem Bier vor dem Fenster, hinter dessen Vorhang schemenhaft revolutionäre Umzüge zu erkennen sind, und man liest die Unterhaltung: »Wos, an Kini hamm s' abg'setzt? Wos tean ma denn da?« – »Spiel'n ma halt weita … wer hat denn 'geb'n?«

Auch der Tod des Königs blieb in den großen Satirezeitschriften unbeachtet. Das Sterben, wenn es sich nicht um einen herausragenden oder bei den Karikaturisten verhassten Staatsmann wie etwa Bismarck handelte, war in der Bildsatire ohnehin kein rechtes Thema. Aber Ludwig III. war nun eben auch keine Persönlichkeit der Ta-

Der König und die Lehrer

»Ja, meine Herren, wenn's Ihnen schlecht geht, warum betteln S' denn net? Die hochwürdigen Herren Kapuziner betteln ja aal« (Karl Arnolds Karikatur »Der König und die Lehrer«, »Simplicissimus«, 11. Mai 1914).

gespolitik mehr. Im Nachlass des Königs ist ein Ausschnitt aus der wenig bekannten illustrierten Wochenzeitung »Rote Hand« erhalten, der anlässlich des Todes noch einmal an die Anekdote erinnert, wie Ludwig III. von der Revolution erfahren haben soll.[38] Der König wird beim Spazierengehen im Englischen Garten von zwei Arbeitern angesprochen: »Majestät, genga S'heim, Revolution is!« Doch handelt es sich hierbei nochmals eher um das Genre einer – fiktiven – Reportagezeichnung als um eine Bildsatire.

Ludwig III. wurde also spät zum Gegenstand der Karikatur. Insbesondere

---

[37] Eduard Thöny, Thronstützen, in: »Simplicissimus« XXIII.37 (10.12.1918), S. 461.

[38] Akt des Geheimen Hausarchivs im Bayerischen Hauptstaatsarchiv: Kopien – Drucke – Tafeln 703: »Rote Hand« Nr. 91/92, 8.11.1921, ohne Angabe zum Zeichner. Die Bayerische Staatsbibliothek verzeichnet, dass die »Rote Hand. Kritisch-politische parteilose illustrierte Wochenzeitung« vom Dezember 1918 bis zum August 1922 in München erschien.

durch die Porträts von Olaf Gulbransson wurde er als ein Mensch mit sympathischen Mängeln und als volksnahes Staatsoberhaupt gezeichnet. Allerdings scheint dies, wie der Zensurversuch bei der Zeichnung »Kaisermanöver« belegt, zuerst nicht auf Gegenliebe des Dargestellten oder des Personals seiner Umgebung gestoßen zu sein. Ludwigs eigener Haltung entsprach die Stilisierung der Zeichner, ihn als Wahrer der bayerischen Interessen in einem Deutschen Reich unter preußischer Führung zu verstehen. Es wurde aber auch von den überwiegend linksliberalen Zeichnern und Satirikern unbarmherzig darauf hingewiesen, dass der Prinz, Prinzregent und König zwar politischen Reformen gegenüber nicht so verschlossen war wie Wilhelm II., dass er aber auch nicht gewillt war, von seinem konservativen Weltbild Abstand zu nehmen. Seinen überzeugten Katholizismus legten sie in diesem Zusammenhang vor allem als Opposition gegen den preußischen Staatsprotestantismus aus. Damit bieten die Karikaturen Ludwigs III. eine zeitgenössische Rezeption des Königs – des Politikers und des Menschen – aus der Aktualität der Tagespolitik heraus, die frei von Verklärung ist.

Literatur

Abret, Helga / Keel, Aldo: Die Majestätsbeleidigungsaffäre des »Simplicissimus«-Verlegers Albert Langen, Frankfurt a. M. 1985.

Beckenbauer, Alfons: Ludwig III. von Bayern 1845–1921. Ein König auf der Suche nach seinem Volk, Regensburg 1987.

Koch, Ursula E. / Behmer, Markus (Hrsg.): Grobe Wahrheiten – Wahre Grobheiten – Feine Striche – Scharfe Stiche. Jugend, Simplicissimus und andere Karikaturen-Journale der Münchner »Belle Epoque« als Spiegel und Zerrspiegel der kleinen wieder großen Welt. Katalog der Ausstellung des Instituts für Kommunikationswissenschaft der Ludwig-Maximilians-Universität, München 1996.

Weigand, Katharina: 100 Jahre Befreiungskriege oder 50 Jahre Einweihung der Kelheimer Befreiungshalle? Die Kelheimer Festlichkeiten des Jahres 1913, in: Die Befreiungshalle Kelheim. Geschichte, Mythos, Gegenwart, hrsg. von Christoph Wagner, Regensburg 2012.

Andreas Strobl, 1965 in München geboren, Studium der Kunstgeschichte, Geschichte und Philosophie in München und Berlin, 1991 Magister Artium, 1994 Promotion, 1996/97 Stipendium der DFG, tätig als freier Publizist, wissenschaftlicher Mitarbeiter am Museum Georg Schäfer, Schweinfurt, Kustos des Kupferstichkabinetts der Kunsthalle Bremen und seit 2002 als Konservator für die Kunst des 19. Jahrhunderts an der Staatlichen Graphischen Sammlung München.

Bernhard Grau
Revolution in Bayern
Kurt Eisner und das Ende der bayerischen Monarchie

Der frühere Generaldirektor der Staatlichen Archive Bayerns, Otto Riedner, hat im Jahr 1931 in der Zeitschrift »Das Bayerland« einen Aufsatz über König Ludwig III. veröffentlicht. Darin beschäftigte er sich mit der Beendigung der Regentschaft in Bayern im Jahr 1913 und der Annahme des Königstitels durch den Prinzregenten Ludwig. Da König Otto zu diesem Zeitpunkt noch lebte, wurde die Rechtmäßigkeit dieses Schrittes, der erst durch eine Verfassungsänderung möglich wurde, in der Öffentlichkeit kontrovers diskutiert. Dabei stieß der Vorgang nicht nur auf Zustimmung, sondern rief zugleich viel Widerspruch hervor. Wohl aus diesem Grund zitiert Riedner am Ende seines Beitrags auch den SPD-Landtagsabgeordneten Adolf Müller, der die Königserhebung im Landtag als »naturnotwendige und sicher sich vollziehende Entwicklung« charakterisiert hatte. Es sei dahingestellt, dass diese von Riedner als Zustimmung gewertete Aussage aus dem Mund eines Sozialdemokraten zumindest doppeldeutig war. Interessanter ist der Hinweis Riedners, dass andere Sozialdemokraten mit dieser für sie zu wenig scharfen Auffassung nicht einverstanden waren. So war Riedner zugetragen worden, dass der auf der Tribüne anwesende Presseberichterstatter der »Münchener Post« sich ganz anders geäußert hatte: »Soeben hat Prinz Ludwig der Monarchie das Grab gegraben. Von heute an hat der Treueeid keine Bedeutung mehr.«[1] Die Pointe dieser Anekdote war: Der Presseberichterstatter war niemand anderes als der spätere bayerische Ministerpräsident Kurt Eisner.

Der Name Eisners war zu diesem Zeitpunkt in München nur Eingeweihten ein Begriff. Selbst im politischen und kulturellen Milieu der Landeshauptstadt war nur wenigen bekannt, dass Eisner aus Berlin stammte, wo er als Sohn eines jüdischen Militäreffektenfabrikanten auch die typischen Stationen des bürgerlichen Bildungsweges absolviert hatte, allerdings ohne sein Studium zu Ende zu führen. Vielmehr hatte er sich von der Universität weg dem Beruf des Journalisten zugewandt. Zur Sozialdemokratie war der engagierte Journalist aber erst 1898 gekommen, unmittelbar nachdem er eine mehrmonatige Haftstrafe wegen Majestätsbeleidigung verbüßt hatte. Nach dem Tod Wilhelm Liebknechts im Jahr 1900 war Eisner fünf Jahre lang der maßgebliche Redakteur des SPD-Zentralorgans »Vorwärts« gewesen. Ein von der Parteilinken

---

[1] Otto Riedner: Wünsche und Wege zur Regentschaftsbeendigung in Bayern von 1886–1913, in: Das Bayerland 42 (1931), S. 582–589, hier S. 588f.

losgetretener Streit um die politische Linie des Blattes hatte freilich 1905 zum Verlust dieser einflussreichen Position geführt. So war er 1907 als Chefredakteur der »Fränkischen Tagespost« nach Nürnberg und 1910 als Landtagsberichterstatter und freier Mitarbeiter der »Münchener Post« in die bayerische Landeshauptstadt gekommen. Erstaunlicherweise war es Eisner gelungen, sich ohne erkennbare Schwierigkeiten in das sozialdemokratische Milieu der bayerischen Landeshauptstadt zu integrieren und sich insbesondere auch mit dem reformorientierten politischen Ansatz der bayerischen SPD zu identifizieren. Dass seine Stellung in der Partei gleichwohl prekär geblieben war, hatte vor allem damit zu tun, dass er als Landtagsberichterstatter nur während der Sessionen eine feste Anstellung hatte und sich ansonsten über Werkverträge und die freie Berichterstattung seinen Unterhalt verdienen musste.[2]

Mit Blick auf die marginale Rolle, die Eisner im politischen Leben der Landeshauptstadt und im Organisationsgefüge der bayerischen Sozialdemokratie spielte, klingt die von Riedner überlieferte Anekdote in ihrer prognostischen Weitsicht fast zu schön, um wahr zu sein. In jedem Fall lenkt sie die Perspektive aber vom Ende des Ersten Weltkrieges zurück in die Zeit der ausgehenden Regentschaft und damit zu der Frage, inwieweit die Ursachen der Revolution vom 7. November 1918 bis in die Vorkriegszeit zurückreichten. Diese Auffassung vertraten vor allem Karl Bosl und seine Schüler. Sie glaubten, wesentliche Gründe für den Einsturz der bayerischen Monarchie im Jahr 1918 bereits in der Prinzregentenzeit ausmachen zu können[3] – eine These, die freilich nicht ganz unumstritten ist und erst in allerjüngster Zeit wieder hinterfragt wurde.[4]

[2] Zum Werdegang Kurt Eisners siehe Franz Schade: Kurt Eisner und die bayerische Sozialdemokratie (Schriftenreihe der Forschungsstelle der Friedrich-Ebert-Stiftung, Reihe B), Hannover 1961; Falk Wiesemann: Kurt Eisner. Studie zu seiner politischen Biographie, in: Karl Bosl (Hrsg.): Bayern im Umbruch. Die Revolution von 1918, ihre Voraussetzungen, ihr Verlauf und ihre Folgen, München 1969, S. 387–426; Freya Eisner: Kurt Eisner: Die Politik des libertären Sozialismus, Frankfurt a.M. 1979; Dies.: Kurt Eisners Lebensweg, in: Kurt Eisner: Zwischen Kapitalismus und Kommunismus, hrsg. von Freya Eisner, Frankfurt a.M. 1996, S. 22–123; Bernhard Grau: Kurt Eisner 1867–1919. Eine Biographie, München 2001.

[3] Siehe etwa: Karl Bosl: Gesellschaft und Politik in Bayern vor dem Ende der Monarchie – Beiträge zu einer sozialen und politischen Strukturanalyse, in: Zeitschrift für bayerische Landesgeschichte 28 (1965), S. 1–31; Ders. (Hrsg.): Bayern im Umbruch, 1969. Willy Albrecht: Landtag und Regierung in Bayern am Vorabend der Revolution von 1918. Studien zur gesellschaftlichen und staatlichen Entwicklung Deutschlands von 1912–1918 (Beiträge zu einer historischen Strukturanalyse Bayerns im Industriezeitalter 2), Berlin 1968; Karl Möckl: Die Prinzregentenzeit. Gesellschaft und Politik während der Ära des Prinzregenten Luitpold in Bayern, München 1972.

[4] Siehe hierzu Hermann Rumschöttel: »Der erste Kavalier seines Hofes«. Persön-

Ministerpräsident Kurt Eisner während der Fahrt zur Reichskanzlei anlässlich der Reichskonferenz der deutschen Länder in Berlin, 22. November 1918.

Blickt man auf das Ende des Ersten Weltkrieges, spricht in der Tat erst einmal wenig dafür, in der Ursachenforschung allzu weit zurückzugehen. Der Krieg und seine Folgen bieten aus heutiger Perspektive schon für sich gesehen genügend Gründe für eine Abkehr breiter Bevölkerungsschichten vom monarchischen Staats- und Verfassungssystem. Den Anfang vom Ende bildete dabei genau genommen die militärische Niederlage der Mittelmächte, wobei man sich heute weitgehend darüber einig ist, dass die Lage Deutschlands spätestens nach dem Scheitern der Frühjahrs- bzw. Sommeroffensive des Jahres 1918 vollkommen aussichtslos geworden war.[5] Schon zu diesem Zeitpunkt standen

lichkeit und Politik des Prinzregenten, in: Ulrike Leutheusser/Hermann Rumschöttel (Hrsg.): Prinzregent Luitpold von Bayern. Ein Wittelsbacher zwischen Tradition und Moderne, München 2012, S. 13–36; Stefan März: Das Haus Wittelsbach im Ersten Weltkrieg. Chance und Zusammenbruch monarchischer Herrschaft, Regensburg 2013, S. 10–18.

5 Siehe etwa Gerhard Hirschfeld/Gerd Krumeich: Deutschland im Ersten Weltkrieg, Frankfurt a.M. 2013, S. 243–264; Herfried Münkler: Der große Krieg. Die Welt 1914–1918, Berlin ²2013, S. 703–709.

auch die Aussichten, mit den gegnerischen Mächten noch zu einem Verständigungsfrieden zu kommen, denkbar schlecht. Dass die Oberste Heeresleitung die Einleitung von Waffenstillstandsverhandlungen noch bis Ende September hinauszögerte, machte die Verhandlungsposition des Deutschen Reiches aber keineswegs besser, erhöhte vielmehr den Handlungsdruck erheblich.[6] Für die Zivilbevölkerung kam das Eingeständnis der Niederlage trotz der anhaltend katastrophalen Versorgungslage letzten Endes völlig unvorbereitet. Die Kapitulation kam so einem psychologischen Tiefschlag gleich, der die nun folgenden Ereignisse maßgeblich mitbestimmte.

Für den vollständigen inneren Zusammenbruch war allerdings eine ganze Reihe von Faktoren relevant. So war die Moral der Soldaten – wie sich an der ständig wachsenden Zahl an Desertionen zeigte – schon seit Längerem auf einem Tiefpunkt angekommen, sah doch der einfache Frontsoldat deutlicher als die Bevölkerung in der Heimat, dass er sein Leben für eine aussichtslose Sache riskierte. Die ausgehungerte Zivilbevölkerung sehnte aber ebenfalls nichts dringlicher herbei als die schnellstmögliche Beendigung des Krieges. Staatspolitisch zeigten vor allem die Erklärungen des amerikanischen Präsidenten Wirkung. Durch die Forderung Woodrow Wilsons nach einer Demokratisierung von Staat und Gesellschaft als Voraussetzung für Friedensgespräche war der Fortbestand der monarchischen Staats- und Verfassungsordnung massiv infrage gestellt worden. Angesichts der ungeheuren Opferzahlen und der materiellen Lasten stand schließlich auch die Frage nach der politischen Verantwortung für Krieg und Niederlage unabweisbar im Raum.

Dass im Deutschen Reich eine revolutionäre Bewegung in Gang kommen konnte, lag mithin nicht zuletzt darin begründet, dass der Waffenstillstand zu lange auf sich warten ließ und die andauernden kriegerischen Aktivitäten in Verbindung mit einer heranrückenden Front in den letzten Kriegswochen für erhebliche Unruhe sorgten.[7] Hinzu kam, dass Kaiser Wilhelm II. nicht bereit war, zurückzutreten und so den Weg für rasche Friedensverhandlungen freizumachen.[8] Damit weigerte er sich zugleich, die Verantwortung für die Niederlage und die mit dem Krieg verbundenen Opfer zu übernehmen, die ihm als Staatsoberhaupt und als Oberbefehlshaber des deutschen Heeres in den Augen der Öffentlichkeit ohne Zweifel zukam.

So betrachtet ist zu konstatieren, dass es ein bayerisches Kriegsende im Vollsinn des Wortes selbstverständlich nicht gegeben hat, nicht geben konnte. Die durch die Niederlage ausgelösten Mechanismen wirkten sich auf Landesebene

---

6   Hirschfeld/Krumeich, Deutschland im Ersten Weltkrieg, S. 258f.
7   Albrecht, Landtag und Regierung, S. 393–398; Wolfgang Zorn: Bayerns Geschichte im 20. Jahrhundert, München 1986, S. 118–123.
8   Hirschfeld/Krumeich, Deutschland im Ersten Weltkrieg, S. 268f.

in ganz ähnlicher Weise aus wie auf Reichsebene und sie führten zu vergleichbaren Ergebnissen. Dennoch wird man sich davor hüten müssen, die revolutionären Ereignisse in Bayern als unspezifische Folgeerscheinungen der Vorgänge auf Reichsebene anzusehen. Mit ins Kalkül gezogen werden müssen vielmehr auch die Vorgänge in der benachbarten Donaumonarchie, die sich schon seit Mitte Oktober in einem stetigen Auflösungsprozess befand.[9] Wie zu zeigen sein wird, muss zudem die spezifische Eigendynamik berücksichtigt werden, die der revolutionäre Prozess in Bayern entwickelte.

Um Letzteres zu erhärten, genügt im Grunde ein kurzer Blick auf die Chronologie der Ereignisse beziehungsweise auf die politische Landkarte. Dabei wird man rasch feststellen, dass das Geschehen in München nicht recht in das gängige Bild passen will, nach dem die Revolution des Jahres 1918 ihren Ausgang bei der Meuterei der Hochseeflotte nahm, sich dann schubweise von Norden nach Süden ausbreitete, bis sie am 9. November Berlin erreichte und in die Ausrufung der Republik einmündete.[10] In Bayern, also im äußersten Süden des Reiches, erfolgte derselbe Schritt ja bereits zwei Tage zuvor. Man wird sich also sogar fragen müssen, ob die revolutionären Ereignisse in München nicht als konstitutives Element auf dem Weg zur Revolution in der Reichshauptstadt anzusehen und zu interpretieren sind?

Nimmt man unter dieser Perspektive wichtige Überblicksdarstellungen zur deutschen Geschichte dieser Zeit beziehungsweise zur Geschichte des Ersten Weltkrieges im Speziellen in den Blick, wird man allerdings feststellen müssen, dass sie die Vorgänge in München mit wenigen Ausnahmen als bloße Marginalie der Ereignisse im Norden des Deutschen Reiches behandeln.[11] Umgekehrt

[9] Siehe etwa Ernst Hanisch: Der lange Schatten des Staates. Österreichische Gesellschaftsgeschichte im 20. Jahrhundert (Österreichische Geschichte, Bd. 11), Wien 1994, S. 263–274; Wilhelm Brauneder: Die Verfassungsentwicklung in Österreich 1848 bis 1918, in: Helmut Rumpler/Peter Urbanitsch (Hrsg.): Die Habsburgermonarchie 1848–1918, Bd. VII/1, Wien 2000, S. 69–237, hier insbesondere S. 235–237. Vgl. aus bayerischer Perspektive: Albrecht, Landtag und Regierung, S. 393–398.

[10] Zur Ausbreitung der revolutionären Entwicklung im Deutschen Reich sei auf folgende Kartendarstellungen verwiesen: Illustrierte Geschichte der Deutschen Revolution, Berlin 1929 (Reprint Frankfurt am Main 1968), S. 191; Hermann Kinder/Werner Hilgemann (Hrsg.): dtv-Atlas zur Weltgeschichte. Karten und chronologischer Abriss, Bd. II, München ¹⁵1980, S. 130; Benoît Breville u.a. (Hrsg.): Atlas der Globalisierung. Das 20. Jahrhundert, Berlin 2011, S. 19.

[11] Siehe beispielsweise Hagen Schulze: Weimar. Deutschland 1917–1933 (Die Deutschen und ihre Nation), Berlin ⁴1982, S. 155–162; Heinrich August Winkler: Der lange Weg nach Westen, Bd. 1, München ⁶2005, S. 366–371; Münkler, Der große Krieg, S. 744–752. Etwas ausführlicher werden die Ereignisse in Mün-

»Im Wandel der Zeit« (Karikatur von Olaf Gulbransson, »Simplicissimus«, 10. Dezember 1918):
»So – ich denke, Seine Majestät werden zufrieden sein.« – »Revolution! Der König ist zum Teufel!
Eisner ist Präsident der Republik!« – »Was, Eisner? Der hat doch auch einen Vollbart – und Brille
trägt er auch! Gott sei Dank!« – »So macht man Weltgeschichte im Atelier!«

fällt auf, dass die bayerische Geschichtsforschung dazu neigt, die Revolution in Bayern, die zunächst einmal mit den revolutionären Vorgängen in der Landeshauptstadt München identisch war, zu wenig aus dem Zusammenhang der gesamtdeutschen Entwicklung heraus zu betrachten, die von außen einwirkenden Faktoren zu ignorieren und damit deren Bedeutung für die Dynamisierung des revolutionären Prozesses zu unterschätzen.[12]

Hierbei mag eine Rolle spielen, dass die Vorgänge in München sowohl aus übergeordneter wie aus regionaler Perspektive nicht so recht in die gängigen Vorstellungen von den revolutionären Abläufen und ihren Voraussetzungen zu passen scheinen. Dies gilt keineswegs nur für die Chronologie des Geschehens. Hinzu kommt die nur schwer von der Hand zu weisende Tatsache, dass sich die sozioökonomischen Voraussetzungen für eine Revolution in Bayern und speziell in München faktisch weit ungünstiger darstellten als in vielen anderen deutschen Regionen, ungünstiger vor allem als in den großindustriellen Ballungsgebieten im Norden des Deutschen Reiches, die zugleich Zentren der organisierten Arbeiterbewegung waren.[13]

chen in folgenden Werken erwähnt, wobei Thomas Nipperdey als Einziger so weit geht, München neben der Flotte und Berlin als eines der drei revolutionären Zentren einzustufen: Heinrich August Winkler: Weimar 1918–1933. Die Geschichte der ersten deutschen Demokratie, München 1993, S. 27–30; Thomas Nipperdey: Deutsche Geschichte 1866–1918, Bd. II, München 1992, S. 871–876; Hirschfeld/Krumeich: Deutschland im Ersten Weltkrieg, S. 265–270; Jörn Leonhard: Die Büchse der Pandora. Geschichte des Ersten Weltkriegs, München 2014, S. 889.

[12] Siehe etwa Andreas Kraus: Geschichte Bayerns. Von den Anfängen bis zur Gegenwart, München ²1988, S. 612–627; Peter Claus Hartmann: Bayerns Weg in die Gegenwart. Vom Stammesherzogtum zum Freistaat heute, Regensburg 1989, S. 466–469; Friedrich Prinz: Die Geschichte Bayerns, München 1997, S. 379–384; Wilhelm Volkert: Geschichte Bayerns, München 2001, S. 77; Heinz Hürten: Revolution und Zeit der Weimarer Republik, in: Alois Schmid (Hrsg.): Handbuch der Bayerischen Geschichte, Bd. 4/1, München ²2003, S. 439–498, hier S. 440–445; Manfred Treml: Geschichte des modernen Bayern, München ³2006, S. 125f. und 166–171. Eine Ausnahme stellt die Darstellung von Wolfgang Zorn dar, der wiederholt auf die Ereignisse außerhalb Münchens und Bayerns Bezug nimmt: Zorn, Bayerns Geschichte im 20. Jahrhundert, S. 117–136.

[13] Siehe etwa Karl-Maria Haertle: Münchens »verdrängte« Industrie, in: Friedrich Prinz/Marita Krauss (Hrsg.): München – Musenstadt mit Hinterhöfen. Die Prinzregentenzeit 1886–1912, München 1988, S. 164ff.; Elisabeth Angermaier: München als süddeutsche Metropole. Die Organisation des Großstadtausbaus 1870 bis 1914, in: Richard Bauer: Geschichte der Stadt München, München 1992, S. 307–335; Rainer Gömmel: Gewerbe, Handel und Verkehr, in: Alois Schmid (Hrsg.), Handbuch der Bayerischen Geschichte, Bd. 4/2, München ²2007, S. 216–299, hier insbesondere S. 235–255; Dirk Götschmann: Wirtschaftsgeschichte Bayerns. 19. und 20. Jahrhundert, Regensburg 2010, hier insbesondere S. 247–272; Ders.:

Dass auch in Bayern am ehesten die Organisationen der Arbeiterschaft das Potenzial zur Initiierung einer auf die Beendigung des Krieges gerichteten Massenaktion hatten, erhärtet ein Blick auf Politik, Parteien und politische Bewegungen in der Landeshauptstadt. Zwar existierte im politischen Zentrum Bayerns durchaus eine aktive bürgerlich-liberale Friedensbewegung, doch war diese im Grundsatz verfassungstreu und – auch wegen der Zersplitterung der liberalen Parteien – aufs Ganze gesehen politisch wenig wirkmächtig. Letzteres galt auch für die mit dem bürgerlichen Pazifismus überwiegend eng verknüpfte pazifistisch orientierte Frauenbewegung.[14] Auch die in München in beachtlichem Ausmaß vertretenen anarchistischen Strömungen verfügten letzten Endes über keine ausreichend breite Basis für revolutionäre Aktionen.[15]

Genau betrachtet fehlte allerdings auch der organisierten Arbeiterbewegung in Bayern jeder revolutionäre Impetus. Sie war schon seit Langem streng reformistisch, wenn nicht sogar offen antirevolutionär ausgerichtet, sodass von

Unerwünschter Fortschritt? Bayerns Wirtschaft auf dem Weg in die Moderne, in: Leutheusser/Rumschöttel (Hrsg.), Prinzregent Luitpold, S. 73–92.

[14] Siehe etwa Karl-Ludwig Ay: Die Entstehung einer Revolution. Die Volksstimmung in Bayern während des Ersten Weltkrieges (Beiträge zu einer historischen Strukturanalyse Bayerns im Industriezeitalter, Bd. 1), Berlin 1968, S. 45–52; Karl Holl/Helmut Donat (Hrsg.): Ludwig Quidde. Der deutsche Pazifismus während des Weltkrieges 1914–1918 (Schriften des Bundesarchivs 23), Boppard a.R. 1979; Helmut Donat/Karl Holl (Hrsg.): Die Friedensbewegung. Organisierter Pazifismus in Deutschland, Österreich und in der Schweiz (Hermes Handlexikon), Düsseldorf 1983; Hiltrud Häntzschel: »Nur wer feige ist, nimmt die Waffe in die Hand«. München – Zentrum der Frauenfriedensbewegung 1899–1933, in: Sybille Krafft (Hrsg.): Zwischen den Fronten. Münchner Frauen in Krieg und Frieden 1900–1950, München 1995, S. 18–40; Anna Dünnebier/Ursula Scheu: Die Rebellion ist eine Frau. Anita Augspurg und Lida G. Heymann. Das schillerndste Paar der Frauenbewegung, Kreuzlingen-München 2002; Karl Holl: Ludwig Quidde 1858–1941. Eine Biografie (Schriften des Bundesarchivs. Bd. 67), Düsseldorf 2007; Hiltrud Häntzschel: Frauenfriedensbewegung, in: Historisches Lexikon Bayerns, URL: www.historisches-lexikon-bayerns.de/artikel/artikel_44997 (11.03.2011); Dieter Riesenberger: Friedensbewegung (Von den Anfängen bis zum Zweiten Weltkrieg), in: Historisches Lexikon Bayerns, URL: www.historisches-lexikon-bayerns.de/artikel/artikel_44715 (16.01.2012).

[15] Siehe hierzu etwa Ulrich Linse: Organisierter Anarchismus im Deutschen Kaiserreich von 1871 (Beiträge zu einer historischen Strukturanalyse Bayerns im Industriezeitalter 3), Berlin 1969; Günther Gerstenberg: Erich Mühsam in acht Schlaglichtern, in: Erich Mühsam: Wir geben nicht auf! Texte und Gedichte, hrsg. von Günther Gerstenberg, München 2003, S. 11–70, hier S. 30–34; Ulrich Linse: Anarchismus, in: Historisches Lexikon Bayerns, URL: www.historisches-lexikon-bayerns.de/artikel/artikel_44834 (07.03.2014).

dieser Seite im Grunde ebenfalls wenig Gefahr drohte.[16] Die Spitzen der bayerischen Sozialdemokratie und der bayerischen Gewerkschaften hatten sich
zu Beginn des Krieges aus voller Überzeugung der Burgfriedenspolitik der
Berliner Partei- und Gewerkschaftsinstanzen angeschlossen. Und dieser Kurs
wurde bis Kriegsende nie revidiert.[17] Dass sich seit 1915 auch in Bayern eine
innerparteiliche Oppositionsbewegung herausbildete, blieb der breiten Öffentlichkeit unter den Rahmenbedingungen des Kriegszustandes daher lange Zeit
praktisch vollständig verborgen.[18]

Gleichwohl ist die 1916 gegründete Unabhängige Sozialdemokratische Partei
Deutschlands (USPD) auch in München als stärkste politische Potenz der Antikriegsbewegung anzusehen. Dies lag nicht zuletzt an Kurt Eisner, der ihre unbe-
strittene Führungsfigur war. Eisner hatte sich im Frühjahr 1915 vom Befürworter
zum klaren Gegner der deutschen Kriegsführung gewandelt und war daraufhin
von seiner eigenen Partei kaltgestellt worden. Das oppositionelle Umfeld, das
er sich daraufhin mühsam aufgebaut hatte, bestand freilich lange Zeit nur aus
einem kleinen Häuflein von Linksabweichlern, darunter vor allem viele Angehörige aus dem Umfeld der sozialdemokratischen Parteijugend. Diese Dissidenten
hatten durch die Abspaltung von der Mehrheitssozialdemokratie zunächst eher
an Wirkmöglichkeiten eingebüßt als an Freiräumen hinzugewonnen. Die besondere Rolle Eisners bestand in dieser Phase deshalb darin, dass er durch seine
Kontakte ins Lager der bürgerlichen Pazifisten wie auch in das der Münchner
Anarchisten als Integrationsfigur der Münchner Friedensbewegung wirkte.

Die Existenz der Münchner USPD wurde einer breiteren Öffentlichkeit frü-
hestens Ende Januar 1918 im Rahmen des sogenannten Januarstreiks bewusst.[19]
Dabei handelte es sich um einen Streik der Rüstungsarbeiterschaft, der zentral

---

[16] Zur bayerischen Sozialdemokratie in der Vorkriegszeit siehe zuletzt vor allem:
Karl-Heinrich Pohl: Die Münchener Arbeiterbewegung. Sozialdemokratische
Partei, Freie Gewerkschaften, Staat und Gesellschaft in München 1890–1914
(Schriftenreihe der Georg-von-Vollmar-Akademie, Bd. 4), München 1992; Ders.:
Der Sondercharakter der bayerischen Sozialdemokratie, in: Hartmut Mehringer
(Hrsg.): Von der Klassenbewegung zur Volkspartei. Wegmarken der bayerischen
Sozialdemokratie 1892–1992 (Schriftenreihe der Georg-von-Vollmar-Akademie,
Bd. 5), München 1992, S. 20–33; Robert Hofmann: Der Kampf und Sozialre-
formen und Bürgerrechte, in: Mit Leidenschaft für Demokratie. 120 Jahre SPD-
Landtagsfraktion in Bayern, München ²2013, S. 8–33.

[17] Siehe etwa Markus Schmalzl: Erhard Auer. Wegbereiter der parlamentarischen
Demokratie in Bayern (Münchener Historische Studien, Abteilung Bayerische
Geschichte, Bd. 20), Kallmünz/Opf. 2013, S. 229–245.

[18] Zur Entstehung der Münchner Unabhängigen Sozialdemokratischen Partei siehe
Bernhard Grau: Studien zur Entstehung der Linken. Die Münchner USP zwischen
1917 und 1920, masch. Magisterarbeit, München 1989, S. 34–39.

[19] Zur Januarstreikbewegung allgemein siehe Chaja Boebel/Lothar Wentzel (Hrsg.):

von Berlin aus gesteuert wurde und als dreitägiger Demonstrationsstreik für eine rasche Beendigung des Krieges gedacht war. In München nahmen daran etwa 10000 Rüstungsarbeiter teil.[20] Dass München ein schwieriges Pflaster für die Antikriegsbewegung war, zeigte sich aber auch bei dieser Gelegenheit. So begann der Streik erst mit zweitägiger Verspätung, unter anderem weil Mehrheitssozialdemokratie und Freie Gewerkschaften die Arbeitsniederlegungen massiv bekämpften.[21] Relativiert wird der Erfolg ohne Zweifel auch beim Blick auf andere Streikzentren, etwa auf Nürnberg, wo – freilich unter Beteiligung von MSPD und Gewerkschaften – sogar mehr als 40000 Arbeiter aus 120 Betrieben die Arbeit niederlegten.[22] Als markante Besonderheit des Münchner Januarstreiks fällt weiterhin auf, dass Kurt Eisner von Anfang an darum bemüht war, dem Streik über das reine Friedensbekenntnis hinaus eine klare staatspolitische Stoßrichtung zu geben, ihn also zu einer Umsturzbewegung auszuweiten. Seine Verhaftung und die der übrigen Rädelsführer bereitete diesen Bemühungen zwar ein Ende. Immerhin war aber deutlich geworden, dass auch in München ein Protestpotenzial existierte, mit dem fortan zu rechnen war.

Mit der Verhaftung der Anführer war der sozialistischen Antikriegsbewegung allerdings erst einmal ihre Initiativkraft genommen. Ohne Eisner war die Münchner USPD praktisch handlungsunfähig geworden und befand sich – soweit die polizeilichen Quellen hier Aussagen zulassen – auf dem Weg in ein linkssektiererisches Fahrwasser und damit in die Isolation. Noch Anfang Oktober deutete deshalb nichts darauf hin, dass sich an dieser Situation in absehbarer Zeit etwas ändern könnte.[23]

Streiken gegen den Krieg – Die Bedeutung der Massenstreiks in der Metallindustrie vom Januar 1918, Hamburg 2008.

[20] Zum Januarstreik in München siehe Werner Boldt: Der Januarstreik 1918 in Bayern mit besonderer Berücksichtigung Nürnbergs, in: Jahrbuch für fränkische Landesforschung, Bd. 25 (1965), S. 5–42; Albrecht, Landtag und Regierung in Bayern, S. 295–305; Bernhard Grau: Der Januarstreik 1918 in München, in: Georg Jenal (Hrsg.): Gegenwart in Vergangenheit. Beiträge zur Kultur und Geschichte der Neueren und Neuesten Zeit (FS Friedrich Prinz), München 1993, S. 277–300.

[21] Michael Lotterschmid / Hartmut Mehringer: Erhard Auer – ein bayerischer Sozialdemokrat, in: Hartmut Mehringer (Hrsg.): Von der Klassenbewegung zur Volkspartei. Wegmarken der bayerischen Sozialdemokratie 1892–1992 (Schriftenreihe der Georg-von-Vollmar-Akademie, Bd. 5), München 1992, S. 138–150; Schmalzl, Erhard Auer, S. 249–255.

[22] Klaus-Dieter Schwarz: Weltkrieg und Revolution in Nürnberg. Ein Beitrag zur Geschichte der deutschen Arbeiterbewegung (Kieler Historische Studien, Bd. 13), Stuttgart 1971, S. 246ff.; Michael Diefenbacher / Rudolf Endres (Hrsg.): Stadtlexikon Nürnberg, Nürnberg ²2000, S. 487.

[23] BayHStA, MInn 66280, Bericht der Zentralpolizeistelle Bayern an das Bayerische Staatsministerium des Innern, München 17.10.1918.

Fragt man sich daher, wie es ausgerechnet in Bayern so frühzeitig zum revolutionären Umsturz kommen konnte, ist ein Blick auf die Vorgänge unmittelbar vor Ausbruch der Revolution unumgänglich. Dabei fällt zunächst vor allem ein Ereignis ins Auge, das die politischen Rahmenbedingungen in München auf den Kopf stellte. Gemeint ist die für den 17. November angesetzte Nachwahl zum Reichstag, die erforderlich geworden war, weil Georg von Vollmar aus Gesundheitsgründen seine Abgeordnetenmandate niedergelegt hatte.[24] Dieses Ereignis veränderte die politische Konstellation gleich in mehrfacher Hinsicht. Zuerst und vor allem führte es dazu, dass Kurt Eisner, die unumstrittene Leitfigur der Unabhängigen, am 14. Oktober 1918 aus der Haft entlassen wurde, weil ihn die USPD als Kandidaten für die Reichstagsnachwahl aufgestellt hatte.[25] Die Folge war, dass sich die Agitation der Unabhängigen sofort wieder intensivierte und eine klare Stoßrichtung erhielt. Ganz automatisch führte der Wahlkampf aber auch eine Mobilisierung der Wählerschaft herbei. Der USPD, die seit dem Januarstreik massiv unterdrückt worden war, eröffnete er zugleich ganz neue Handlungsspielräume und -optionen. Mit der Forderung nach einer sofortigen Beendigung des Krieges und der Ausschaltung der Verantwortungsträger hatte die Partei dabei Vorschläge anzubieten, die der herrschenden Stimmungslage entsprachen und sie klar von der konkurrierenden Mehrheitssozialdemokratie abhoben.[26]

In Schwung kam die Bewegung auf einer Wahlversammlung der USPD am 23. Oktober 1918, also sechs Tage vor Ausbruch der Meutereien bei der deutschen Hochseeflotte. Die Kundgebung, auf der Eisner den Rücktritt des Kaisers und aller Bundesfürsten forderte, zog nach Polizeiangaben immerhin 2000 Teilnehmer an, überwiegend Rüstungsarbeiter, viele Frauen, 30 Soldaten, aber auch Vertreter aus »bürgerlichen und besten Kreisen«.[27] Dies musste unter den Bedingungen des Ausnahmezustands als beachtlicher Mobili-

---

[24] Siehe hierzu zuletzt Schmalzl, Erhard Auer, S. 255f. Interessanterweise fanden Ende Oktober 1918, also nahezu parallel, Reichstagswahlen auch im Wahlkreis Berlin 1 statt. Dass es dort zu keiner vergleichbaren Zuspitzung kam, dürfte nicht zuletzt damit zu tun haben, dass sich hier ein mehrheitssozialdemokratischer und ein bürgerlicher Kandidat gegenüberstanden. Siehe dazu: Coburger Landeszeitung, 58. Jg. (1918), Nr. 256, 31.10.1914, S. 2. Siehe auch Albrecht, Landtag und Regierung, S. 409.

[25] Zorn, Bayerns Geschichte im 20. Jahrhundert, S. 115.

[26] Hierfür und für das Folgende siehe Grau, Studien zur Entstehung der Linken, S. 73–80; Ders.: Kurt Eisner, S. 344–349; Georg Köglmeier: Die zentralen Rätegremien in Bayern 1918/19. Legitimation – Organisation – Funktion (Schriftenreihe zur bayerischen Landesgeschichte, Bd. 135), München 2001, S. 22–28.

[27] BayHStA, MInn 66285, Bericht der Polizeidirektion München (Abschrift), München, 25.10.1918; siehe auch Anm. 35.

sierungserfolg gewertet werden. Einen weiteren greifbaren Erfolg feierten Eisner und seine Anhänger dann am 3. November. Zu diesem Zeitpunkt lagen Nachrichten über die Meuterei der Hochseeflotte in München bereits vor, die revolutionären Unruhen in Kiel setzten hingegen nahezu gleichzeitig ein und wurden bei der Münchner Bevölkerung erst zwei Tage später bekannt.[28] Ausgehend von einer Friedenskundgebung auf der Theresienwiese kam es in München an diesem Tag zu spontanen Protesten vor der Justizvollzugsanstalt Stadelheim, wo drei Rädelsführer des Januarstreiks nach wie vor in Haft saßen. Erstaunlicherweise gelang es den Demonstranten durchzusetzen, dass die Häftlinge noch am selben Tage entlassen wurden. Obgleich zwei von ihnen sofort zu ihren Ersatztruppenteilen abkommandiert wurden,[29] bedeutete dies für die Oppositionsbewegung ein unverhofftes Erfolgserlebnis, das zugleich das beschädigte Selbstvertrauen der staatlichen Instanzen offenbarte. Es war daher beinahe folgerichtig, dass Eisner bei einer weiteren Kundgebung am 5. November, die wegen des großen Andrangs vom Hackerkeller auf die Theresienwiese verlegt werden musste, die bevorstehende revolutionäre Aktion offen und unter Angabe des exakten Zeitpunkts ankündigte.[30]

Das Weitere kann als bekannt vorausgesetzt werden.[31] Ausgangspunkt für den revolutionären Umsturz wurde eine gemeinsame Friedensdemonstration der Münchner Mehrheitssozialdemokraten, der Freien Gewerkschaften und der USPD am 7. November 1918 auf der Theresienwiese. Anders als zunächst vereinbart, schlossen sich die Anhänger Eisners nach dem Ende der Kundge-

---

[28] Siehe etwa Albrecht, Landtag und Regierung, Berlin 1968, S. 415.
[29] StA München, Staatsanwaltschaft München I 2242/II, Anklageschrift des Oberreichsanwalts, Leipzig, 7.10.1918. Siehe ferner Felix Fechenbach: Der Revolutionär Kurt Eisner – aus persönlichen Erlebnissen, Berlin 1929, S. 36.
[30] Dass Eisner am 5. November die revolutionäre Aktion für den 7. November ankündigte, lässt sich nicht nur den Lebenserinnerungen Felix Fechenbachs entnehmen, sondern wurde auch in einem Polizeibericht dokumentiert. Siehe dazu Fechenbach, Der Revolutionär, S. 37; Wiesemann, Kurt Eisner, S. 406.
[31] Zu den revolutionären Ereignissen in München am 7. November siehe beispielsweise Allan Mitchell: Revolution in Bayern 1918–1919. Die Eisner-Regierung und die Räte-Republik, München 1967, S. 80–87; Zorn, Bayerns Geschichte im 20. Jahrhundert, S. 124–130; Franz J. Bauer: Einleitung, in: Ders. (Bearb.): Die Regierung Eisner 1918/19. Ministerratsprotokolle und Dokumente (Quellen zur Geschichte des Parlamentarismus und der politischen Parteien, Erste Reihe, Bd. 10), Düsseldorf 1987, S. IX–LXXV, hier S. XIII–XIX; David Clay Large: Hitlers München. Aufstieg und Fall der Hauptstadt der Bewegung, München 1998, S. 118–124; Köglmeier, Die zentralen Rätegremien, S. 37–49; Schmalzl, Erhard Auer, S. 255f.; Thomas Grasberger: Die Revolution 1918/19 in München, in: Oliver Braun u. a.: Revolution in München. 1800 · 1848 · 1918 · 1933 · 1968, Regensburg 2014, S. 67–95, hier S. 67–74.

Zeitgenössisches Plakat: »Zur Erinnerung an den 7. 8. u. 9. Nov. 1918«.

bung nicht der Masse der Teilnehmer an, die einen Protestzug durch die Innenstadt veranstaltete. Vielmehr brachen sie nahezu unbemerkt zu den Kasernen im Norden der Münchner Altstadt auf, um die dort kasernierten Kameraden zu befreien. Dem zahlenmäßig kleinen Stoßtrupp hatten sich nach dem Bericht mehrerer Augenzeugen auffallend viele Soldaten in Uniformen angeschlossen. Dies trug sicher dazu bei, dass die Revolutionäre bei den Münchner Truppenteilen auf keinen ernsthaften Widerstand stießen, diese vielmehr für den Anschluss an die Bewegung gewannen. Wenn man so will, handelte es sich also auch bei den Ereignissen in München im Kern um einen Militärstreik, der von Eisner allerdings von Anfang an unter ein politisches Vorzeichen gestellt wurde.[32]

Für viele Münchner endete der Krieg auf diese Weise gefühlt schon in der Nacht vom 7. auf den 8. November 1918, als Eisner im Landtag den Freistaat Bayern ausrief und damit das Ende der bayerischen Monarchie einläutete.[33] In dieser

---

[32] Siehe hierzu Albrecht, Landtag und Regierung, S. 423–426; Grau, Studien zur Entstehung der Linken, S. 81–86; Grau, Kurt Eisner, S. 350–355; Köglmeier, Die zentralen Rätegremien, S. 27f.

[33] Zu den Vorgängen im Landtag siehe etwa Köglmeier, Die zentralen Rätegremien, S. 45–49.

Phase wurden entscheidende Grundlagen für das bayerische Staats- und Verfassungssystem der Weimarer Zeit gelegt. Unbestreitbar begann hier etwas Neues, begannen auch aus Sicht des Historikers die sogenannten Weimarer Jahre.

Die Untersuchung der Frage, wie es zum Sturz der bayerischen Monarchie kommen konnte, macht damit mehrere Aspekte deutlich:

Die Ereignisse in München können nicht einfach als Folge der Matrosenrevolte im Norden Deutschlands interpretiert werden. Die Protest- und Umsturzbewegung entstand in München vielmehr aus eigener Wurzel und entwickelte sich in der Folge parallel zu den Ereignissen im Norden. Es ist deshalb auch davon auszugehen, dass sich die Vorgänge hier wie dort wechselseitig beeinflussten.

Der Nord-Süd-Vergleich macht weitere Unterschiede deutlich. So wird man sagen können, dass der Umsturz im Norden als Militärstreik begann und erst nach und nach eine politische Stoßrichtung gewann. In München bildeten politische Ziele hingegen den Ausgangspunkt der Bewegung. Dies dürfte den zeitlichen Vorsprung mit erklären, der dazu führte, dass der Sturz der Monarchie in Bayern zuerst erfolgte. Gleichwohl muss man feststellen, dass sich auch in München weniger die Arbeiter als die hier stationierten Soldaten der revolutionären Bewegung anschlossen, sodass auch in Bayern ein Militärstreik den entscheidenden Erfolgsfaktor bildete.

In der Zusammenschau wird ferner evident, dass die revolutionäre Bewegung ihr Ziel nur in einer der Hauptstädte erreichen konnte, also eher nicht in einer der Küsten- bzw. Garnisonsstädte, in denen die Unruhen im Norden ihren Anfang nahmen. Auch dies kann als Erklärung dafür dienen, dass die Bewegung in München ihr Ziel früher erreichte.

Besondere Rahmenbedingungen ergaben sich in München auch durch die Notwendigkeit, Reichstagsersatzwahlen durchzuführen. Sie sorgten für die Haftentlassung Kurt Eisners und bescherten der örtlichen USPD schlagartig eine erhöhte Aufmerksamkeit und deutlich verbesserte Agitationsmöglichkeiten.

Damit sind wir beim Faktor Persönlichkeit angelangt. Es ist kaum zu bestreiten, dass Kurt Eisner für die revolutionäre Bewegung als Führungs- und Identifikationsfigur eine herausragende Rolle spielte. Innerhalb der USPD gab es niemanden, der so viel politische Erfahrung besaß wie er und der ähnlich klare politische Zielvorstellungen verfolgte. Dabei verstand er es, Fragen aufzuwerfen und Antworten zu formulieren, die exakt zur herrschenden Situation passten. Seine programmatischen Ziele waren dabei die sofortige Beendigung der Kampfhandlungen, die Errichtung einer sozialen Demokratie, die Bestrafung der Urheber des Krieges sowie der Abschluss eines Friedens auf der Basis der Völkerverständigung.[34]

---

[34] Die beste Zusammenfassung von Eisners Zielen findet sich in den von ihm veröffentlichten Regierungsprogrammen vom 8. bzw. 15. November 1918. Siehe etwa

Die Stoßrichtung der von ihm angeführten revolutionären Bewegung zielte damit nicht primär auf spezifisch bayerische Gegebenheiten, sondern war
Konsequenz der durch die deutsche Niederlage aufgeworfenen Fragen und Probleme. Letztlich profitierten also auch Eisner und seine Mitstreiter in gewisser
Weise davon, dass Kaiser Wilhelm II. sich an den Thron klammerte und nicht
bereit war, die Verantwortung für die Niederlage zu übernehmen und durch
seinen Rücktritt den Weg für Friedensverhandlungen freizumachen. Genauso
wichtig war jedoch, dass es Parlamenten und Regierungen weder auf Reichs-
noch auf Landesebene gelang, die unausweichlichen Verfassungsänderungen
rechtzeitig zu verabschieden.

Daraus wird man allerdings nicht den Schluss ziehen dürfen, dass im Falle
eines Rücktritts des Kaisers und rechtzeitiger Verfassungsreformen die bayerische Monarchie zu retten gewesen wäre. Das Ansehen König Ludwigs III. hatte
im Laufe des Krieges weiter gelitten. Durch seine annexionistischen Äußerungen
im Rahmen der Kriegszieldebatten hatte er sich zumindest in den Augen der
Revolutionäre zudem erheblich kompromittiert.[35] Außerdem ist davon auszugehen, dass die Demokratisierung von Staat und Gesellschaft nicht nur auf Reichs-,
sondern auch auf Länderebene durch die Forderungen Woodrow Wilsons vor-
gezeichnet war. Außer in Bulgarien, wo Zar Ferdinand schon kurz nach der
Kapitulation Ende September 1918 zugunsten seines Sohnes abgedankt hatte,[36]
gingen daher bei den Mittelmächten und bei den mit diesen verbündeten Staaten
sämtliche Monarchien unter. Dies war nicht zuletzt Konsequenz der Tatsache,
dass die Monarchen als Staatsoberhäupter und oberste Militärbefehlshaber in
der öffentlichen Wahrnehmung an erster Stelle die Verantwortung für den Krieg
und für die Niederlage zu übernehmen hatten.

Damit kommen wir abschließend wieder zu der eingangs angesprochenen nach
wie vor kontrovers diskutierten Frage zurück, wie weit die Vorkriegsverhältnisse
in Bayern als Ursachen und Motoren der Revolution eine Rolle gespielt haben.
Nach dem bisher Gesagten ist ein direkter Bezug zur Umsturzbewegung nur
schwer auszumachen. Doch darf man sich hier nicht täuschen. In dem Moment,
in dem es um die Frage ging, wie die Nachkriegsordnung beschaffen sein sollte,
wurde deutlich, dass die verfassungsrechtliche Ordnung während des Krieges

die Edition bei Franz J. Bauer (Bearb.): Die Regierung Eisner 1918/19, Düsseldorf
1987, S. 412f. und 420–423.

[35] Schon auf der Wahlversammlung vom 23. Oktober 1918 hatte Eisner unmissver-
ständlich gefordert, dass mit dem deutschen Kaiser auch alle anderen Bundesfürsten abtreten müssten. Nur dann sei es möglich, Frieden und ein neues, bes-
seres Vaterland zu bekommen. Bayerische Staatszeitung, 6. Jg. (1918), Nr. 250,
26.10.1918, S. 13.

[36] Zorn, Bayerns Geschichte im 20. Jahrhundert, 114.

Jedes
Menschen
leben
soll heilig
sein

Kurt Eisner

Kurt-Eisner-Denkmal von Rotraut Fischer am Oberanger (eingeweiht im Mai 2011). Es zeigt ein Zitat aus Kurt Eisners Revolutionsrede, mit der er am 7. November 1918 die Bayerische Republik ausgerufen hatte.

praktisch unverändert geblieben war.[37] Dies bedeutete, dass auch die schon vor Kriegsbeginn kontrovers diskutierten Themen nach wie vor virulent waren. Und so nimmt es kein Wunder, dass nahezu alle in der revolutionären Regierung vertretenen Parteipolitiker auf die Erfahrungen und Lösungsansätze aus der Vorkriegszeit zurückgriffen, hatten sie doch meist schon in diesen Jahren die Politik ihrer jeweiligen Partei maßgeblich mitbestimmt.

Dies galt selbst für Kurt Eisner, der in Bayern zunächst nichts anderes tat, als die von der SPD programmatisch schon immer verfochtene parlamentarische Demokratie durchzusetzen. Auch wenn er nicht bereit war, die in der Revolutionsnacht begründeten Arbeiter-, Bauern- und Soldatenräte umstandslos wieder zu opfern, waren ihm weitergehende Experimente sozialistischer oder gar bolschewistischer Art doch völlig fremd.[38] Auch die im weiteren Verlauf durchgesetzte Trennung von Staat und Kirche oder die Koalitionsfreiheit für die bei der öffentlichen Hand beschäftigten Arbeitnehmer waren keine ad hoc formulierten Ziele, sondern Anliegen, die bereits in den letzten Jahren vor Ausbruch des Krieges verfochten und öffentlich kontrovers diskutiert worden waren.

Nach Kriegsende richtete sich der Blick damit ganz automatisch wieder auf die alten Probleme und Konfliktlinien. Nun musste es den neuen Verantwortungsträgern aber so scheinen, als könne der Reformstau, der sich in der Spätphase der Monarchie aufgebaut hatte, wie ein gordischer Knoten mit einem

---

[37] Wolfgang Ehberger: Bayerns Weg zur parlamentarischen Demokratie. Die Entstehung der Bamberger Verfassung vom 14. August 1919 (Studien zur bayerischen Verfassungs- und Sozialgeschichte, Bd. XXIX), München 2013, S. 24–39.

[38] Speziell zu dieser Problematik siehe Manuela Siegl: Aspekte einer Rezeptionsgeschichte der russischen Oktoberrevolution und des Bolschewismusbegriffs in Münchner Quellen von November 1917 bis Mai 1919, masch. Magisterarbeit, München 1990, S. 46–49.

Hieb durchtrennt werden. Auch ist nicht zu übersehen, dass durch den Ausgang des Krieges, das heißt durch den Sieg der westlichen Demokratien, zumindest scheinbar diejenigen politischen Kräfte ins Recht gesetzt wurden, die die Auffassung vertraten, dass das monarchische System einer Modernisierung von Staat und Verwaltung im Wege stand. Aber auch ohne diesen Effekt war mit dem Ende des Krieges der von den traditionellen Eliten schon frühzeitig mit großer Sorge erwartete Zeitpunkt gekommen, zu dem insbesondere die organisierte Arbeiterbewegung den Preis für ihr langjähriges Stillhalten einforderte.[39] Nun rächte es sich, dass man die Weiterentwicklung des parlamentarischen Systems so lange hinausgezögert hatte. Jedenfalls ist offensichtlich, dass die Oktoberreformen zu spät kamen, um der Dramaturgie noch ihre Eigendynamik zu nehmen.

Literatur in Auswahl

Albrecht, Willy: Landtag und Regierung in Bayern am Vorabend der Revolution von 1918. Studien zur gesellschaftlichen und staatlichen Entwicklung Deutschlands von 1912–1918 (Beiträge zu einer historischen Strukturanalyse Bayerns im Industriezeitalter 2), Berlin 1968.

Bauer, Franz J. (Bearb.): Die Regierung Eisner 1918/19. Ministerratsprotokolle und Dokumente (Quellen zur Geschichte des Parlamentarismus und der politischen Parteien, Erste Reihe, Bd. 10), Düsseldorf 1987.

Bosl, Karl (Hg.): Bayern im Umbruch. Die Revolution von 1918, ihre Voraussetzungen, ihr Verlauf und ihre Folgen, München 1969.

Eisner, Freya: Kurt Eisner: Die Politik des libertären Sozialismus, Frankfurt a. M. 1979.

Grau, Bernhard: Kurt Eisner 1867–1919. Eine Biographie, München 2001.

Hirschfeld, Gerhard/Krumeich, Gerd: Deutschland im Ersten Weltkrieg, Frankfurt a. M. 2013.

Köglmeier, Georg: Die zentralen Rätegremien in Bayern 1918/19. Legitimation – Organisation – Funktion (Schriftenreihe zur bayerischen Landesgeschichte, Bd. 135), München 2001.

Leonhard, Jörn: Die Büchse der Pandora. Geschichte des Ersten Weltkriegs, München 2014.

Leutheusser, Ulrike/Rumschöttel, Hermann (Hrsg.): Prinzregent Luitpold von Bayern. Ein Wittelsbacher zwischen Tradition und Moderne, München 2012.

Münkler, Herfried: Der große Krieg. Die Welt 1914–1918, Berlin ²2013.

Nipperdey, Thomas: Deutsche Geschichte 1866–1918, Bd. II, München 1992.

---

[39] Einen frühen Beleg des Bewusstseins für die durch den Krieg und seine Folgen heraufbeschworenen Gefahren für Monarchie und führende Klassen stellt ein Schreiben des bayerischen Ministerratsvorsitzenden Georg von Hertling an Reichskanzler Bethmann-Hollweg vom März 1915 dar: BayHStA, MA 961, Schreiben des Staatsministers des Königlichen Hauses und des Äußern Georg von Hertling an Reichskanzler Bethmann-Hollweg, München, 28.3.1915.

Prinz, Friedrich / Krauss, Marita (Hrsg.): München – Musenstadt mit Hinterhöfen. Die Prinzregentenzeit 1886–1912, München 1988.

Schmalzl, Markus: Erhard Auer. Wegbereiter der parlamentarischen Demokratie in Bayern (Münchener Historische Studien, Abteilung Bayerische Geschichte, Bd. 20), Kallmünz/Opf. 2013.

Schmid, Alois (Hrsg.): Handbuch der Bayerischen Geschichte, Bd. 4/1 und 4/2, München ²2003/2007.

Winkler, Heinrich August: Weimar 1918–1933. Die Geschichte der ersten deutschen Demokratie, München 1993.

Zorn, Wolfgang: Bayerns Geschichte im 20. Jahrhundert, München 1986.

Bernhard Grau, geboren 1963, Archivar und Historiker; Studium der Geschichte und Rechtsgeschichte; seit 1996 im bayerischen Archivdienst, Ständiger Stellvertreter der Generaldirektorin der Staatlichen Archive Bayerns. Forschungs- und Veröffentlichungsschwerpunkte: Bayerische Verfassungs- und Verwaltungsgeschichte; Geschichte der deutschen und der bayerischen Arbeiterbewegung, Münchner Stadt- und Stadtteilgeschichte; Archivtheorie und Archivpraxis. Publikationen u.a.: »Kurt Eisner 1867–1919. Eine Biographie«, München 2001; »Die Zeichen der Zeit. Alltag in München 1933–1945«, Berlin 1991 (hrsg. zusammen mit Prof. Dr. Marita Krauss).

Stefan März
War das Ende der bayerischen Monarchie unausweichlich?
Chance und Zusammenbruch der Wittelsbacher Königsherrschaft

Als die Haupt- und Residenzstadt München am 8. November 1918 erwachte, war der König mitsamt seiner Familie geflohen, die Kasernen, der Hauptbahnhof und die Regierungsbauten waren durch Revolutionäre besetzt. Kurt Eisner rief den Freistaat Bayern aus und erklärte die Dynastie der Wittelsbacher für abgesetzt. Doch wie konnte es zu diesem Zusammenbruch kommen? Wäre die Monarchie unter Umständen zu retten gewesen? Rückblickend mag die Revolution als folgerichtiges Ergebnis eines vierjährigen Weltkrieges erscheinen. Die Frage nach der Zwangsläufigkeit des Zusammenbruchs hat jedoch kontroverse Diskussionen hervorgerufen. Einige Zeitgenossen und Historiker charakterisierten die Ereignisse als »Theatercoup« landfremder Aufrührer. Ab den 1960er-Jahren fand eine Deutungsvariante Akzeptanz, die eine lange Verfallsgeschichte der Monarchie behauptete. Der Niedergang habe sich in politischen Emanzipationsbestrebungen, der Diskrepanz zwischen gesellschaftlicher und politischer Realität sowie der systemimmanenten Reformunfähigkeit manifestiert. Deterministisch argumentierten einzelne Staatstheoretiker, die die konstitutionelle Monarchie als angeblich transitorisches Stadium zwischen der absoluten Monarchie und der parlamentarisch-republikanischen Demokratie verstanden.[1] Heute ermöglichen kulturalistische Fragestellungen und Methoden eine differenziertere Systematisierung monarchischer Herrschaft.[2] Die deterministische Interpretation einer Zwangsläufigkeit des Zusammenbruchs erscheint zumindest fragwürdig, wenn man die Wandelbarkeit, die Zukunftsfähigkeit und den symbolpolitischen Wert der Monarchie in den Blick nimmt. Im Vorfeld und während des Ersten Weltkrieges bot sich eine Fülle von Chancen zur Erneuerung und langfristigen Legitimierung der Monarchie.

---

[1]   Hans-Michael Körner: Geschichte des Königreichs Bayern, München 2006, S. 185–188.
[2]   Thomas Biskup/Martin Kohlrausch: Einleitung, in: Thomas Biskup/Martin Kohlrausch (Hrsg.): Das Erbe der Monarchie. Nachwirkungen einer deutschen Institution seit 1918, Frankfurt am Main 2008, S. 11–34, hier: S. 21f.

»Mein Vorgänger Ludwig I. hat München zur schönsten Stadt Deutschlands gemacht. Ich mache sie zur freiesten.« (Olaf Gulbranssons Karikatur »Kurt Eisner I«, »Simplicissimus«, 3. Dezember 1918).

Bestandsaufnahme der Monarchie am Vorabend des Ersten Weltkrieges

Versucht man sich an einer Bestandsaufnahme des Königreiches Bayern am Ende der Prinzregentenzeit, so steht man trotz aller politischen und gesellschaftlichen Spannungen, trotz aller Umbrüche und Verwerfungen, trotz aller tatsächlichen und vermeintlichen Niedergangssymptome, vor dem Panorama eines bemerkenswerten politischen Systems. Dieses zeichnete sich durch einen konstitutionell-parlamentarisch-repräsentativen Mischcharakter aus, verfügte seit 1906 über ein fortschrittliches Wahlrecht und wies starke kommunale Handlungsmöglichkeiten sowie eine weitgehende Reformmentalität auf. Durch die Berufung des Ministeriums Hertling wurde eine Regierung eingesetzt, die ungeachtet der offiziellen Verlautbarungen neuen Spielraum für die Volkssouveränität zu eröffnen schien. Die Gesellschaft modernisierte sich in unvorstellbarem Tempo. Steigende Bildungs- und Lebensstandards, eine Vielzahl meinungsfreudiger Medien, selbstbewusste Parteien und ein rasanter Wertewandel führten zu einer politisierten Öffentlichkeit. Forderungen nach sozialer Gerechtigkeit und parlamentarischer Mitbestimmung nahmen zu. Die politische Selbstständigkeit des Ministerrats, die zunehmende Berücksichtigung der parlamentarischen Mehrheitsverhältnisse und die Verlagerung des Herrschers auf die Repräsentation vermochten das konstitutionelle Regierungssystem jedoch zu festigen. Weit mehr als andere Monarchien im spätwilhelminischen Deutschland schien das bayerische Königtum eine klare Option auf die Zukunft zu versprechen.[3]

Wie lässt sich der anhaltende Erfolg der Monarchie begründen? Die Erklärung liegt vor allem in ihrer kulturellen und performativen Dimension. Die Monarchie diente als Symbol für Kontinuität und Verlässlichkeit und half durch ihre integrative Symbolkraft und einen reichen Fundus an Traditionen bei der Konstruktion kollektiver Identität. Der König personifizierte die abstrakte Einheit des Staates, stellte lebendige Geschichte dar und erfüllte die Funktion eines Bewahrers der heimatlichen, landschaftlichen und staatlichen Überlieferung.[4] Durch ein großes Instrumentarium symbolischer Akte, Zeremonien und Formeln wurde seine Rolle als Inhaber der Staatsgewalt im öffentlichen Bewusstsein verankert. Seit der Regierung Maximilians II. befand sich der politische Einfluss des Monarchen de facto auf dem Rückzug. Dennoch blieb der König als Symbol und als politischer Akteur die zentrale Figur des Herrschaftssystems. Die schwerpunktmäßige Verlagerung des Herrschers auf die Repräsentation – spätestens mit dem Prinzregenten Luitpold, der als Reichsverweser per definitionem als »Repräsentant« diente – erhielt in der Bevölkerung die Vorstellung des Königtums und des Gottesgnadentums aufrecht.[5]

3   Hermann Rumschöttel: »Der erste Kavalier seines Hofes«. Persönlichkeit und Politik des Prinzregenten, in: Ulrike Leutheusser/Hermann Rumschöttel (Hrsg.): Prinzregent Luitpold von Bayern. Ein Wittelsbacher zwischen Tradition und Moderne, München 2012, S. 13–36, hier: S. 35; Hermann Rumschöttel: Eigenständigkeit und Integration. Bayern und das Reich in der Prinzregentenzeit, in: Katharina Weigand/Jörg Zedler/Florian Schuller u. a. (Hrsg.): Die Prinzregentenzeit. Abenddämmerung der bayerischen Monarchie?, Regensburg 2013, S. 41–58, hier: S. 55.

4   Heinz Gollwitzer: Die Endphase der Monarchie in Deutschland. Stuttgart, 1971, in: Heinz Gollwitzer: Weltpolitik und deutsche Geschichte. Gesammelte Studien. Hrsg. von Hans-Christof Kraus, Göttingen 2008, S. 363–383, hier: S. 367.

5   Hubert Glaser: Ludwig II. und Ludwig III. Kontraste und Kontinuitäten, in: Zeitschrift für bayerische Landesgeschichte, Nr. 59. München 1996, S. 1–14, hier: S. 7; Marita Krauss: Von Ludwig II. zu Ludwig III. – Modernisierungsprozesse

Vier Generationen im bayerischen Herrscherhaus: v. l. n. r.: Prinz Rupprecht (der spätere Kronprinz), dessen früh verstorbener Sohn Prinz Luitpold, Prinz Ludwig (der spätere Ludwig III.) und Prinzregent Luitpold, 1905.

Mit dem Wechsel im Regentenamt zu Luitpolds ältestem Sohn Ludwig, der nach einer Verfassungsänderung im Jahr 1913 als König regierte, änderte sich an dieser Konstellation wenig. Nach einem Vierteljahrhundert der Regentschaft hatte Bayern wieder einen sichtbaren und vollsouveränen König, der allen repräsentativen und politischen Pflichten nachzukommen imstande war. Zum Zeitpunkt seiner Thronbesteigung deutete kaum etwas darauf hin, dass die Monarchie nur fünf Jahre später als Staatsform abgelöst werden sollte.[6] Es lag nun an ihm, dem Königtum ein zeitgemäßes Gesicht zu geben. Ludwig III. hatte klare politische Vorstellungen: Seine Hauptziele waren die Förderung der Landwirtschaft, der Industrie, des Handels sowie des Verkehrs. Er stand für einen entschiedenen Föderalismus, setzte sich in der Sozialpolitik ein und hatte sich sogar für eine Wahlrechtsreform engagiert. Ebenso machte er sich als Förderer der Wissenschaft und Technik einen Namen und galt als Vorkämpfer für den Ausbau der bayerischen Wasserstraßen.[7]

Ludwigs Interesse für die Wirtschaft, seine Aufgeschlossenheit in sozialen Fragen sowie sein konstruktives Verhältnis zum Parlament ließen nicht wenige Zeitgenossen eine erfolgreiche Regierung erhoffen. Hubert Glaser urteilte, man sehe sich versucht, in Ludwig »das Profil eines konstitutionellen Mustermonarchen« zu erkennen, »der feste Grundsätze hat und einen Sinn für praktische Politik, der sich weder in die Geschichte noch in die Künste noch in eine selbstgeschaffene Traumwelt zurückzieht, sondern vielmehr die Ökonomie für die Grundlage der öffentlichen Wohlfahrt hält, das Bild eines selbstbewussten und redegewandten, gestandenen Mannes, der seine eigenen Unternehmen erfolgreich zu führen weiß und der vor der parlamentarischen Arbeit nicht zurückscheut«.[8]

Symbolische Herrschaft und das Fundament des Bürgerkönigtums

Die Attraktivität der Monarchie begründete sich nicht zuletzt dadurch, dass sie sich trotz ihrer beharrenden Elemente stets neu erfand. Dies zeigt sich an der flexiblen Reaktion auf gesellschaftliche Debatten, am Aufgreifen zeitrelevanter Themen oder an der Verbürgerlichung ihrer Selbstdarstellung. Imagepflege wur-

---

in Bayern, in: Götterdämmerung. König Ludwig II. und seine Zeit. Aufsatzband, Augsburg 2011, S. 96–106, hier: S. 97f.

6   Zur Biografie des Königs: Stefan März: Ludwig III. Bayerns letzter König, Regensburg 2014; Alfons Beckenbauer: Ludwig III. von Bayern 1845–1921. Ein König auf der Suche nach seinem Volk, Regensburg 1987.

7   Glaser, Ludwig II. und Ludwig III., S. 29–37.

8   Hubert Glaser: Ludwig III. König von Bayern. Skizzen aus seiner Lebensgeschichte. Katalog zur Ausstellung in Wildenwart. Hrsg. von Max Oppel, Prien am Chiemsee 1995, S. 36f.

de zum wichtigen Faktor – und dazu nutzte die Monarchie eine enorme Bandbreite öffentlicher und medialer Inszenierungen. Dank der Mischung aus Tradition und Zukunftsgewandtheit diente sie auch in der klassischen Moderne als weithin akzeptierter Integrationsfaktor. Ludwig III. war in vielerlei Hinsicht ein weit »modernerer« Herrscher als seine drei Vorgänger Prinzregent Luitpold, König Ludwig II. und König Maximilian II. Ludwigs Begeisterung für Wissenschaft, Industrie und Technik korrespondierte mit dem Zeitgeist, der die rasanten Neuerungen der Epoche als Garant der Verbesserung der Lebensverhältnisse ansah.[9]

Höfische Etikette und militärische Repräsentation lagen dem bürgerlich-volkstümlichen König wenig, obgleich er diese Aufgaben pflichtbewusst bewältigte. Privat besuchte er regelmäßig Kegelabende mit bürgerlichen Freunden und spazierte in Gehrock und Zylinder durch die Residenzstadt. Daneben pflegte er als Gutsherr von Leutstetten ein Image als Landwirt aus königlichem Hause. Die Attraktivität des Königstitels wurde gezielt für die gesellschaftliche Integration eingesetzt. Festgottesdienste, diplomatische Empfänge, militärische Ehrendienste und Hofbälle blieben konstante Elemente monarchischer Selbstdarstellung. Daneben standen Inszenierungen von Modernität: Der König reiste mit der Eisenbahn, fuhr mit dem Automobil auf dem Oktoberfest vor, nahm Einladungen zu Sportveranstaltungen an, ließ sich filmen, eröffnete Gewerbeausstellungen, besuchte Wirtschaftsverbände und ließ sich durch Fabrikanlagen führen. Ludwig III. propagierte bei zahlreichen Gelegenheiten die wechselseitige Treueverpflichtung, die König und Volk eingegangen seien. Er war davon überzeugt, dass die Monarchie alle Gesellschaftsschichten ausgewogen beachten müsse. Nicht nur die bürgerliche Ober- und Mittelschicht, sondern auch die ländlich-bäuerliche Bevölkerung, das Kleinbürgertum und das sozialdemokratische Milieu sollten sich von der Monarchie angezogen fühlen.[10]

Bei aller Offenheit und Volksnähe war Ludwig III. jedoch in kultureller Hinsicht erzkonservativ und dachte in der Frage des monarchischen Prinzips reaktionär. Die Zukunft der Monarchie wollte er nicht etwa durch Verfassungsliberalisierungen sichern, sondern vielmehr auf der Ebene der politischen Kultur. Der König nahm umfangreiche repräsentative Projekte in Angriff, sodass man für die Vorkriegsjahre vom Höhepunkt monarchischer Festkultur sprechen kann.[11] Dank des gut ausgebauten Eisenbahnnetzes unternahm er in den bei-

---

[9]   Krauss, Ludwig II. zu Ludwig III., S. 97.
[10]   Stefan März: Das Haus Wittelsbach im Ersten Weltkrieg. Chance und Zusammenbruch monarchischer Herrschaft, Regensburg 2013, S. 112–119.
[11]   Werner K. Blessing: Staat und Kirche in der Gesellschaft, Göttingen 1982, S. 228–232.

den Sommern 1913 und 1914 aufwändige Repräsentationsbesuche in etlichen bayerischen Städten. Mit glänzendem Gefolge zog er durch Triumphpforten ein, an denen sich Schuljugend, Militär, Vereine und Bürgerschaft versammelt hatten. Empfänge, Ordensverleihungen, abendliche Serenaden und feierliche Brillantfeuerwerke boten Glanzlichter. Diese monarchischen Attraktionen zogen Tausende Menschen an und brachten die Monarchie ein erhebliches Stück näher an die Öffentlichkeit.[12] Der eigenständige Beitrag Bayerns zu den Hundertjahrfeiern der Völkerschlacht im August 1913 lieferte eine weitere Klimax monarchischer Inszenierung.[13]

Nicht zuletzt verfolgte die bayerische Monarchie eine moderne Medienpolitik. Mit der »Bayerischen Staatszeitung« schuf der Ministerratsvorsitzende im Jahr 1913 eine staatliche Zeitung, daneben betrieb das Königliche Kabinett eine aktive Öffentlichkeitsarbeit. Der Presse kam bei der Vorbereitung, Verbreitung und Nachwirkung des monarchischen Zeremoniells eminente Bedeutung zu. Ludwig III. stand im Rampenlicht der Medienöffentlichkeit. Täglich wurde über repräsentative Auftritte des Königs berichtet, etwa über Staatshandlungen, Ansprachen, Regimentsbesuche, Audienztermine, Denkmalenthüllungen und Reisen. Daneben nutzte das bayerische Herrscherhaus moderne Medien wie die Fotografie oder den aufstrebenden Film, um die Persönlichkeit und Programmatik des Königs einem breiten Publikum näherzubringen.[14]

Der Pragmatismus und die unprätentiöse Volksnähe Ludwigs III., die dem Ideal eines »Bürgerkönigs« sehr nahekamen, trafen auf Sympathien. Die erfolgreiche Selbstdarstellung des Königs führte unabhängig von seiner politischen Agenda dazu, dass sich der Großteil der Bevölkerung grundsätzlich als königstreu bezeichnen konnte. Selbst die Sozialdemokraten verhielten sich »königlich-bayerisch« und der »Simplicissimus« sah in der Dynastie ein wesentliches Element bayerischer Liberalität.[15] Angesichts dieser vielfältigen Anstrengungen und der umjubelten königlichen Auftritte hat es den Anschein, als sei die Monarchie bis zum Jahr 1914 auf eine breitere legitimatorische Basis gestellt worden. Wie tragfähig diese war, musste sich jedoch erst erweisen.

---

[12] Ders.: Der monarchische Kult, politische Loyalität und die Arbeiterbewegung im deutschen Kaiserreich, in: Gerhard A. Ritter (Hrsg.): Arbeiterkultur, Königstein 1979, S. 185–208, hier: S. 187.

[13] März, Wittelsbach im Ersten Weltkrieg, S. 128–133.

[14] Ebd., S. 133–140.

[15] Karl Möckl: Hof und Hofgesellschaft in Bayern in der Prinzregentenzeit, in: Werner, Karl Ferdinand (Hrsg.): Hof, Kultur und Politik im 19. Jahrhundert, Bonn 1985, S. 183–235, hier: S. 232f.

Aktive Öffentlichkeitsarbeit: König Ludwig bei einer Veranstaltung auf der Trabrennbahn Daglfing bei München, um 1914.

Der Weltkrieg als Chance zur Neulegitimierung

Die in den Vorkriegsjahren erarbeitete Chance zur Erneuerung der Monarchie auf der Basis eines konstitutionell-repräsentativen Bürgerkönigtums wurde jäh auf die Probe gestellt. Als im Sommer 1914 der Erste Weltkrieg ausbrach, veränderte dies die politischen Rahmenbedingungen grundlegend. Der Krieg wirkte auf etliche innenpolitische Probleme wie ein Katalysator. Wurde der Kriegsausbruch noch von einer breiten Zustimmung von Öffentlichkeit, Parteien und Presse begleitet, verschlechterte sich die Lage der Heimatfront zunehmend. Nach und nach wurde der Burgfrieden brüchig, was sich in Protesten, Forderungen nach Frieden und einer Modernisierung des politischen Systems ausdrückte.[16] Bayern war in unvorstellbarem Maße vom Krieg betroffen. Im gesamten Kriegsverlauf sollte jeder Fünfte unmittelbaren Militärdienst leisten. Am Ende war die traurige Bilanz von knapp 200000 Gefallenen und über 430000 Verwundeten zu beklagen.[17]

[16]   März, Wittelsbach im Ersten Weltkrieg, S. 360–376.
[17]   Dieter Albrecht: Bayern im Ersten Weltkrieg 1914–1918, in: Handbuch der bay-

Der Erste Weltkrieg erwies sich für die Monarchie als enorme Belastungsprobe, aber es lohnt sich auch hier ein genauerer Blick. Zwar war der politische Einfluss Ludwigs III. trotz seiner Stellung als »Allerhöchster Kriegsherr« im komplexen und hochdynamischen Geflecht von Oberster Heeresleitung, Reichsleitung, Reichstag und Bundesstaaten begrenzt, vor allem auf der performativen Ebene eröffneten sich jedoch neue Möglichkeiten. Von der nationalen Einmütigkeit zu Kriegsbeginn profitierte die Monarchie als überparteiliches Symbol. Der König bemühte sich aktiv um eine Rolle als fürsorglicher Landesvater und soziale Instanz – und dies mit Erfolg. Ludwig III. verbreitete zahlreiche Aufrufe, in denen er an die nationale Einigkeit appellierte und ließ keinen Zweifel an seiner Interpretation, der Krieg sei von außen aufgezwungen worden.[18]

Unablässig betonte er sein Mitgefühl gegenüber Soldaten, Kriegsopfern und deren Familien, rief zu Sammlungen für die Verwundeten- und Angehörigenfürsorge auf und unterstützte diese durch großzügige Spenden in Millionenhöhe. Der König stellte etliche Schlösser als Lazarette, Erholungsheime oder Kinderanstalten zur Verfügung und ließ Volksküchen einrichten. Königin Marie Therese, die das Protektorat über den »Bayerischen Frauenverein vom Roten Kreuz« innehatte, stellte sich an die Spitze der Fürsorgeaktion. In den Nibelungensälen der Residenz ließ sie eine »Kriegsarbeitsstelle« einrichten, die bald zur größten Nähstube Deutschlands wurde und die Versorgung abgehender Truppen und Lazarette ermöglichte. Die Königin packte sogar regelmäßig selbst mit an. Fast täglich besuchten Mitglieder des Königshauses die zahlreichen in München und der näheren Umgebung befindlichen Lazarette. Marie Therese begab sich gar auf eine Rundreise durch Bayern, um Spitäler zu besuchen.

In alter Familientradition engagierten sich viele weitere Wittelsbacher karitativ. Prinzessin Therese, die Schwester des Königs, eröffnete ein Lazarett in ihrer Villa in Lindau. Prinz Ludwig Ferdinand und Prinz Alfons dienten der Verwundetenfürsorge. Die Königstöchter Hildegard und Helmtrud arbeiteten für das Rote Kreuz, während ihre Schwestern Wiltrud und Gundelinde sich in der Angehörigenfürsorge betätigten. Prinzessin María de Pilar war ebenfalls für das Rote Kreuz tätig. Prinzessin Gisela richtete ihr Palais als Erholungsheim ein. Prinzessin Therese unterhielt ein Lazarett auf ihrem Gut Holzen. Herzogin Maria José in Bayern funktionierte zwei ihrer Häuser zu Krankenhäusern um.

---

erischen Geschichte. Begründet von Max Spindler, neu hrsg. von Alois Schmid. Bd. IV: Das neue Bayern. Von 1800 bis zur Gegenwart. Teilband 1: Staat und Politik, München ²2003, S. 413–438, hier: S. 416f.

18 Lothar Machtan: Der erstaunlich lautlose Untergang von Monarchie und Bundesfürstentümern – ein Erklärungsangebot, in: Alexander Gallus (Hrsg.): Die vergessene Revolution von 1918/19, Göttingen 2010, S. 39–56, hier: S. 48.

Daneben bestand die karitative Tätigkeit des Königshauses in der Sammlung von »Liebesgaben« für die Armee. Neben selbst gefertigten Wollsachen enthielten die Päckchen Zigarren, Nähzeug, Lebkuchen oder Seifenstücke.[19]

Die Verlagerung der Monarchie auf soziale Themen wurde von der Öffentlichkeit positiv aufgenommen. Die Lazarettbesuche sowie die Liebesgaben dienten – neben der Verbesserung der Lage der Bevölkerung – nicht nur als perpetuierte Treuebezeugung des Königshauses zu seinen Bürgern und Soldaten, sondern waren ein symbolisches Kommunikationsmittel, das die ständige Verbindung zwischen Heimat und Front, zwischen Monarchie, Soldaten und Zivilbevölkerung garantierte.

Militärische Herrschaftslegitimation

Der durch und durch unmilitärische König Ludwig III. blieb dem Krieg fern, was durchaus zur Selbstdelegitimierung der Monarchie hätte beitragen können. Die persönliche Führung der Armee stellte ein konstitutives Element monarchischer Herrschaft dar, das insbesondere auf der performativen Ebene eifrig bemüht worden war.[20] Der König führte jedoch seine Repräsentationsbemühungen durch zahlreiche Frontreisen fort. Dank dieser erheblichen Anstrengungen, die sogar die Landesreisen der Vorkriegsjahre in den Schatten stellten, konnte er glaubhaft seine Stellung als »Allerhöchster Kriegsherr« wahrnehmen und den Soldaten seine landesväterliche Treue vermitteln. Bis 1918 besuchte er an der Westfront bayerische Feldtruppen in Lothringen, im Elsass, in Nordfrankreich, in Flandern sowie in Belgien. Seine Fahrten an die Ostfront brachten ihn nach Schlesien, Galizien, Polen, auf den Balkan, nach Weißrussland sowie in die Ukraine. Für die Soldaten, die ihn persönlich zu Gesicht bekamen, bedeutete dies eine herausgehobene Ehre. Gerade für sie, die vielfach nicht in deutsch-patriotischem Überschwang in den Krieg gezogen waren, hatte die Bindung an den König eine hohe Relevanz.[21]

Fast alle bayerischen Prinzen meldeten sich zum Kriegsdienst. Für sie war der Einsatz eine notwendige Pflicht gegenüber König und Vaterland. Prinzessin Wiltrud hielt am 2. August 1914 fest: »So sind denn alle jungen Prinzen eingerückt bis auf [Prinz] Karl, der nie gedient hat und [Herzog] Christoph und [Herzog] Siegfried (...). Eine so intensive Mobilisierung ist 1870 nicht gewesen.«[22] Neben den Königssöhnen Rupprecht und Franz dienten auch der Bruder des Königs,

---

[19] März, Wittelsbach im Ersten Weltkrieg, S. 214–233; Schad, Martha, Bayerns Königinnen, München 2007, S. 337–346.
[20] Machtan, Untergang von Monarchie, S. 47f.
[21] März, Wittelsbach im Ersten Weltkrieg, S. 248–258.
[22] Zit. nach: Ebd., S. 258.

Prinz Leopold, sowie dessen Söhne Georg und Konrad als Offiziere. Daneben zogen mit Prinz Heinrich, Prinz Alfons, Prinz Adalbert, Herzog Ludwig Wilhelm und Herzog Luitpold etliche Cousins und Neffen des Königs ins Feld. Dank der medialen Berichterstattung über die Kriegseinsätze stieg deren Prestige auch in der Heimat, was dem Ansehen des Königshauses sehr zuträglich war.[23]

Einige der Prinzen hatten militärische Prestigeerfolge zu verbuchen. Nur wenige Wochen nach Kriegsbeginn schlug die 300 000 Mann starke Truppe des Kronprinzen Rupprecht am 20. August 1914 in der »Schlacht in Lothringen« zwei französische Armeen nahezu vernichtend. Ludwig III. rief in München einer jubelnden Menge zu, er sei stolz, dass sein Sohn es gewesen sei, der den ersten Schlachtenerfolg errungen habe. In der Folge stieg Rupprecht zu einem regelrechten Nationalhelden auf. Der Bruder des Königs, Prinz Leopold, eroberte im Sommer 1915 die polnische Hauptstadt Warschau. München erlebte daraufhin eine rauschende Siegesfeier auf dem Königsplatz. Die Kriegspropaganda nahm großes Interesse an den Königlichen Hoheiten im Feld. Diese ließen sich als pflichttreue Vertreter ihrer Dynastie malen, fotografieren, filmen und interviewen. Insgesamt strahlte diese teils gezielte, teils zufällige mediale Vermarktung auch positiv auf das Ansehen der Monarchie ab.[24]

Politische Versäumnisse Ludwigs III.

Ohne den Ersten Weltkrieg ist die Novemberrevolution des Jahres 1918 trotz aller tatsächlichen oder vermeintlichen langfristigen Strukturprobleme des bayerischen Königtums nicht zu erklären. Die Ernährungskrise, der zunehmende Gegensatz zwischen städtischer und ländlicher Bevölkerung, fehlende Kräfte in der Landwirtschaft, die steigende Kritik an staatlichen Stellen, die zunehmende antipreußische Stimmung, das Ausbleiben eines Friedensschlusses, die eklatante Kriegsmüdigkeit der Bevölkerung und die unvorstellbare Zahl an Kriegstoten und Verwundeten waren wesentlich als Nährboden für den politischen Umsturz.[25] Die Krise der Monarchie war keine auf Bayern beschränkte Erscheinung. Vielmehr erstreckte sie sich auf die Gesamtheit der deutschen Bundesfürstentümer. Insbesondere der Deutsche Kaiser hatte sich zunehmend selbst diskreditiert, jedoch wurden auch die Souveräne der deutschen Einzelstaaten, selbst die populären, für die Misere mitverantwortlich gemacht.[26]

Als die Ergebnislosigkeit der politischen Anstrengungen deutlich wurde, verlor die Monarchie an Glaubwürdigkeit. Die Mehrheit der Bevölkerung

---

23 Ebd., S. 258–269.
24 März, Wittelsbach im Ersten Weltkrieg, S. 345–359.
25 Körner, Geschichte des Königreichs Bayern, S. 199.
26 Machtan, Untergang von Monarchie, S. 50f.

erwartete spätestens ab 1917 nicht mehr nur Verständnis, Mitgefühl und Vertrauenswürdigkeit, sondern wartete auf konkrete innen-, sozial- und außenpolitische Erfolge. Die Monarchie hatte durch ihren eigenen Geltungsanspruch nicht nur Erwartungen an die Repräsentation von Macht, sondern ebenso an politische und geistige Führung hervorgebracht. Die bewährten Formen der Herrschaftsrepräsentation täuschten nicht mehr über die Krise hinweg. Anhaltende Fehlschläge wurden für die Monarchie existenzbedrohend. Wenngleich die bayerischen Einflussmöglichkeiten begrenzt waren, erwartete die Bevölkerung zumindest aktiven Einsatz. Der unschlüssige Ludwig III. vermied es jedoch mehr und mehr, Entscheidungen zu treffen und durchzusetzen. Somit wurde das Vertrauen in seine Führungsqualität immer weiter beschädigt. Das vor dem Krieg begonnene Experiment der konstitutionell-repräsentativen Bürgermonarchie war damit praktisch gescheitert.[27]

Zunehmend wurden von Ludwig III. schwere politische Fehler begangen. Seine Haltung im Bereich der Kriegsziele trug in hohem Maße zu seiner eigenen Diskreditierung bei. Am 6. Juni 1915 machte er seine Pläne während der 25. Generalversammlung des Bayerischen Kanalvereins öffentlich: Bayern solle das gesamte Elsass zugeschlagen werden, zudem solle Belgien annektiert und die Rheinmündung deutsch werden. Bei den Anhängern eines Verständigungsfriedens verspielte Ludwig viel Ansehen. Auf der anderen Seite fand er wohlwollende Unterstützung unter den Annexionisten. Am Grundgedanken, ein Friedensschluss müsse die Opfer aufwiegen und Gebietsverschiebungen dürften nicht zugunsten Preußens ausfallen, hielt Ludwig III. bis zum Schluss fest. Dies schloss einen Verständigungsfrieden oder eine Rückkehr zum Status quo ante praktisch aus.[28]

Die ergebnislosen Bemühungen um Verfassungsreformen lagen teilweise an der Weigerung Ludwigs III., auf Herrschaftsrechte zu verzichten, waren aber auch in der verfahrenen innenpolitischen Situation Bayerns begründet. Durch eine mutige Reform hätte man ein Ventil für den zunehmenden öffentlichen Druck finden können. Dennoch lag bis in den Oktober 1918 kein konkreter Reformvorschlag für auch nur eine der beiden Landtagskammern vor. Allerdings war die Krise des monarchischen Systems keineswegs ein auf Bayern begrenztes Phänomen, sondern erstreckte sich auf alle Bundesstaaten sowie insbesondere auf die Reichsmonarchie. Ein isolierter bayerischer Rettungsversuch, beispielsweise eine vom übrigen Reich losgelöste Systemreform zu einer parlamentarischen Monarchie, hätte den deutschen Staat ebenso in seinen Grundfesten erschüttert wie ein separater bayerischer Friedensschluss.[29]

---

[27] Machtan, Untergang von Monarchie, S. 382f.
[28] März, Wittelsbach im Ersten Weltkrieg, S. 384–389.
[29] Willy Albrecht: Das Ende des monarchisch-konstitutionellen Regierungssystems

Für die Lebensmittelkrise wurde zuvorderst die innere Verwaltung verantwortlich gemacht, aber auch das Königshaus geriet mehr und mehr in die Kritik. Ungeachtet der sozialen Bemühungen kamen Gerüchte in Umlauf, der Hof bereichere sich auf Kosten der leidenden Bevölkerung.[30] Ludwig III. fühlte sich ebenfalls nicht mehr zuständig, in nationale Belange einzugreifen, sofern dabei nicht bayerische Interessen berührt wurden. Trotz seiner skeptischen Einstellung gegenüber der Reichspolitik fand er kaum Wege, auf diese nachhaltig einzuwirken.[31]

Die Popularität des Königs nahm dramatisch ab. Ludwig III. war sich nach dem Urteil seines Kriegsministers nicht »über die Stimmung, die im Volke gärte und sich gegen ihn wandte«, im Klaren.[32] Die Namenstagsfeierlichkeiten des Königs im August 1918 demonstrierten in aller Deutlichkeit dessen persönliche Unbeliebtheit, die auf seine politische Untätigkeit hinsichtlich der Friedensfrage sowie der geforderten Parlamentarisierung zurückzuführen war. Kronprinz Rupprecht vermerkte: »Die Verstimmung gegen meinen Vater macht sich durch die (...) auffallend geringe Beflaggung der Häuser erkenntlich, sowie die geringe Beteiligung an der abendlichen Serenade, bei der gewissermaßen demonstrativ nach dem Hoch auf meinen Vater auch ein Hoch auf mich ausgebracht wurde, was mir umso peinlicher war, als im Volke allgemein davon gesprochen wird, dass mein Vater nach dem Kriege zu meinen Gunsten abdanken müsse.«[33]

Vor allem zwei denkbare Initiativen hätten die innenpolitische Lage Bayerns vor einer weiteren Eskalation bewahren können: Einerseits hätte eine konsequente und zügig durchgeführte Verfassungsreform den Druck von den Wittelsbachern genommen. Als Legitimationsstifter einer parlamentarisch-repräsentativen Monarchie hätte Ludwig III. zweifellos Erfolg haben können. Der in dieser Hinsicht reaktionär denkende König versäumte es jedoch – trotz der von ihm gesuchten Nähe zum städtischen Bürgertum, zur ländlichen Bevölkerung sowie zu den Soldaten – den epochalen Umgestaltungen des Weltkrieges mit reformerischer Konsequenz zu begegnen. Der zweite denkbare Schritt war die Abdankung Ludwigs III. zugunsten seines weitaus populäreren Sohnes, des Kronprinzen Rupprecht. Letzterer stand weit mehr als sein Vater für die Zukunftsfähigkeit der Monarchie und war als siegreicher Heerführer allge-

---

in Bayern. König, Regierung und Landtag im Ersten Weltkrieg, in: Karl Bosl (Hrsg.): Bayern im Umbruch. Die Revolution von 1918, ihre Voraussetzungen, ihr Verlauf und ihre Folgen, München 1969, S. 263–299, hier: S. 290–295.

30 Beckenbauer, Ludwig III., S. 199.
31 Ingeborg Koch: Die Bundesfürsten und die Reichspolitik in der Zeit Wilhelms II., München 1961, S. 147.
32 Zit. nach: März, Wittelsbach im Ersten Weltkrieg, S. 442.
33 Zit. nach: Ebd., S. 465f.

Des Königs Dank!

Ich bin stolz, daß Mein Sohn an der
Spitze seiner tapferen Truppen so
schöne Erfolge errungen hat, das war
aber erst der Anfang; wir haben noch
schwere Kämpfe vor uns. Ich vertraue
der Tüchtigkeit des deutschen Heeres,
daß es auch diese überwinden wird,
mögen auch der Feinde noch so viele sein.

»Des Königs Dank«, zeitgenössische Postkarte.

mein anerkannt. Keine der beiden Alternativen gelangte jedoch auf die politische Agenda, bevor die Krise der Monarchie im Spätsommer des Jahres 1918 virulent wurde.[34]

Der Weg in die Revolution

Es ist eine offene Frage, ab welchem Zeitpunkt die Monarchie in Bayern nicht mehr zu retten war. Mehrere Faktoren sprechen dafür, dass das Scheitern der deutschen Frühjahrsoffensive im Jahr 1918 den Scheidepunkt darstellt, an dem das Scheitern des konstitutionellen Systems unvermeidlich wurde.[35] Man kann den Zeitpunkt sogar noch später wählen: Die Kriegserfahrungen der Bevölkerung waren zwar als Katalysatoren bedeutsam, hatten aber nicht automatisch zur Revolution geführt. Erst als Ende September 1918 der Krieg verloren gegeben wurde, brach der Minimalkonsens des Durchhaltens zusammen und die Krise der Monarchie wurde virulent. Das Schicksal Ludwigs III. war jedenfalls untrennbar verbunden mit jenem seines vor der Niederlage stehenden Staates. Die vielfältigen Chancen der konstitutionellen Monarchie waren über Jahre nicht konsequent genutzt worden. Nun blieben dem König von Bayern kaum mehr Optionen. Spätestens in der offenen Monarchiekrise im Oktober 1918 erwiesen sich die Bundesfürsten insgesamt als unfähig, die Forderungen nach Frieden und parlamentarischer Teilhabe umzusetzen und dadurch ihre eigene Position für die Zukunft zu sichern.[36]

Zunehmend wurden im Reich Forderungen nach der Abdankung Wilhelms II. laut, in dem infolge der amerikanischen Waffenstillstandsforderungen das größte Friedenshindernis gesehen wurde. In der Reichshauptstadt kursierte die Idee, einen anderen Bundesfürsten zum Kaiser zu küren oder als Reichsverweser einzusetzen. Auch Ludwig III. wurde als potenzieller Regent

34 Lothar Machtan: Die Abdankung, Berlin 2008, S. 239f.
35 Volker Ullrich: Die nervöse Großmacht. 1871–1918: Aufstieg und Untergang des deutschen Kaiserreichs, Frankfurt am Main 2007, S. 16.
36 Machtan, Untergang von Monarchie, S. 50f.

ins Spiel gebracht – bei allen Planspielen um die Kaiserkrone darf nicht vergessen werden, dass die Bundesfürsten ihr symbolisches Kapital ebenfalls verspielt hatten.[37] Um sich für einen bayerischen Sonderfrieden einsetzen oder den Druck auf die Reichsstellen maximieren zu können, hätte Ludwig III. dem Kaiser ein dramatisches Ultimatum stellen müssen. Zu einem derartigen Schritt war er allerdings nicht einmal auf dem geheimdiplomatischen Weg bereit, geschweige denn in aller Öffentlichkeit.[38]

Militärisch drohte Bayern nach der österreichischen Kapitulation der Zusammenbruch. Für den Schutz der Landesgrenze war das als zuverlässig geltende II. Bayerische Armeekorps nach München verlegt worden. Am 5. November 1918 marschierte diese Truppe unter Geheimhaltung in das benachbarte Tirol weiter, um strategisch wichtige Pässe zu sichern. Die militärisch exponierten Wittelsbacher Prinzen wollten ihren Teil zur Verteidigung der Heimat beitragen: Kronprinz Rupprecht beantragte bei Kaiser Wilhelm II. die Leitung der Grenzschutzoperation, musste jedoch an der Westfront verbleiben. Sein Bruder Franz, der als Kommandeur einer bayerischen Infanteriedivision diente, war aufgrund einer schweren Grippeerkrankung dienstunfähig und konnte ebenfalls nicht an der Operation teilhaben. Die Nichtverfügbarkeit zuverlässiger Truppen in München und die Absenz der beiden populären Prinzen stellen allerdings nur zwei der Ursachen für die dramatische Zuspitzung der Lage dar. Ebenso verstärkte die Bedrohung Südbayerns in den letzten Kriegstagen die Forderung nach Frieden.[39]

Der Kredit des Königs war aufgebraucht, seine Hoheitsgewalt wurde öffentlich infrage gestellt. Nach den hastig durchgesetzten Oktoberreformen auf Reichsebene musste nun auch in Bayern schnellstmöglich eine Systemreform erfolgen. Ludwig III. verweigerte sich dieser Einsicht nicht. In einem Handschreiben vom 2. November 1918 kündigte der König Gesetzentwürfe zur Einführung des Verhältniswahlrechts, zu einer Entmachtung der Reichsratskammer und andere Verfassungsreformen an. Alles sollte rasch umgesetzt werden: Die Abgeordnetenkammer sollte über den Gesetzentwurf am 6. November abstimmen, die Reichsratskammer am 8. November. Ob diese späte Parlamentarisierung die Monarchie würde retten können, war zumindest fragwürdig.[40]

Die Situation bot dem USPD-Führer Kurt Eisner die Gelegenheit, Grundsatzfragen mit einer Radikalität aufzuwerfen, wie dies niemand vor ihm öffentlich

---

37 Machtan, Die Abdankung, S. 206–226; März, Wittelsbach im Ersten Weltkrieg, S. 477f.
38 Willy Albrecht: Landtag und Regierung in Bayern, Berlin 1968, S. 406f.
39 Ebd., S. 393–398; Dieter J. Weiß: Kronprinz Rupprecht von Bayern (1869–1955). Eine politische Biografie, Regensburg 2007, S. 156.
40 März, Wittelsbach im Ersten Weltkrieg, S. 483–486.

gewagt hatte – etwa nach dem Nutzen der Monarchie oder einem Bruch mit dem System. Auf der Basis seiner revolutionären Programmatik mobilisierte er binnen kürzester Zeit die Massen. Am 7. November sollte Eisner den Staatsstreich wagen. Das Timing war für ihn ideal, da das Königreich aufgrund der Verfassungsreformen nur eine geschäftsführende Regierung hatte, angesichts der militärischen Bedrohung schiere Panik herrschte und das II. Armeekorps soeben aus München abgerückt war.[41]

Die Massenkundgebung auf der Theresienwiese am 7. November 1918 war in erster Linie eine Friedensdemonstration und nicht primär ein Unternehmen zur Herbeiführung einer Revolution. Das Haus Wittelsbach war nicht einmal der Hauptadressat dieser Aktion, die sich gegen den Krieg an sich wendete – allerdings auch gegen jene, die für dessen Verlängerung standen. Inwiefern die Ereignisse ernst zu nehmen waren, schien indes vielen Zeitgenossen nicht klar. Thomas Mann notierte in sein Tagebuch: »Rote Fahnen, ein Soldat auf den Schultern der Leute, der an verschiedenen Stellen ›Reden‹ gehalten [hatte]. Rufe: ›Nieder mit der Dynastie!‹ ›Republik!‹ Albernes Pack! [...] Sonderbare, zweideutig ungewisse Stimmung in der Stadt, bei klarem, feuchtem Sternenhimmel. Revolutionär, aber friedlich und festlich. [...] Man lässt die Leute sehr vorsichtig gewähren. Der Sinn des Ganzen scheint hauptsächlich partikularistisch, respektive antikaiserlich (›Nieder mit den Hohenzollern‹) soweit es überhaupt Sinn hat und nicht ›Faschingsersatz‹ ist.«[42]

Das Herrscherhaus sollte jedenfalls den Volkszorn spüren und einen Denkzettel verpasst bekommen. Eine Besetzung des Schlosses oder gar die Arretierung der königlichen Familie scheint nicht erwogen worden zu sein. Eisner nutzte die Autoritätskrise des Systems, das mit den Herausforderungen des Weltkrieges nicht zurechtkam, um unter dem Motto der Kriegsbeendigung die Beseitigung der Monarchie einzufordern. Nach Abschluss der Kundgebung zog er mit einer wachsenden Schar von Anhängern in die Stadt und stürmte handstreichartig Kasernen. Bald waren strategisch wichtige staatliche Gebäude durch Revolutionäre besetzt und ein Arbeiter- und Soldatenrat gebildet. Innerhalb weniger Stunden setzte Eisner eine Bewegung in Gang, die das politische System zum Einsturz bringen sollte – noch bevor andernorts im Reich Vergleichbares geschah. Die krisenhafte Monarchie, die mit ihren Verfassungsreformen zu spät gekommen war, fand in dieser Situation keine Verteidiger mehr.[43]

---

[41]   Machtan, Die Abdankung, S. 240f; Albrecht, Landtag und Regierung, S. 370, 409–412, 420–423.

[42]   Zit. nach Friedrich Prinz: Die Geschichte Bayerns, München 2001, S. 442.

[43]   Körner, Geschichte des Königreichs Bayern, S. 200; März, Wittelsbach im Ersten Weltkrieg, S. 494–497.

Schloss Wildenwart am Chiemsee, um 1918.

Am Abend erschienen mehrere Minister beim König und drängten ihn zum vorübergehenden Rückzug. Vor der Residenz skandierten mittlerweile Tausende gegen den König und forderten die Republik. Für Ludwig III. waren auch jetzt noch etliche Optionen denkbar. Der König hätte eine Delegation empfangen oder zum bewaffneten Kampf aufrufen können. Er hätte vom Fenster der Residenz aus reumütig Fehler und Versäumnisse zugeben und Besserung geloben können. Er hätte einen Thronverzicht zugunsten seines Sohnes Rupprecht verkünden oder gar dem Kaiser die Gefolgschaft aufkündigen können. Stattdessen wich der 73-jährige König einer Reaktion auf die Massendemonstration aus und floh durch Nacht und Nebel nach Schloss Wildenwart am Chiemsee.[44] Am nächsten Morgen war Bayern eine Republik.

In der Provinz wiederholte sich die Revolution ohne größere Schwierigkeiten. Das vorwiegend königstreue Bürgertum leistete keinen Widerstand. Der Kriegsminister versuchte zwar, eine in Landsberg am Lech stationierte Division zu mobilisieren – dies endete jedoch in einer Meuterei. Niemand war gewillt, einen Bürgerkrieg zu riskieren. Die christlichen Gewerkschaften, selbst

---

[44] Machtan, Die Abdankung, S. 247.

Münchner Neueste Nachrichten

Thronverzicht König Ludwigs III.

München, 13. November 1918

Dem Ministerium des Volksstaates Bayern ging folgende **Erklärung** zu:
„Zeit meines Lebens habe ich mit dem Volk und für das Volk gearbeitet. Die Sorge für das Wohl meines geliebten Bayern war stets mein höchstes Streben. Nachdem ich infolge der Ereignisse der letzten Tage **nicht mehr in der Lage** bin, die **Regierung weiterzuführen**, stelle ich **allen Beamten, Offizieren und Soldaten** die Weiterarbeit unter den gegebenen Verhältnissen frei und **entbinde** sie des mir geleisteten **Treue-Eides.**

Anif, den 13. November 1918.

Ludwig."

Auf diese Kundgebung wurde folgende **Antwort** erteilt:
„Der Ministerrat des Volksstaates Bayern nimmt den **Thronverzicht Ludwigs III.** zur Kenntnis. Es steht dem ehemaligen König und seiner Familie nichts im Wege, sich wie jeder andere Staatsbürger frei und unangetastet in Bayern zu bewegen, sofern er und seine Angehörigen sich verbürgen, nichts gegen den Bestand des Volksstaates Bayern zu unternehmen.

Der Ministerrat des Volksstaates Bayern

Kurt Eisner

Auer   v. Frauendorfer   Jaffé   Roßhaupter   Timm   Unterleitner."

Auszug aus dem »Thronverzicht König Ludwigs III.« in den »Münchner Neuesten Nachrichten« vom 13. November 1918.

die katholische Kirche und die Richtungsgewerkschaften der Beamtenschaft arrangierten sich in der Folgezeit mit der Revolution.[45] Ungeachtet ihrer revolutionären Machtergreifung fand Eisners Regierung Anerkennung als legitime Staatsgewalt, während die Entthronung Ludwigs III. als unumkehrbar betrachtet wurde. Dies lag vor allem an der beschämenden Art und Weise, auf die das alte System untergegangen war. Die königliche Flucht wurde zu einer Fahnenflucht umgedeutet.[46]

Die Frage, ob der Zusammenbruch der Monarchie unausweichlich war, muss bis weit ins Jahr 1918 verneint werden. Viele Chancen zur Neulegitimierung der Monarchie wurden jedoch nicht oder viel zu spät genutzt. Ob das bayerische Königtum als parlamentarische Monarchie eine längere Überlebenschance gehabt hätte, wenn Ludwig III. rechtzeitig zugunsten des populären Kronprinzen Rupprecht abgedankt hätte und politische Reformen ergriffen worden wären, muss Spekulation bleiben. Der letzte König von Bayern hat weder den einen noch den anderen Schritt erwogen, geschweige denn durchgeführt.

---

[45]   März, Wittelsbach im Ersten Weltkrieg, S. 499.
[46]   Machtan, Die Abdankung, S. 255f.

Ludwig III. verhinderte den Zusammenbruch schließlich nicht, sondern symbolisierte ihn geradezu. Am Ende war er seinem Herrscheramt weder körperlich noch politisch oder symbolisch vollends gewachsen.[47] Nicht die Verfallserscheinungen des Systems waren letztlich die Ursache des Zusammenbruchs der Monarchie, sondern die Resignation, Kriegsmüdigkeit und Friedenssehnsucht der Bevölkerung nach vier Jahren Krieg.[48] Der extreme Reputationsverlust, die sukzessive Entmachtung und die Entwertung des monarchischen Nimbus machten auch Ludwig III. sprachlos, kraftlos und teilnahmslos. Die Monarchie stürzte, als der Krieg verloren war und deren Träger resignierte.[49]

Literatur

Albrecht, Dieter: Bayern im Ersten Weltkrieg 1914–1918, in: Handbuch der bayerischen Geschichte. Begründet von Max Spindler, neu hrsg. von Alois Schmid. Bd. IV: Das neue Bayern. Von 1800 bis zur Gegenwart. Teilband 1: Staat und Politik, München ²2003, S. 413–438.

Albrecht, Willy: Das Ende des monarchisch-konstitutionellen Regierungssystems in Bayern. König, Regierung und Landtag im Ersten Weltkrieg, in: Bosl, Karl (Hrsg.): Bayern im Umbruch. Die Revolution von 1918, ihre Voraussetzungen, ihr Verlauf und ihre Folgen, München 1969, S. 263–299.

Albrecht, Willy: Landtag und Regierung in Bayern am Vorabend der Revolution von 1918, Berlin 1968.

Beckenbauer, Alfons: Ludwig III. von Bayern 1845–1921. Ein König auf der Suche nach seinem Volk, Regensburg 1987.

Biskup, Thomas/Kohlrausch, Martin (Hrsg.): Das Erbe der Monarchie. Nachwirkungen einer deutschen Institution seit 1918, Frankfurt am Main 2008.

Blessing, Werner K.: Der monarchische Kult, politische Loyalität und die Arbeiterbewegung im deutschen Kaiserreich, in: Ritter, Gerhard A. (Hrsg.): Arbeiterkultur, Königstein 1979, S. 185–208.

Blessing, Werner K.: Staat und Kirche in der Gesellschaft, Göttingen 1982.

Glaser, Hubert: Ludwig II. und Ludwig III. Kontraste und Kontinuitäten, in: Zeitschrift für bayerische Landesgeschichte, Nr. 59, München 1996, S. 1–14.

Glaser, Hubert: Ludwig III. König von Bayern. Skizzen aus seiner Lebensgeschichte. Katalog zur Ausstellung in Wildenwart. Hrsg. von Max Oppel, Prien am Chiemsee 1995.

Gollwitzer, Heinz: Die Endphase der Monarchie in Deutschland, Stuttgart 1971, in: Heinz Gollwitzer: Weltpolitik und deutsche Geschichte. Gesammelte Studien. Hrsg. von Hans-Christof Kraus, Göttingen 2008, S. 363–383.

Koch, Ingeborg: Die Bundesfürsten und die Reichspolitik in der Zeit Wilhelms II., München 1961.

Körner, Hans-Michael: Geschichte des Königreichs Bayern, München 2006.

---

[47] Ebd., S. 262f.
[48] Körner, Geschichte des Königreichs Bayern, S. 199f.
[49] Machtan, Untergang von Monarchie, S. 50f.

Krauss, Marita: Von Ludwig II. zu Ludwig III. – Modernisierungsprozesse in Bayern, in: Götterdämmerung. König Ludwig II. und seine Zeit. Aufsatzband, Augsburg 2011, S. 96–106.

Machtan, Lothar: Der erstaunlich lautlose Untergang von Monarchie und Bundesfürstentümern – ein Erklärungsangebot, in: Gallus, Alexander (Hrsg.): Die vergessene Revolution von 1918/19, Göttingen 2010, S. 39–56.

Machtan, Lothar: Die Abdankung. Wie Deutschlands gekrönte Häupter aus der Geschichte fielen, Berlin 2008.

März, Stefan: Das Haus Wittelsbach im Ersten Weltkrieg. Chance und Zusammenbruch monarchischer Herrschaft, Regensburg 2013.

März, Stefan: Ludwig III.: Bayerns letzter König, Regensburg 2014.

Möckl, Karl: Hof und Hofgesellschaft in Bayern in der Prinzregentenzeit, in: Werner, Karl Ferdinand (Hrsg.): Hof, Kultur und Politik im 19. Jahrhundert, Bonn 1985, S. 183–235.

Prinz, Friedrich: Die Geschichte Bayerns, München 2001.

Rumschöttel, Hermann: »Der erste Kavalier seines Hofes«. Persönlichkeit und Politik des Prinzregenten, in: Leutheusser, Ulrike/Rumschöttel, Hermann (Hrsg.): Prinzregent Luitpold von Bayern. Ein Wittelsbacher zwischen Tradition und Moderne, München 2012, S. 13–36.

Rumschöttel, Hermann: Eigenständigkeit und Integration. Bayern und das Reich in der Prinzregentenzeit, in: Weigand, Katharina/Zedler, Jörg/Schuller, Florian u.a. (Hrsg.): Die Prinzregentenzeit. Abenddämmerung der bayerischen Monarchie?, Regensburg 2013, S. 41–58.

Schad, Martha: Bayerns Königinnen, München 2007.

Ullrich, Volker: Die nervöse Großmacht. 1871–1918. Aufstieg und Untergang des deutschen Kaiserreichs, Frankfurt am Main 2007.

Weiß, Dieter J.: Kronprinz Rupprecht von Bayern (1869–1955). Eine politische Biografie, Regensburg 2007.

Stefan März, Dr. phil., geboren 1980, studierte Neuere und Neueste Geschichte, Mittelalterliche Geschichte und Politische Wissenschaft. Seine Dissertation behandelt die bayerische Monarchie in der Zeit des Ersten Weltkrieges.

Stammtafel der Wittelsbacher Könige

Genealogische Übersicht

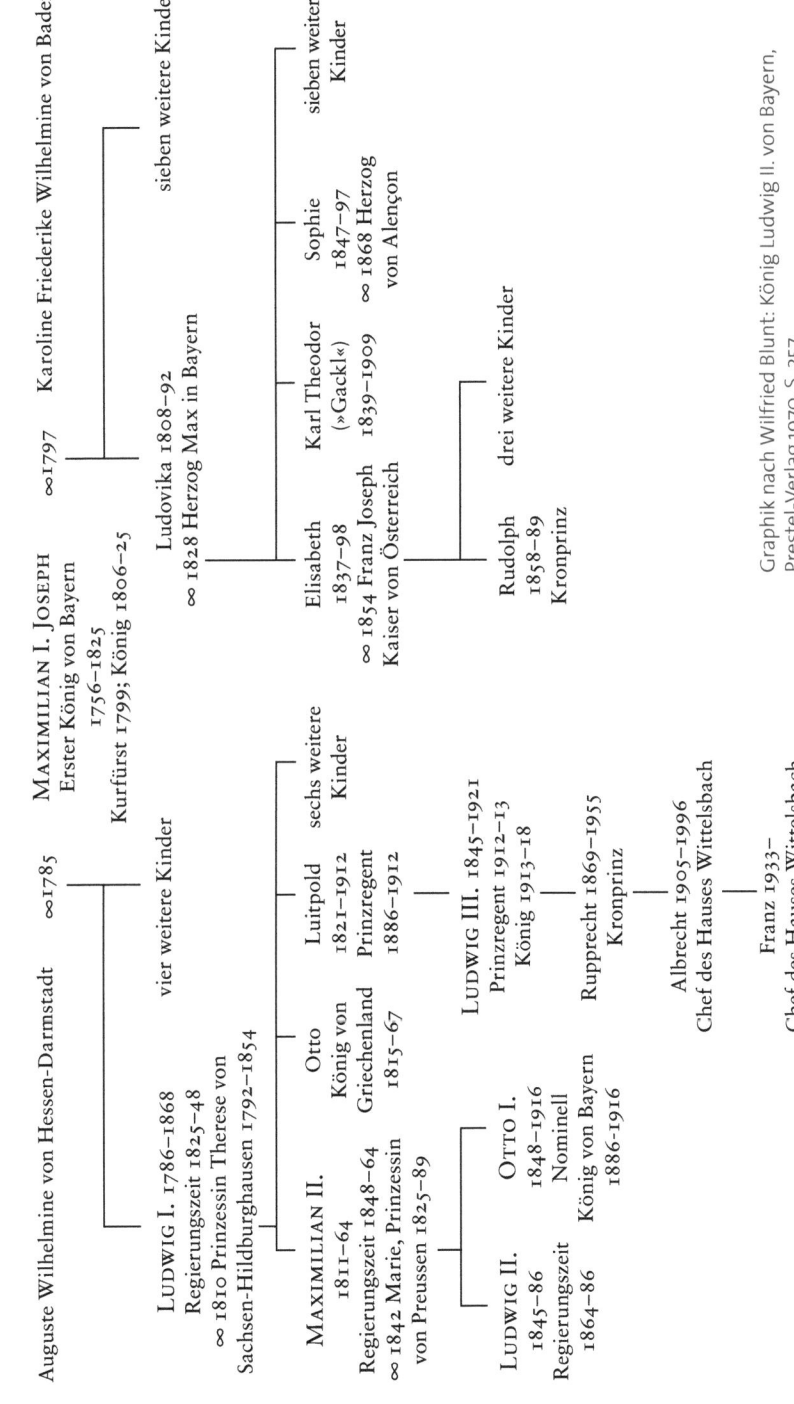

Auguste Wilhelmine von Hessen-Darmstadt ∞1785

MAXIMILIAN I. JOSEPH
Erster König von Bayern
1756–1825
Kurfürst 1799; König 1806–25

∞1797 Karoline Friederike Wilhelmine von Baden

vier weitere Kinder

sieben weitere Kinder

LUDWIG I. 1786–1868
Regierungszeit 1825–48
∞1810 Prinzessin Therese von
Sachsen-Hildburghausen 1792–1854

Ludovika 1808–92
∞1828 Herzog Max in Bayern

sieben weitere
Kinder

Otto
König von
Griechenland
1815–67

Luitpold
1821–1912
Prinzregent
1886–1912

sechs weitere
Kinder

Elisabeth
1837–98
∞1854 Franz Joseph
Kaiser von Österreich

Karl Theodor
(»Gackl«)
1839–1909

Sophie
1847–97
∞1868 Herzog
von Alençon

MAXIMILIAN II.
1811–64
Regierungszeit 1848–64
∞1842 Marie, Prinzessin
von Preussen 1825–89

LUDWIG III. 1845–1921
Prinzregent 1912–13
König 1913–18

Rudolph
1858–89
Kronprinz

drei weitere Kinder

LUDWIG II.
1845–86
Regierungszeit
1864–86

OTTO I.
1848–1916
Nominell
König von Bayern
1886–1916

Rupprecht 1869–1955
Kronprinz

Albrecht 1905–1996
Chef des Hauses Wittelsbach

Franz 1933–
Chef des Hauses Wittelsbach

Graphik nach Wilfried Blunt: König Ludwig II. von Bayern,
Prestel-Verlag 1970. S. 257.

Bildnachweis

Oskar Anrather, Salzburg: 30

Aus: Industriekultur in Bayern. Sonderheft der Edition *Bayern*. Hrsg. v. Haus der Bayerischen Geschichte, Regensburg 2012, S. 28: 113

Aus: Ludwig III. – Bayerns letzter König (1845–1921). Kalender, hrsg. v. der Schloss-brauerei Kaltenberg, Fürstenfeldbruck 2005: 19, 51

Aus: Dieter J. Weiß: Kronprinz Rupprecht von Bayern. Eine politische Biografie, Regensburg 2007, S. 102 (o.): 220

Deutsches Museum, Archiv: 130, 132, 137, 139, 141

Geheimes Hausarchiv, München: 26, 35, 39, 47, 55, 59, 95, 163, 210

Olaf Gulbransson / VG Bild-Kunst, Bonn 2014: 171 (3), 176, 178, 180, 194, 208

Christian Mitko, München: 64 (o.)

Privatbesitz: 8, 14, 29, 42, 57, 61, 69, 70, 72/73, 75 (2), 77, 84, 92, 98, 104, 108, 109, 146, 147, 151, 155, 158 (2), 165, 167, 191, 201, 214, 223, 224

Verwaltung des Herzogs von Bayern: 7

VG Bild-Kunst, Bonn 2014: 171 (3), 182, 185, 186, 187

Wacker Chemie AG: 120 (2)

Petra Wucher, München: 204

Personenregister

Angehörige regierender oder vormals regierender Häuser erscheinen unter ihren Vornamen, alle anderen Personen unter ihrem Nachnamen. Nicht aufgenommen wurden Ludwig III. sowie (zitierte) Autoren und Korrespondenten in den Fußnoten und im Fließtext.

E.   Erz
ErbPr(n).   Erbprinz(essin)
Fst(n).   Fürst(in)
Gr.   Groß
Hzg(n).   Herzog(in)

K.   Kaiser
KurFst(n).   Kurfürst(in)
Kg(n).   König(in)
KPr(n).   Kronprinz(essin)
Pr(n).   Prinz(essin)

A
Abel, Carl v. 164
Adalbert, Pr. v. Bayern 37, 44, 217
Adelgunde, Fstn. v. Hohenzollern, geb.
    Prn. v. Bayern 38, 45, 54
Adelgunde, Hzgn. v. Modena, geb. Prn.
    v. Bayern 34
Albrecht, ErbPr., Hzg. v. Bayern 36, 69,
    74, 78f., 80
Alfons, Pr. v. Bayern 176, 215, 217
Antonia, KPrn. v. Bayern, geb. Prn.
    v. Luxemburg 74f., 80
Arnold, Karl 184ff.
Auguste Ferdinande, Prn. v. Bayern, geb.
    EHzgn. v. Österreich-Toscana 14
Auliczek, Dominik 60

B
Bäuml, Albert 62
Bebel, August 174f.
Benedikt XV. 25, 166
Berchem, Max Graf v. 138
Bethmann Hollweg, Theobald v. 32ff.
Bettinger, Franziskus v. 169
Bever, Karl 43
Bezzel, Hermann v. 167
Birnbaum, Immanuel 25
Bismarck, Otto v. 22f.
Bloch, Eduard 91
Bonn, Moritz Julius 43
Borscht, Wilhelm v. 128
Brahms, Johannes 33

Brandt, Gustav 183
Braun, Isabella 40
Brentano, Franz 145
Buhl, Ludwig 37

C
Christof, Hzg. i. Bayern 216
Crailsheim, Friedrich Krafft v. 20

D
Dandl, Otto Ritter v. 20, 62, 71
Dellmensingen, Konrad Krafft v. 27
Diesel, Rudolf 128
Dietlinde, Prn. v. Bayern 38f., 54
Dietrich, Hans 135
Dingler, Hermann 41
Döderlein, Albert 48
Duisberg, Carl 134, 141
Dunant, Henri 46
Dyck, Walther v. 128, 129

E
Eisner, Kurt 12, 30, 186, 189ff.,
    197–204, 206, 208, 221f., 224
Elisabeth, Kgn. v. Österreich, geb. Hzgn.
    v. Bayern 36
Elisabeth Franziska Maria, EHzgn.
    v. Österreich 15, 33, 37
Engler, Adolf Heinrich Gustav 41
Epp, Franz Ritter v. 79
Eugene, Frank 136f.
Exner, Wilhelm 134